強度行動障害支援者養成研修［基礎研修・実践研修］テキスト

強度行動障害のある人の「暮らし」を支える

監修

特定非営利活動法人
全国地域生活支援
ネットワーク

編集

牛谷正人
肥後祥治
福島龍三郎

中央法規

はじめに

「強度行動障害」と聞いて、みなさんはどのようなイメージをもつでしょうか。

「激しく頭を壁にぶつける」「周りの人を叩いてしまう」「何でも口にしてしまう」など、普段から強度行動障害の状態にある人たちに接している支援者ならまだしも、強度行動障害の状態にある人たちと接する機会がない支援者にとっては、全く想像がつかなかったり、あるいは必要以上に大変なイメージをもってしまうかもしれません。

障害のある人たちを支援していると、本人の行動にさまざまな課題が現れることがあります。そのようなとき、私たち支援者はつい「困った」と思ってしまいます。その行動が激しいものであったり、周囲に大きな影響を与えるものであったりすればなおさらです。その「困った」行動を、なんとかしようと悪戦苦闘するかもしれません。しかし、困っているのは、実は支援者以上に本人なのです。本人も好んでそのような行動をしているわけではありません。周囲の環境やはたらきかけのなかで、本人が「困っている」ときにそのような行動が出てしまうのです。

強度行動障害の状態にある人は「困った人」ではなくて「困っている人」だということを、支援者のみなさんに、まず知っていただきたいと思います。

近年、本人が困ってしまう原因や、そうならないための配慮や適切な支援方法について、さまざまな研究や実践からかなりわかってきました。ただ、残念ながら、今のところ福祉現場においてそのことが十分理解され取り入れられているとはいえません。

強度行動障害の状態にあるというだけで大変なイメージをもたれてしまい福祉サービスを使うことを拒否されてしまったり、支援の現場で懸命に支援をしているにもかかわらず、うまくいかずに拘束せざるを得なかったり、さらには虐待の対象となってしまったりすることもあります。

そのような背景のもと、演習や講義を通じて強度行動障害の状態にある人の困りごとや障害特性の理解に基づく適切な支援の考え方などを学ぶことを目的とした「強度行動障害支援者養成研修」が各地で開催されています。本書は、その研修で活用いただくことを意図して編集したテキストです。強度行動障害支援者養成研修（指導者研修）のプログラムに対応する項目に加えて、行動援護の大切さや強度行動障害のある人の豊かな才能についての論考、支援者のみなさんにさらに学びを進めてほしい応用行動分析（ABA）、TEACCH®プログラム、PECS®などへの言及、22の事例と9つのコラムを通じ、強度行動障害についての幅広い知識や支援方法、そして、さまざまな行動上の課題に対応していくためのヒントなどを盛り込みました。

この本が少しでも支援者のみなさまの役に立ち、障害のある人たちが地域で安心して豊かな暮らしができることを願っています。

2020年10月

特定非営利活動法人　全国地域生活支援ネットワーク
代表理事　大原裕介

序章 プロローグ

第1章 強度行動障害の理解

第2章 障害特性の理解

第8章　行動障害と虐待防止

第9章　組織的なアプローチ

第10章 関係機関との連携

第11章 行動援護の大切さ

第12章 豊かな世界
──強度行動障害のある人のもつ可能性──

コラム

本書の活用の仕方

　本書は、強度行動障害のある人たちの支援にかかわる人たちに、支援の考え方や具体的な方法について学んでいただくために作成しました。また、強度行動障害支援者養成研修のテキストとしても使用できるようになっています。

　強度行動障害支援者養成研修は、基礎研修が平成25年度より、実践研修が平成26年度より実施されるようになりました。また、平成27年度からは行動援護従業者養成研修のカリキュラムが基礎研修・実践研修のカリキュラムと、重度訪問介護従業者養成研修（行動障害支援課程）のカリキュラムが基礎研修のカリキュラムと統合されました。

　強度行動障害支援者養成研修のカリキュラムは厚生労働省の通知「強度行動障害支援者養成研修事業の実施について（運営要領）」（平成29年8月3日障発0803第1号）（令和5年4月28日障発0428第2号改正現在）により示されていますが、本書はそのカリキュラムに沿った内容となっています。

　また、平成30年度につづき、令和3年度の障害福祉サービス等の報酬改定においても重度障害者の受け入れのインセンティブがはたらくよう、強度行動障害支援者養成研修の受講を要件とする加算の評価が大きく広がりました。

■ 基礎研修について

　基礎研修においては、受講対象として、日々障害のある人たちの支援に直接かかわっている支援者のみなさんを想定しています。現場で支援をするなかでは、障害のある人たちとのかかわり方についてさまざまに試行錯誤がなされていると思います。そのなかでは行動上の課題を抱えた人たちへの支援で悩むこともあるかもしれません。行動上の課題を抱えている人たちへの支援は、自分の経験や感覚だけではうまくいかないことも多いものです。

　基礎研修では、現場の支援に直接かかわっているみなさんに、行動上の課題を抱えやすい自閉スペクトラム症のある人の困り感や困難さを体験も含めて理解してもらうこと、基本的な障害特性を理解して支援手順書に沿って適切な支援ができるようになることを目指しています。（➡基礎研修内容：x頁）

■ 実践研修について

　実践研修においては、受講対象として、支援現場の経験をふまえて、障害のある人への支援の内容を自ら組み立て、チーム内に指示を出す人たちを想定しています。行動上に課題を抱え

る人たちの支援は、現場の支援者のみなさんも何かと悩むことが多いものです。そのようななかで、支援の見立てを行い、計画を作成し、チーム内で支援内容を共有していくことができる人は非常に重要です。

　実践研修では、障害特性についてさらに理解を深め、本人の状態や本人を取り巻く環境のアセスメントを行い、適切な支援方法や環境への配慮を考え、現場の支援者が適切な支援を共通して行うための支援手順書を作成することができるようになることを目指しています。
（➡実践研修内容：xi頁）

　全国地域生活支援ネットワークでは、強度行動障害支援者養成研修を通して、本人が一番困っている状態におかれていること、強度行動障害はつくられた二次障害であること、障害特性を理解して支援内容や環境に配慮していくことが必要であること、強度行動障害にならない予防的な支援が大切であることなどに気づいてもらい、支援者のみなさんが実際に行動上の課題を抱える人たちへの支援にかかわるときに、その背景や一人ひとりへの配慮や支援方法について「考える力」を身につけてもらいたいと思い、プログラムの作成および改善を行ってきました。

　令和5年度から、障害福祉サービス事業所等と連携し、強度行動障害のある児童生徒の支援にあたる特別支援学校の教師等が研修の対象に加わりました。本書の活用とあわせて各地で開催される強度行動障害支援者養成研修の受講もおすすめします。

●「強度行動障害」の表記について

本テキスト内でも説明されているように、「強度行動障害」は診断名ではなく本人の状態を表す用語です。生まれつき強度行動障害の人はおらず、さまざまな要因によって強度行動障害になったり、状態が重篤化したりすることもあります。一方で、適切なかかわりや支援により強度行動障害が軽減されたり、消失したりすることもあります。テキストでは、このような強度行動障害の状態にある人について「強度行動障害のある人」や「強度行動障害が現れている人」などの表記を使用していますが、いずれも上記の意味で使用しているとご理解ください。

●「自閉症」の表記について

2013年にアメリカ精神医学会より公表されたDSM-5（『精神疾患の診断・統計マニュアル』）において、「自閉症」は「自閉スペクトラム症（Autism Spectrum Disorder）」という呼称に整理されました。ただし、一般的に「自閉症」という呼称が広く普及していることから、本書では、「自閉症」という表記も用いています。

強度行動障害支援者養成研修（基礎研修）：12時間

科目名	時間数	内容			本書該当	
I　講義	**6.5**					
1 強度行動障害がある者の基本的理解	1.5	①強度行動障害の理解	支援の基本的考え方	➡序章	プロローグ	
			強度行動障害の状態	➡第1章	強度行動障害の理解	
			行動障害が起きる理由			
			障害特性の理解	➡第2章	障害特性の理解	
2 強度行動障害に関する制度及び支援技術の基礎的な知識	5	②研修の意義	行動障害と虐待防止	➡第8章	行動障害と虐待防止	
			家族の気持ち/実践報告	➡コラム		
		③支援のアイデア	障害特性に基づいた支援	➡第3章 ➡第4章	支援のアイデア 表出性コミュニケーションの大切さ	
		④チームプレイの基本	チームプレイの必要性	➡第7章	チームプレイの基本	
		⑤実践報告	児童期及び成人期における支援の実際	➡事例・コラム		
II　演習	**5.5**					
1 基本的な情報収集と記録等の共有	1	①基本的な情報収集	行動を見る視点	➡第5章 ➡基礎演習2	基本的な情報収集 行動を見る視点	
2 行動障害がある者の固有のコミュニケーションの理解	3	②チームプレイの基本	支援手順書に基づく支援の体験	➡基礎演習4	支援手順書に基づく支援の体験	
		③強度行動障害の理解	困っていることの体験	➡基礎演習1	困っていることの体験	
3 行動障害の背景にある特性の理解	1.5	④特性の分析	特性の把握と適切な対応	➡基礎演習3	特性の把握と適切な対応	

＊「第11章　行動援護の大切さ」および「第12章　豊かな世界」は
全国地域生活支援ネットワークが独自に追加した内容です。

強度行動障害支援者養成研修（実践研修）：12時間

科目名	時間数	内容		本書該当	
Ⅰ　講義	**3.5**				
1 強度行動障害の ある者への チーム支援	3	①支援を組み 立てるため の基本	強度行動障害の支援に必要な 知識	➡第1章 ➡第2章 ➡第3章 ➡第5章 ➡第6章 ➡第7章	強度行動障害の理解 障害特性の理解 支援のアイデア 基本的な情報収集 行動の生じる理由と対応 チームプレイの基本
		②組織的なア プローチ	組織的なアプローチの重要性	➡第9章	組織的なアプローチ
2 強度行動障害と 生活の組み立て	0.5	③実践報告	チームによる支援の実際	➡事例	
Ⅱ　演習	**8.5**				
1 障害特性の理解 とアセスメント	3	①アセスメン トの方法	具体的なアセスメントの方法	➡実践演習1	具体的なアセスメントの方法
			障害特性に基づくアセスメント	➡実践演習1	障害特性に基づくアセスメント
2 環境調整による 強度行動障害 の支援	3	②手順書の作 成	アセスメントに基づく支援手順 書の作成	➡実践演習2	アセスメントに基づく支援手順書の 作成
3 記録に基づく 支援の評価	1.5	③記録の分析 と支援手順 書の修正	記録の方法	➡実践演習3	記録の方法
			記録の分析と支援手順書の修 正	➡実践演習3	記録の分析と支援手順書の修正
4 危機対応と 虐待防止	1	④関係機関と の連携	関係機関（医療機関等）との連 携の方法	➡第10章 ➡実践演習4	関係機関との連携

強度行動障害支援者養成研修（基礎研修）学びのチェックリスト　以下の質問に〇×を記入してください

NO	質問	受講前	受講後
1	強度行動障害は生まれつきのものであり、支援の工夫をしても対応が難しい。		
2	強度行動障害は、障害の特性と周囲の環境とのかかわりのなかで引き起こされている。		
3	強度行動障害は自閉スペクトラム症との関連性が高いといわれているので、支援者は自閉スペクトラム症のことを学ぶ必要がある。		
4	自閉スペクトラム症は、親のしつけや教育が悪いから生じるものである。		
5	自閉スペクトラム症の人は、障害の特性上、社会のルールなどを身につけることができない。		
6	自閉スペクトラム症の人であっても、他人に迷惑をかける行動をしたら、悪いことは悪いと言い聞かせることが一番よい。		
7	強度行動障害への支援は、子どもの頃のかかわりがとても重要である。		
8	強度行動障害が現れている人は、とにかく落ち着いた生活を送ることが支援のゴールである。		
9	自閉スペクトラム症の人は、苦手なことばかりではなく、得意なこともたくさんある。		
10	自閉スペクトラム症の人は、集団活動や集団生活が苦手なので、できるだけ一人にしておくほうがよい。		
11	話すことができない自閉スペクトラム症の人は、コミュニケーションをとることができないので、支援者はあまりかかわらないほうがよい。		
12	人込みで耳ふさぎをする自閉スペクトラム症の人がいるが、慣れることが大切なので耳ふさぎをしないようにうながすのがよい。		
13	支援をするときには、最初に始めた支援を妥協せずにずっと続けていくほうがよい。		
14	自分の気持ちを訴えられない人のことを理解するには、その人の行動が手がかりになる。		
15	支援を考えるときには、その人の行動の背景にある理由を知ることが大切である。		
16	周囲から見て問題と思われる行動は、すべて改善してもらう必要があるので支援が必要である。		
17	本人の適応力を伸ばすために、支援者はそれぞれのやり方でかかわるほうが本人のためによい。		
18	暴れる危険性のある利用者を、鍵付きの部屋に閉じ込めておくことは、周囲の安全を考えると必要な支援である。		
19	事業所のなかで支援者の虐待らしい行為を見かけても、事業所の評判のためには多少目をつぶったほうがよい。		
20	事業所における障害者虐待は、支援者の知識や技術の不足が大きな原因となっている。		

＊正解はxiv頁

強度行動障害支援者養成研修（実践研修）学びのチェックリスト　以下の質問に ◯ × を記入してください

NO	質問	受講前	受講後
1	強度行動障害は状態像なので、強度行動障害の状態にならない予防の支援が大切である。		
2	強度行動障害と虐待との関連が指摘されていて、虐待を防止するためにも支援者が適切な支援を学ぶことが重要である。		
3	福祉事業所内では利用者の支援に差をつけてはいけないので、できるだけ同じ日課や活動をするように支援をしたほうがよい。		
4	自閉スペクトラム症の人は目に見えない意味を理解したり、思いを伝えたりすることに苦手さがあるので、目で見てわかる支援をするのが基本である。		
5	支援マニュアルや手順書のようなものは非人間的なので、福祉の現場には必要ない。		
6	自閉スペクトラム症の人への支援では、支援者によってかかわり方が違うと本人が混乱するので、支援者で統一した支援が大切である。		
7	自閉スペクトラム症の人は変化が苦手なので、支援の方法を決めたらずっと変更しないほうがよい。		
8	アセスメントは専門機関でやるものなので、福祉の現場ではやらなくてよい。		
9	自分の気持ちをうまく訴えられない人のことを理解するには行動が手がかりになるので、本人の行動をしっかり観察することが大切である。		
10	支援を組み立てるには、目に見える行動だけではなく、行動の背景にある理由を考えることが重要である。		
11	社会のなかで生活するには問題となる行動が起きてはいけないので、本人の行動は些細なことでも改善するように支援しなければいけない。		
12	支援を考えるときの周囲の環境には支援者も含まれる。		
13	支援を考えるときには、本人の苦手なところに配慮する方法を考えるだけでよい。		
14	障害特性は、見方を変えると本人のもっているよさ（強み）となることがある。		
15	支援手順書に基づいた支援をするときには、支援が本人に合っているかを確認するためにも支援の記録が重要である。		
16	強度行動障害の人の支援は、慣れた職員に任せていればよい。		
17	強度行動障害の人への支援では、取り組むべき支援の方向性を組織として示していくことが大切である。		
18	福祉の現場で働く支援者が心身ともに健康で支援に従事するためにも、組織として支援者ケアの考え方を取り入れることが大切である。		
19	福祉事業所では支援が難しい強度行動障害の人は医療機関に任せればよい。		
20	強度行動障害の人を支えるためには、福祉と医療、教育、保護者などの連携が重要である。		

＊正解はxiv頁

学びのチェックリスト正答
基礎研修

1	2	3	4	5	6	7	8	9	10	11	12	13	14	15	16	17	18	19	20
×	○	○	×	×	×	○	×	○	×	×	×	×	○	○	×	×	×	×	○

実践研修

1	2	3	4	5	6	7	8	9	10	11	12	13	14	15	16	17	18	19	20
○	○	×	○	×	○	×	×	○	○	×	○	×	○	○	×	○	○	×	○

序章　プロローグ

1 なぜ行動障害のある人の支援を学ぶのか

1 本書を手にしたみなさんへ

　本書は、行動障害のある人への支援を学ぼうとするみなさんへ、行動障害に対する基本的な理解と、実際の支援に向けた基礎を習得してもらうことを目的としています。この本の読者は、すでに行動障害のある人の支援に直接かかわった経験のある人、他の支援者がかかわる様子を観察したり、その支援に関する話を聞いたりしただけの人などさまざまだと思います。私たちはなぜ日常的な支援のなかで利用者に寄り添いながら「誠心誠意」支援をしていくだけではなく、行動障害についてあらためて学ぶ必要があるのでしょうか。それは、「誠心誠意、支援をするだけでは、必ずしもうまくいくとは限らない、逆に状態をひどくすることも少なからずある」からです。

2 行動障害のある人を支援するために

　行動障害のある人たちの支援を行うためには、みなさんがこれまで身につけてきた知識や経験、理論や実践を整理し、さらに追加の知識や情報、技術を身につけていく必要があります。そうでなければ、よかれと思って「誠心誠意」行った支援が、行動障害をより対応困難にしたり、利用者が生活しにくくなる結果を導いたりすることにもなりかねません。行動障害のある人への支援は、「誠心誠意」取り組むだけではうまくいかないということを知るべきです。

　行動障害への支援は、強度行動障害といわれる人たちへの支援が始まる以前から、さまざまな立場や方法によって取り組まれてきました。本書はそれらの成果をふまえながら、目の前にいる行動障害のある利用者に向かい合うために必要な「考える力」を身につける手がかりをつかんでもらうための道案内になればと考えています。

CHECK POINTS
①利用者に寄り添いながら「誠心誠意」支援をするだけでは、行動障害のある人たちの支援はうまくいきません。

②行動障害のある人の支援を行うには、知識・情報・技術・考える力を身につけることが大切です。

2 彼らの豊かな世界

1 彼らの行動は本当に問題なのか?

　行動障害のある人たちは、支援する側からするとその対応が難しいと思われることがあります。対応が難しい行動の背景には、自閉スペクトラム症や、知的障害、あるいは過敏性などの問題が関係すると考えられています。本書においても基本的にこれらの要因が行動障害と深くかかわっていると考えています。しかし、ここでは彼らの行動の特異性について少し視点を変えて、彼らの視点から考えてみましょう。

　自閉スペクトラム症（Autism Spectrum Disorder：ASD）の人たちの診断に際しては、「対人関係の問題（コミュニケーション行動の問題も含む)」や「行動のパターン化などの同一性保持の問題」や「興味関心が広がりづらい」といった行動特性の有無が重要となります。つまり、私たちとは異なる次元で上記のような特性をもつことが診断につながります。しかし、診断をする側にとってはそれらの行動の有無は重要ですが、「自閉スペクトラム症・ASD」と診断を受けた人にとって、それらの行動は本当に「問題」なのでしょうか。このことについて、以下のドナ・ウィリアムズさんの著書（ドナ・ウィリアムズ著、河野万里子訳『自閉症だったわたしへ』新潮社、1993年）の引用から考えてみましょう。彼女の手記は日本においてかなり早い時期に、自閉スペクトラム症者本人による作品として紹介されました。下線の部分は、筆者が加えています。

　　わたしは、<u>空中にはさまざまな丸が満ちていることを発見した</u>。じっと宙を見つめると、その丸がたくさん現れる。その魔法の世界を邪魔するのが、部屋の中を歩き回る人々だ。わたしは人を見ないようにする。あれは、単なるごみ。わた

しは一心に、きらめく丸の中に同化したいと願い、ごみは無視してその向こうを透視しようとする。(中略)

　わたしには、そうした人々の口から出ることばなどはどうでもよかった。だが彼らの方は、そうではなかった。わたしが答えるのを期待し、待っている。答えるためには、私は自分が何と言われたのか理解しなければならない。だが、心を飛び立たせていろいろな物に同化するのがあまりに楽しくて、ことばを理解するなどという平面的な行為については、とても興味が向かなかった（同書、19〜20頁）。

　わたしのまわりには、色もあざやかなさまざまな衣類があり、つやつやと輝くたくさんの靴があり、数字の順番に並べられた箱の列があった。しかもそれらはすべてケースや棚の中にきちんとおさまっていて、さらにケースも棚も、通路ごとに整然と区分けされている。まるでわたしは夢の国にいるようだった。……それは、保証とやすらぎの世界だった（同書、118頁）。

　これらの文章から伝わってくることは、自閉スペクトラム症者の行動特性は、本人にとってはごく当たり前のことであり、人に対する関心の薄さや行動の同一性の保持は、むしろ環境のなかで適応する手段として用いられている可能性が高いということです。そしてもう１つ関心をもってほしいのは、彼女の精神世界です。「空中にはさまざまな丸が満ちていることを発見した」ことがきっかけとなり、他人への興味のなさについての説明が展開されています。また、「きちんとおさまって」いて「整然と区分けされている」ことが「夢の国にいるよう」で「保証とやすらぎの世界」をもたらしていると書かれています。つまり、ここでは彼女は自らの世界の理解の仕方について、何ら困っているようにはみえません。むしろ、彼女が困っているのは次のようなことかもしれません。それは、彼女の「他人に対する関心の低さ」や「言葉の習得の遅れ」といった状態、「同一性の保持への関心の高さ」といった特徴を周囲の人から「問題視」されることです。彼女は、私たちとともに生活することで、初めて困難に直面することになるのです。

2　一人ひとり理解の仕方や感じ方は違う

　ドナ・ウィリアムズさんの例からわかるように、これらの行動特徴の背景にあるのは、私たちとは「異なるように、世の中のことを理解できる力」であるといえます。

私たち支援者同士でさえ、同じものを見て、聞いて、触れて、嗅いでも相手が同じように感じているかどうかは、実はわかりません。このことは、非常に重要です。本来、人は「その人として」しか、この世界を理解できないのです。他の人の感じ方と自分の感じ方は異なるということが前提になってくると、「(物事を)どのように感じるべきか」ということは、あまり重要な問いではないと思えてきます。なぜならば、私たちは、それぞれ異なって世界を認識していてもおかしくないからです。

これまで、私たちが世の中の理解や認識をしていくうえで、各人の理解の共通部分に強い関心を払ってきました。この共通部分への関心の強さは、「誰もが同じように感じたり、理解したりしている」という誤解に私たちを導きます。行動障害がある人の支援においては、この共通部分ではなく、支援を受ける人の独自の理解のあり方や興味関心の方向性に目を向けなければなりません。このことが、行動障害のある人の行動を理解する第一歩になります。例えば、暑さに弱い人は、すぐにエアコンの温度を下げようとしますが、そうすると冷え性気味の人のひんしゅくを買ってしまうことがあります。この例からわかるように、同じ場所にいても場面の感じ方や理解が異なると、そのことが異なる行動のきっかけになるのです。

3　多様性や独創性は「創造の鍵」

私たちがかかわる障害のある人たちのなかでは、自閉スペクトラム症の人たちだけでなく、知的障害や精神障害のある人たちも、私たちとは異なる豊かな精神世界をもっていると考えられます。そのことは、私たちの精神世界に大きな刺激や可能性を与えてくれます。障害が軽い、重いといった能力に対する制約的な見方だけではなく、物事の見方や感じ方の多様性や独創性といった視点を取り入れることができれば、私たちはより多くの支援の選択肢や新しい社会を構築する創造の鍵を得ることになるのではないかと考えます。

障害のある人たちの豊かな世界については、第12章であらためて紹介します。

CHECK POINTS

①人はそれぞれ物事の理解や認識の仕方が違います。この一人ひとり違う理解や認識の仕方が、異なる行動につながっていくのです。

②障害のある人の世界の理解の認識は独創的で豊かです。それらが行動障害のきっかけとなることも少なくありません。

③障害をマイナスな見方だけではなく、理解や認知の多様性や独創性といった視点からとらえることが創造的な支援の鍵となります。

1 強度行動障害とは：本書の守備範囲

「強度行動障害」という概念は、日本の障害福祉サービスの提供の過程で誕生した日本独特のものです。「行動障害」の用語は、behavior disorderの日本語訳として用いられていますが、当初この用語は、「行動異常」と訳されることが多かったといわれています。そしてこの「行動異常」の指すものは、自閉的な行動や夜尿、チック、睡眠障害、吃音といった言語障害、小児における精神障害など広範囲にわたっていました（長畑 2000）。

本書で扱う「強度行動障害」という概念が初めて登場したのは、1989（平成元）年、行動障害児（者）研究会による「強度行動障害児（者）の行動改善および処遇のあり方に関する研究」の報告書のなかにおいてでした。

当時示された定義は、以下のようなものです。

強度行動障害とは（定義）
精神科的な診断として定義される群とは異なり、直接的他害（噛みつき、頭突き等）や、間接的他害（睡眠の乱れ、同一性の保持等）、自傷行為等が通常考えられない頻度と形式で出現し、その養育環境では著しく処遇の困難なものであり、行動的に定義される群。
家庭にあって通常の育て方をし、かなりの養育努力があっても著しい処遇困難が持続している状態。

従来の行動障害においては、その行動の型や頻度、激しさ（強度）について評価をしながら、取組みの必要性や緊急性を検討していました。「強度行動障害」の概念は、取り組むべき行動面の問題がある者をその行動型と激しさをセットにした11種類に類型化し、さらに頻度で重みづけをしながら選びだす（「強度行動障害判定基準」：**114頁参照**）ことにより、支援サービスを受ける対象者を選んでいくものでした。

行動の型と激しさをセットにした11種類の行動は、具体的には「ひどい自傷」「強い他傷」「激しいこだわり」「激しいもの壊し」「睡眠の大きな乱れ」「食事関係の強い障害」「排泄関係の強い障害」「著しい多動」「著しい騒がしさ」「パニックがもたらす結果が大変なため処遇困難」「粗暴で相手に恐怖感を与えるため処遇困難な状態」といったものでした（「強度行動障害特別処遇事業の実施について」（平成5年4月1日児発第310号厚生省児童家庭局長通知））。この「強度行動障害」の概念は、1993（平成5）年から開始された強度行動障害特別処遇事業によって施設内サービスの充実を目指すものと

して期待されましたが、1998（平成10）年に強度行動障害特別処遇事業が廃止され、2003（平成15）年の支援費制度の導入と行動援護サービスの開始、2005（平成17）年の障害者自立支援法の成立に伴う新しいサービス体系に向けた制度改革のなかで、その役割を終えました。その後は、障害者自立支援法で導入された「行動援護」の支給決定に用いられた新たな基準が、行動障害のある人へのサービス提供の決定に大きな役割を果たしています。この新旧2つの基準には共通する部分はありますが、対象者の状態像において異なる側面を評価しているといわれています。

　本書がその取組みの対象とするのは、強度行動障害およびその辺縁の行動障害です。先に行動障害の概念が非常に広いものであることは述べました。また、近年では、行動面における課題となる状況として、著しい非行などを反復して行う行為障害（素行症；conduct disorder）や触法行為も行動面の問題であるととらえる場合もあります。また、興奮、混乱、混迷、拒絶などの急性期における精神科症状も行動障害の枠組みのなかでとらえることは可能であると思います。しかし、本書においては、行為障害、触法行為、精神科における急性期の症状といった行動面における問題は、主たる守備範囲からは外しています。それは、強度行動障害の概念が知的障害者のよりよい処遇を模索するなかで誕生したものであり、その研究過程で自閉症の特性との関連が次第に明らかにされることにより、支援のあり方の工夫や方向性が明らかになりつつあるからです。

　本書では、これまでの強度行動障害の支援の実践や研究の成果をふまえて、行動障害のある人の地域生活での支援に取り組むための基礎的な理解やスキルを身につけることを目的としています。先にあげた行為障害、触法行為、精神科における急性期の症状といった問題にも知的障害や自閉スペクトラム症が関連したケースもあるので、このようなケースへのアプローチをスムーズに行うためにも、目の前にある、強度行動障害とその辺縁の行動の問題に取り組んでいく力をつけることが大切でしょう。

CHECK POINTS

①「強度行動障害」とは、知的障害者に伴う重い行動障害への取組みの充実を図るためにつくられた概念です。

②「行動援護」の支給決定基準は、行動面の問題の新たな評価方法として用いられています。

2 強度行動障害のある人への支援のこれまで

1989（平成元）年に強度行動障害の用語が初めて提起され、1993（平成5）年の強度行動障害特別処遇事業において、施設におけるサービスの提供が行われるようになりました。では、それ以前には、行動障害のある人たちの支援の枠組みは存在しなかったのでしょうか。

そうではありません。強度行動障害の概念が提案されるまでの支援の枠組みは、「重度」の精神薄弱児（知的障害児）や「動く重症児」への支援のなかで取り組まれてきた経緯があります（「精神薄弱」の用語は、法改正により1999（平成11）年4月より「知的障害」に変更されています）。重度の精神薄弱児（知的障害児）の支援は、1958（昭和33）年国立の秩父学園設立によりそのスタートが切られました。また、重度の知的障害と重度の身体障害が重複している状態を「重症心身障害」といいますが、これらの子どもの専門施設である島田療育園が設立されたのは1961（昭和36）年です。その後1970年代に入り、これらの重症心身障害児施設の中でクローズアップされてきたのがいわゆる「動く重症児」の存在でした。「重度」の知的障害においても「動く重症児」においても、それぞれの規定において行動障害（異常行動）の有無が1つの要件となっていました。

日本において行動障害の処遇を行う場は、主に入所施設でした。深刻な行動障害のある人を施設において、より手厚く支援する方法を模索するという考えに基づいて取り組まれてきたのが、飯田を代表とする行動障害児（者）研究会（1988～1989年）の研究でした。この研究において強度行動障害の概念が提起され、強度行動障害特別処遇事業（1993（平成5）年）は始まります。しかし、この事業も1998（平成10）年に廃止され、2000（平成12）年の社会福祉法の成立、2003（平成15）年の支援費制度の導入と行動援護サービスの開始、2005（平成17）年に成立した障害者自立支援法に基づく新しいサービス体系への移行（新事業体系への移行は2006（平成18）年10月から）といった制度改革のなかで、サービス支給対象を判定するために用いられていた「強度行動障害判定基準」は用いられないものになっていきました。現在の行動障害のある人への支援に際しては、「行動援護」の支給決定基準を用いて状態の評価を行うことになっています。このような現状をふまえ、2015（平成27）年から強度行動障害支援者養成研修が始まることになりました。

これまでの強度行動障害のある人への支援の経緯を図1に示します。

図1　強度行動障害への支援施策の変遷

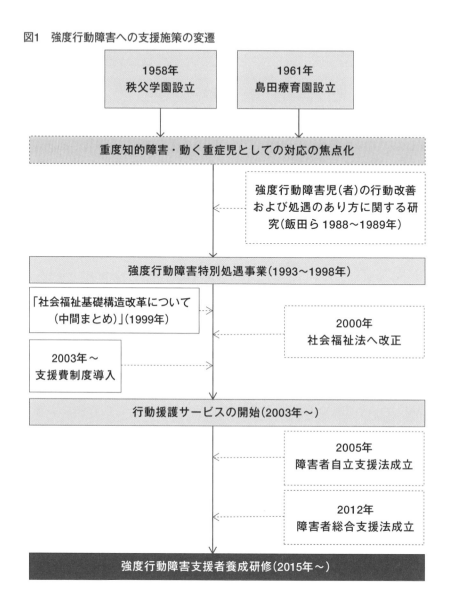

CHECK POINTS

① 「強度行動障害」の概念が提案される以前は、重度の知的障害、あるいは「動く重症児」として取り組まれてきました。

②強度行動障害特別処遇事業は、入所施設におけるサービス体系のなかで展開されていました。

③強度行動障害特別処遇事業終了後の支援サービスは、行動援護の枠組みのなかで展開されています。

[**参考文献**]

東田直樹 (2007)『自閉症の僕が跳びはねる理由——会話のできない中学生がつづる内なる心』エスコアール.

ドナ・ウィリアムズ、河野万里子訳 (1993)『自閉症だったわたしへ』新潮社.

長畑正道 (2000)「はじめに」長畑正道・小林重雄・野口幸弘・園山繁樹編『行動障害の理解と援助』コレール社.

社会福祉法人全日本手をつなぐ育成会 (2013)『平成24年度障害者総合福祉推進事業「強度行動障害の評価基準等に関する調査について」報告書』.

障害者福祉研究会編 (2002)『ICF 国際生活機能分類——国際障害分類改定版』中央法規出版.

序章

第1章 強度行動障害の理解

はじめに

　日本における「強度行動障害」という状態になっている人たちの支援の移り変わりは序章に書かれているとおりで、強度行動障害特別処遇事業から現在に至っています。特別処遇事業は入所施設のなかでの展開からはじまりました。強度行動障害の状態になっている人のなかには、現在でも施設で暮らしながら支援を受けている人がいる一方、地域で暮らしていながら強度行動障害が激しくなり、支援してくれる施設、事業所探しに奔走している人もいます。もちろん、地域のなかで適切な支援を受けながら穏やかに暮らしている人もいます。

　第1章では、「強度行動障害」という状態になっている人を支援するうえで必要な「強度行動障害の状態になぜなるのか」や「予防の重要性」について学んでいきます。そして、支援の最終目標は「強度行動障害が軽減されること」ではなく、「強度行動障害という状態になっている人」や「強度行動障害という状態になりやすい人」が、地域のなかで安心して幸せに生活していくことだということを確認していきます。ここではどちらかというと支援の方法ではなく、支援のベースとなる理念や考え方についてお伝えしていきます。

　すでに現場に出て支援をしている人はご存じのとおり、生まれながらにして「強度行動障害」の状態になっている人は、一人もいません。その人が育っていくなかで、あるいは生活していくなかで、本人の特性をふまえずに行われた支援や教育など、さまざまな要因が影響して「強度行動障害」という状態をつくっているのだとすれば、これまで行ってきた支援をあらためて振り返り、これまで身につけてきた知識や経験を整理することができるでしょう。その機会として本書を活用していただければと思います。

1 支援の基本

1 支援の基本と流れ

　具体的な「強度行動障害」の状態の説明に入る前に、まず「支援」とは何かという点を押さえておきましょう。

　このテキストを手に取っている人の多くは、支援者として活動されているのだろうと思いますが、支援者が支援を提供する、支援対象者の活動をサポートする際には、次の4つが必要になるといわれています。

❶　「人を助けたい、力になりたい」といった「気持ち」

❷　「体調やメンタルのコントロールと腰痛等の予防」といった「気力・体力」

❸　「制度や障害の特性」といった「知識」

❹　「PDCAサイクルや氷山モデルシートの活用」といった「技術」

　このテキストでは4つのなかでも主に、「知識」と「技術」の基礎的な部分を押さえていきますが、ここで、支援をするうえで、最も基本となる支援の流れを確認しておきます。

　みなさんは「支援」を行うにあたって、どのような流れで行っていますか。

　例えば、利用者と契約を結ぶ際には「利用者プロフィール」「アセスメントシート」などで情報をもらい、それをもとに「その人の課題や目標」などを設定し、そこに近づけるような支援を組み立て、現場の支援者とともに連携しながら支援をする、そして、支援が終わったら記録を書き、次につなげて継続的な支援をしていくという流れでしょうか。

　強度行動障害を対象とするかどうかにかかわらず、支援をするにあたって必要な工程は、

1．情報を収集する

2．集めた情報を整理し分析する

3．目標を設定し、計画を作成する

4．支援手順を検討する

5．支援手順書を作成する

6．支援手順書を共有する

7．実践する

8．支援結果の記録を作成する

9．記録の分析をする

10．支援の評価をする

11．改善／修正の検討をする（＊必要に応じて、1．～11．をくり返す）

のように、おおよそ11項目に分けることができます。

　普段の支援を振り返ると、おそらくみなさんもこのような流れで支援を展開しているものと思います。もちろん、現場の支援者や登録ヘルパーなどについては6．の支援手順書を共有する段階からかかわる人もいますが、全体の工程としては上記のような流れがあるということを知っておいてください。

　また、支援の流れの11工程は、大きく4つに分類することができます。1．～6．が「計画（Plan）」、7．～8．が「実践（Do）」、9．～10．が「評価（Check）」、11．が「改善（Action）」となります（図1-1）。

　この流れはその英語表記の頭文字をとってPDCAといい、業務を継続的に改善していく方法として、このPDCAを回す（＝サイクルする）ことの有効性が多くの分野でいわれています。

　このように、PDCAサイクルで支援を継続的に見直しながら取り組んでいくと、支援対象者が、よりよい人生へと向かっていくことができるのです。

　さらに、よりよい支援の流れをつくるために、情報整理時にICFの視点を、情報分

図1-1　支援の流れとPDCAサイクル

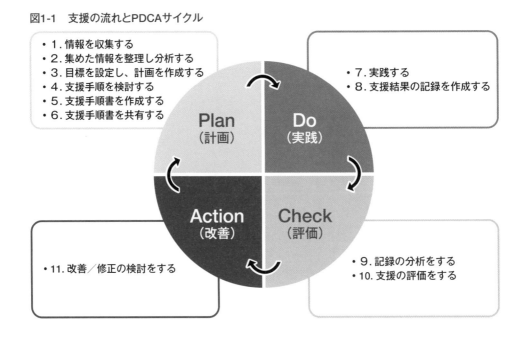

- 1. 情報を収集する
- 2. 集めた情報を整理し分析する
- 3. 目標を設定し、計画を作成する
- 4. 支援手順を検討する
- 5. 支援手順書を作成する
- 6. 支援手順書を共有する

- 7. 実践する
- 8. 支援結果の記録を作成する

Plan（計画）

Do（実践）

Action（改善）

Check（評価）

- 11. 改善／修正の検討をする

- 9. 記録の分析をする
- 10. 支援の評価をする

析時に氷山モデルを活用するなど、それぞれが必要なツールを見つけながら支援の組み立てをしていくとよいでしょう。

2 ICF(国際生活機能分類)について

　ICFは、2001年にWHO（世界保健機関）総会で採択されたもので、国際生活機能分類(International Classification of Functioning, Disability and Health: ICF)と呼ばれ、正式名称は「生活機能・障害および健康の国際分類」といわれています。このICFは、「人間全体を見る」「個別性をとらえる」「サービス効果を全体的にとらえる」ものとして、世界的に活用されています。**図1-2**のICFの概念図は、「健康状態」に変調を来したり病気になったりすることで、「心身機能・身体構造」に不具合が起こり、機能障害を起こしたりすることを示しています。またこれらのことは、それまでできていたことができなくなったり、困難になったりすることで「活動」が制限されることや「参加」が制約されることを示しています。これら「健康状態」「心身機能・身体構造」「活動」「参加」は、矢印が両方向に向いていることからも相互に影響をしあっていると理解されています。

　「障害があるから○○できない」ではなく、「環境因子」として環境を整えていけば活動や社会参加が可能になるということは、「○○○があれば△△△ができる」というように環境が大きく影響しているということがわかります。本書ではICFについて詳

図1-2　ICF（国際生活機能分類）の概念図

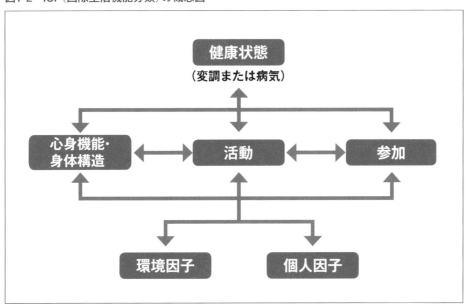

出典：障害者福祉研究会（2002）『ICF 国際生活機能分類－国際障害分類改定版－』中央法規出版、17頁.

しくは説明しませんが、強度行動障害のある人への支援の大きな目標は、「参加」の部分、社会参加を充実させることにあることを頭の片隅においていてください。

3 氷山モデル

　氷山モデルは、自閉スペクトラム症の人のさまざまな行動を水面上の一角にたとえ、その見えている部分に着目するのではなく、水面下の要因に着目して支援の方法を考えるという視点で、その人の行動の背景をとらえるツールとして使用されています（図1-3）。

　氷山は、海上に出ている部分よりも海面の下に大部分が隠れています。この隠れた部分が表に生じている行動の原因となる部分で、それを「本人の特性」と「環境・状況」という2つに分けています。一方、海上に出ている部分が、問題行動などとして現れている「課題となっている行動」です。海上に出ている部分を小さくしようと思ったら、隠れた大部分を小さくしていかなければなりません。つまり、問題行動を減らしていこうとする場合、海面下の「本人の特性」と「環境・状況」の相互作用で問題行動が起きているとするならば、特性をふまえたうえで、どのような支援、必要なサポートができるかを考えていくことが求められるのです。

図1-3　氷山モデル（例）

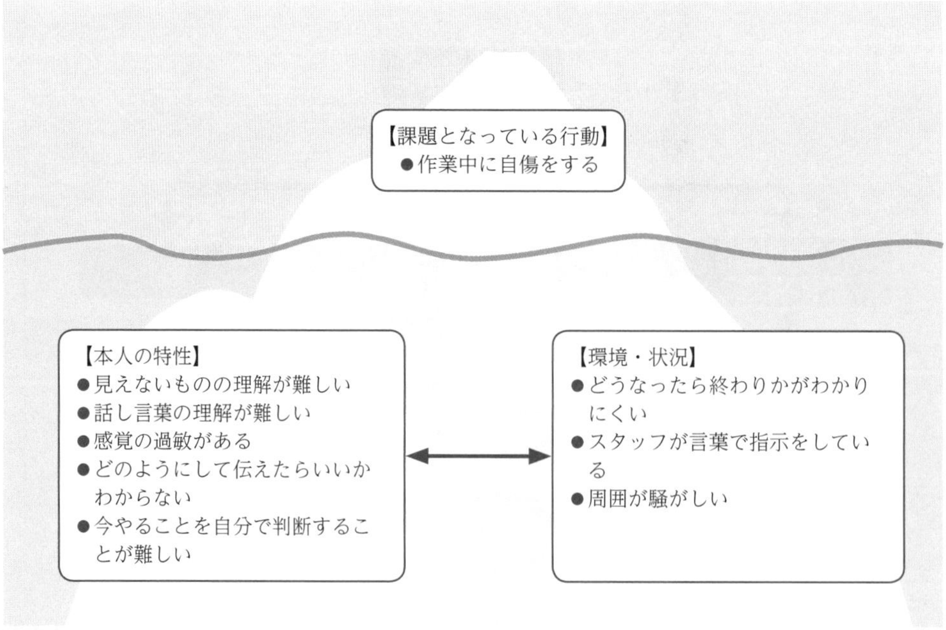

【課題となっている行動】
● 作業中に自傷をする

【本人の特性】
● 見えないものの理解が難しい
● 話し言葉の理解が難しい
● 感覚の過敏がある
● どのようにして伝えたらいいかわからない
● 今やることを自分で判断することが難しい

【環境・状況】
● どうなったら終わりかがわかりにくい
● スタッフが言葉で指示をしている
● 周囲が騒がしい

2 強度行動障害とは

　支援の基本を押さえたうえで、それではいよいよ「強度行動障害」について学んでいきたいと思います。

　強度行動障害は、「自傷、他傷、こだわり、もの壊し、睡眠の乱れ、異食、多動など本人や周囲の人のくらしに影響を及ぼす行動が、著しく高い頻度で起こるため、特別に配慮された支援が必要になっている状態」といわれています。ここでのポイントは、強度行動障害が「特別に配慮された支援が必要となっている状態」であるということです。つまり、強度行動障害は、もともとの障害を指すのではなく、その人の「状態」を指しているのです。「状態」ですので、よくなったり悪くなったり、現れたり消失したりすることもあります。本来の姿は穏やかな状態の人が、さまざまな原因によって状態が悪くなってしまうことを「強度行動障害の状態」といいます。

3 なぜ 強度行動障害という状態になるのか

　次に、「なぜ強度行動障害という状態になるのか」について考えてみたいと思います。図1-4のように、あるショッピングモールに放課後等デイサービスの活動の一環で、数人の子どもたちと一緒に買い物体験に来ている場面があるとします。そこには、自閉スペクトラム症のAさん、そしてAさんたちを支援するスタッフのCさんがいます。買い物をしているときにAさんは、たまたま通りがかった男の子Bくんを両手で押してしまいました。突然の行動に一緒にいたスタッフのCさんは「え？」「なぜ？」と思ったり、慌ててしまったり、困ったりするでしょう。では、なぜAさんはBくんを押してしまったのでしょうか。

　おそらくスタッフのCさんは「もしかしたらこの賑やかな環境が苦手だったのかな」と思ったり、「早く帰りたいのに見通しがもてなかったのかな」などさまざまなことを想像したりするのではないでしょうか。

　もしも、Aさんが自分の言葉で自分の気持ちを表現できていたら、「苦しいよ」「この場にいたくないよ」などと伝えてくれたかもしれません。しかし、Aさんは障害により、このような気持ちを言葉で上手に伝えることができないため、その困り感を「目

第1章

第2章

第3章

第4章

第5章

第6章

基礎演習

実践演習

図1-4　ショッピングモールでのある場面

放課後等デイサービスの活動の一環で、数人の子どもたちと買い物体験に来ていたＡさん。
たまたま通りがかったＢくんを押してしまいました。

たまたま通りがかった
Ｂくん

自閉スペクトラム症の
Ａさん

Ａさんを連れてきた
スタッフのＣさん

困っているのは誰でしょう？
「わけのわからないまま押されてしまったＢくん」
「Ａさんを支援しているスタッフＣさん」
　　　　　　　　　　　　　　　　と答える人が多いかもしれません。

の前を通った男の子Ｂくんを押す」という行動で表現したのです。

　このような行動が起こったとき、困っているのは「わけのわからないまま押されて
しまったＢくん」、あるいは「Ａさんを支援しているスタッフＣさん」だけではなく、
「こういった気持ちを上手に言葉で伝えられなかったＡさん」も困っていると考えられ
ます（**図1-5**）。

　このように、障害からくる苦手さ（特性）をもつ人たちはたくさんいます。そして
その一人ひとりが同じように困っているのではないかと思います。障害からくる苦手
なこととして、ここに例をあげてみます。

・先の予測をすることが難しい

・見えないものの理解が難しい

・話し言葉の理解が難しい

・抽象的であいまいな表現の理解が難しい

・話し言葉で伝えることが難しい

・やりとりの量が多いと処理が難しい

・少しの違いで大きな不安を感じる

・聴覚の過敏や鈍麻がある

図1-5　困っているのは誰?

実は、Aさんも困っています。
なぜなら、ショッピングモールのようなうるさい環境が苦手なほか、そういった環境にいつまでいなければいけないのかがわからないからです。

「うるさくていやだよ～」
「いつまでここにいなければいけないの?」
「はやく帰りたいよ～」

障害により、こういった気持ちを言葉で
上手に伝えることができない

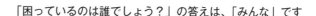

その困り具合を "目の前を通った子 (Bくん) を押す"
という行動で表現

「困っているのは誰でしょう?」の答えは、「みんな」です

　これらの苦手さ (特性) は、彼らに不安と緊張をもたらしていて、「こうした不安や緊張から逃れたい」「誰かに伝えたい」「気づいてほしい」と思っているのではないでしょうか。しかし、その気持ちを伝える方法がわからない結果、「自傷、他傷、こだわり、もの壊し、睡眠の乱れ、異食、多動」といった行動で表しているのかもしれません (図1-6)。

　そして、「障害からくる苦手さ」に配慮したかかわりがなされていなかったり、適切な行動を教えてもらう機会がなかったりすると、さらに激しい行動をとることがあります。また、自分の気持ちを伝えるために激しい行動をとったとき、周囲がその行動を止めるためにやむを得ず本人が望むままの対応をくり返していると、「激しい行動をすることで自分の気持ちが伝わる」と理解し (「誤学習」といいます)、激しい行動が定着してしまうこともあります。

　このように、「適切な行動を教えられていない」「周囲が誤った対応をくり返す」ことで、ますます行動は激しくなっていくのです。そしてそのような状態を、「強度行動障害の状態」といいます (図1-7)。

　つまり、「強度行動障害」は、本人の障害からくる苦手さと周りの環境とのミスマッチや、周囲の誤った対応の積み重ねによって徐々につくられたり、抑えていたものがあるとき一度に噴き出したりして現れる状態です。強度行動障害は本人の障害自体の

第2章
第3章
第4章
第5章
第6章
基礎演習
実践演習

図1-6　障害からくる苦手さによる影響

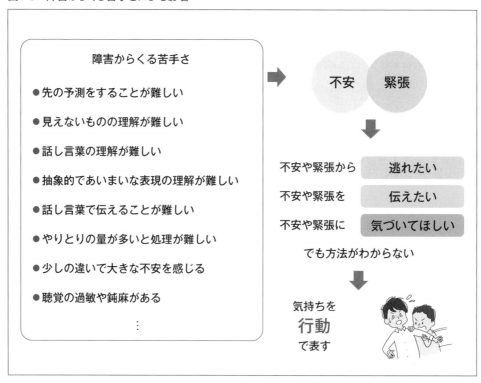

図1-7　強度行動障害の状態

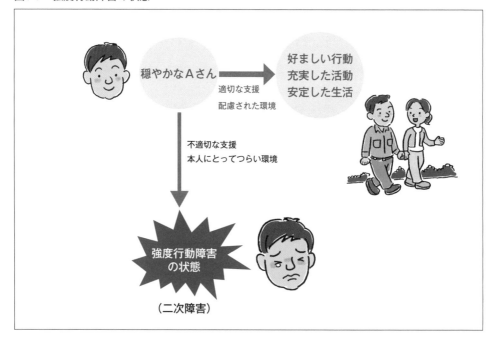

重さではなく、わたしたちのはたらきかけや環境調整の失敗や無配慮など、さまざまな要因によりつくられてしまった「支援が非常に難しい段階」ともいえる二次的な障害（二次障害）なのです。

自分で見通しをもつことが苦手であるにもかかわらず、生活のさまざまな場面で、何をするのかわからない状態でずっと不安な気持ちを抱えたままでいる。感覚の過敏があるにもかかわらず不快な刺激のなかで長時間じっと我慢している。このような障害の特性からくる本人の困難さがあるにもかかわらず、そのことに配慮のない環境で過ごすことは本人にとって非常につらいことです。

　行動障害は、このような、自分ではどうしようもない不安や混乱、我慢のできない不快な感覚などがさまざまな行動として現れているのです。行動上の問題が出ているときには、ついついわたしたちは「困ったな」と思ってしまいがちですが、そこを「（本人が）困っているんだな」と考えることが大切です。そして、本人が困っている状態になるには、何かしらの要因があるはずだと考えるようにしていきましょう。

4　児童期の予防の大切さ

- -

　これまで説明してきたような強度行動障害の状態にならないようにしていく、あるいは予防していくためには、いつごろから、そしてどのような取組みが必要になってくるのでしょうか。

　図1-8は、平成24年度に、全日本手をつなぐ育成会（現在の全国手をつなぐ育成会連合会）が厚生労働省の障害者総合福祉推進事業で実施した「強度行動障害の評価基準等に関する調査について」の報告書で紹介しているものです。

　強度行動障害が現れた人（16〜31歳）の家族を対象として、最も本人の行動障害が重篤であった時期について質問した結果をまとめています。この図から、中学校、高等学校の時期の困難さを示すケースの多いことがわかりますが、このことは、利用者の行動障害の状況が変化するものであることを示す結果でもあります。中学校、高等学校の時期は、思春期の心理的・身体的な成長の時期とも重なり、支援者にとっては、より配慮の必要性が高まる時期となります。一方でこの時期の対応を誤まると、より対応の難しい強度行動障害の状態を知らぬ間につくってしまう可能性があることを理解しなければなりません。また、対応の難しい強度行動障害の状態は、家族にとっても非常に大きなストレスとなります。特に中学校、高等学校の時期に対応の難しい強度行動障害の状態になってしまった場合、身体的な成長が、他傷や自傷への対応を困難にしたり、家族の不安や危険をより増幅させたりすることにつながり、家庭内での生活に支障を来すことにつながっていきます。また、不眠や飛び出しといった、行動

第1章

第2章

第3章

第4章

第5章

第6章

基礎演習

実践演習

図1-8 最も行動障害が重篤であった時期の度数分布

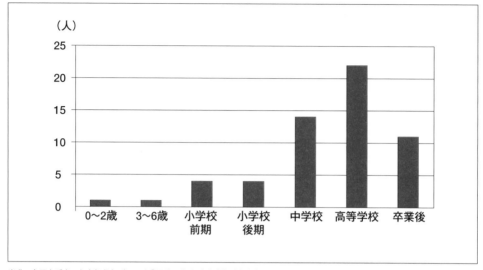

出典：全日本手をつなぐ育成会（2013）『平成24年度障害者総合福祉推進事業「強度行動障害の評価基準に関する調査について」報告書』

に常に配慮しなければならない状態が続くと、家族も徐々に疲弊していきます。このように家族は、本人の強度行動障害の状態からくる影響を一番身近に受けやすい立場にあるといえます。強度行動障害への支援に取り組む際には、家族への支援や配慮も必要になります。

　これまで本書のなかで、強度行動障害は「誤った対応をくり返す」「必要なことを教えられていない」ことで生じると述べてきましたが、強度行動障害の状態はそうした対応が取られてすぐに現れるわけではなく、幼い時期から小学生くらいの時期に感じたストレスが、時間がたってから「強度行動障害」として現れるということが指摘されています。中学校、高等学校の頃の激しい強度行動障害が、幼児期に誤った対応をくり返したり、必要なことを教えられていなかったりする結果として現れているとすると、幼児期から本人に合った学び方によって、コミュニケーションの方法を身につけることができれば、激しい行動の表出はもっと少なくできるのではないかと考えられています。

　つまり、幼児期・児童期の適切なかかわりが将来の「強度行動障害の予防」につながるということです。そして、幼児期・児童期を過ぎてしまったからといって、あきらめるのではなく、成人期においても、適切なかかわり方で強度行動障害の予防や改善をすることができるということを覚えておいてほしいと思います。

5 強度行動障害と社会参加

さて、これまで、①支援の基本、②強度行動障害とは、③なぜ強度行動障害という状態になるのか、④児童期の予防の大切さについて説明してきました。ここで、あらためて、私たちがなぜ「強度行動障害」について学ぶのかを考えてみたいと思います。

まず、支援者が自閉スペクトラム症の人たちへの理解や支援方法を知らずに本人と接してしまった場合、すなわち、本人が適切な支援を受けられない場合を整理してみたいと思います。

先述のショッピングモールで知らない子を押してしまった自閉スペクトラム症のAさんの事例で考えてみると、「うるさいのが苦手」「いつまでここにいなければならないのかわからない」という苦手な状況が続くなか、そうした状況が回避されず、近くを通った子を押すという行動でAさんは自分の思いや気持ちを表してしまいました。紹介した事例はここまででしたが、場合によっては、その後、ショッピングモール側から立ち入りを断られ、外出先を失い、結果的に生活の範囲が狭まってしまうこともあります。さらには、事業所からも利用を断られてしまうということが起こるなど、より行き場のない生活を余儀なくされているケースも珍しくありません。

このように、適切な支援がないと、本人の希望とは関係なく、活動範囲や活動内容などがどんどん狭まっていってしまい、社会から隔絶されていくという、大きな問題を生じさせてしまうのです（**図1-9**）。

では、逆に支援者が適切な支援を提供できる場合はどうでしょうか。**図1-10**のとおり、支援者が自閉スペクトラム症のことや支援の方法を知っていることで、自閉スペクトラム症のAさんの特性に合わせた配慮や支援、具体的には、騒がしくない時間帯に店に行く、あるいはいつまで店にいるかを本人にわかるように伝える、といったことができるようになります。こうした配慮のことを「合理的配慮」といいますが、合理的配慮がなされると、本人は快適に、そして充実し、安心した時間を過ごすことができるようになります。その結果、外出を楽しむようになり、また、別の店にも行くことができるようになります。すなわち、本人の特性に合わせた配慮や支援は、社会参加を進ませ、地域のなかで幸せな生活ができる理想の支援といえます。つまり、本章の最初にふれた、ICFの「参加」の部分を増やすことのできる、理想の支援なのです。

第1章
第2章
第3章
第4章
第5章
第6章
基礎演習
実践演習

図1-9　適切な支援がない場合

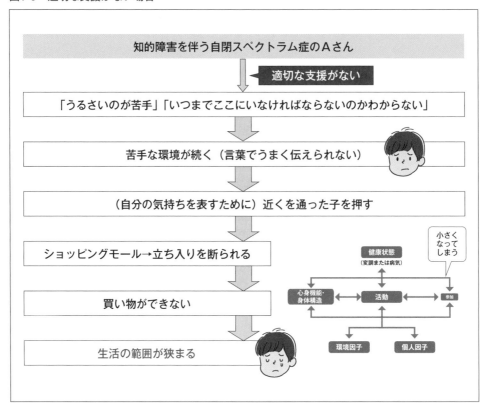

図1-10　適切な支援がある場合

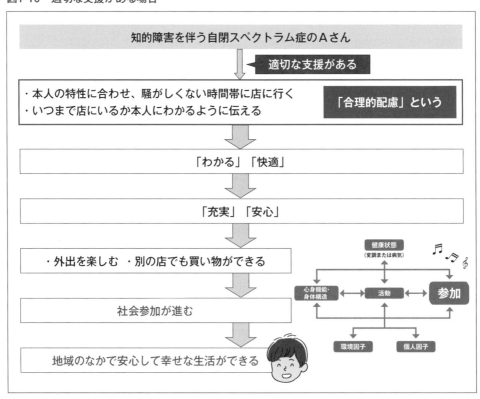

ここまでのことを整理すると、強度行動障害の状態になっている人は、「困った人（子）」ではなく「困っている人（子）」、いわゆる「合理的配慮が必要な人」なのです（図1-11）。

図1-11　強度行動障害のある人の支援の目的

強度行動障害の状態になっている人は、
「困った人（子）」ではなく「困っている人（子）」
＝合理的配慮が必要な人

【支援の3つの目的】
● 強度行動障害の状態にならないよう予防することができる
● 強度行動障害の状態を軽減できる
● 社会参加を進めることができる

　私たち支援者は、私たちの理解や配慮によって、強度行動障害の予防・軽減ができ、そして本人の社会参加を進めることができるということを認識することが大切なのです。

CHECK POINTS
①強度行動障害の状態にある人は「困った人（子）」ではなく「困っている人（子）」と考えることが大切です。

②強度行動障害を予防するために、幼児期・児童期の適切なかかわりが大切です。

③強度行動障害への支援の目的は本人の社会参加を進めることです。

第1章

第2章
第3章
第4章
第5章
第6章

1 研修カリキュラム改定のポイント

　「強度行動障害支援者養成研修の効果的な研修カリキュラム及び運営マニュアルの作成に関する研究」（平成30年度障害者総合福祉推進事業）で示された研修カリキュラムの改正案をふまえ、「強度行動障害支援者養成研修事業の実施について（運営要領）」（平成29年8月3日障発0803第1号）が2020（令和2）年5月20日に改正されました。カリキュラム改定のポイントとして、これまでの研修と変わらない点、変更点の大きく2つに分けて押さえておきたいと思います。

　まず、変わらない点は、1点目が「行動援護従業者養成研修とは分けない」、2点目が「基礎・実践12時間ずつ、合計24時間の研修である」こと、3点目が「特に基礎研修では、初心者でも理解できる内容である」という3点です。

　変更点は、1点目が「カリキュラムの時間配分」、2点目が「コマごとに押さえておくべきキーワード（表1-1）」、3点目が「ストーリー性を重視したプログラムの構成」の3点です。

　これまでの研修との大きな違いは、研修内容に柔軟性をもたせられるつくりに改定されたという点です。

表1-1　改定版カリキュラムのキーワード

■スタッフマネジメント	■理解・支援・余暇
■予防	■アセスメント・支援・連携
■自閉症スペクトラムの人とは（イメージ）	■児童期の予防の観点
■自閉症スペクトラムの特性	■行動障害のサイクル
■合理的配慮	■スーパービジョン・事例検討
■チームアプローチ	■事前研修と研修で用語に慣れる
■記録	■自分の職場の課題が見いだせる
■行動でとらえる	■解決のために必要な方法に気づく
■シミュレーション	■全体のストーリー性があることが大切
■生活のしづらさ	■マネジメント
■リアリティが感じられるように	■現場に則した
■行動障害のメカニズム	■構造化の説明を詳しく
■未学習・誤学習	■表出性コミュニケーション
■作られる障害＝作ってはいけない	■基礎知識の共通理解
■ライフステージ	■機関連携は医療・教育・家庭を含める
■保護者の気持ち	■支援者ケアの大切さ
■強度行動障害者支援の意義（理念）	■構造化・氷山モデルを大切に

出典：独立行政法人国立重度知的障害者総合施設のぞみの園（2019）「強度行動障害支援者養成研修の効果的な研修カリキュラム及び運営マニュアルの作成に関する研究報告書」（平成30年度障害者総合福祉推進事業）

2 研修のストーリー

基礎研修・実践研修それぞれのストーリーと到達点を整理すると**図1-12**のとおりです。

図1-12　研修のストーリーおよび到達点

ストーリー	基礎研修	実践研修
Step 1	強度行動障害について基本的なことを知る	支援を組み立てるための基本的な流れの確認
Step 2	アセスメントに基づいた（情報を収集し、解決すべき課題を整理したうえでの）個別支援の大切さを理解する	アセスメントの具体的な方法を学ぶ
Step 3	支援の具体的な方法を知る	支援手順書の作成方法を学ぶ
Step 4	チームプレイの重要性を理解する	記録の方法と支援手順書の修正方法を学ぶ
Step 5	適切な支援を続けていくための知識を得る	組織として取り組むことの重要性を学ぶ

到達点

計画された支援の根拠を理解し、決められた手順どおりに支援をすることができる。

チームの動きをイメージし、支援の手順を考え文章化する。また、支援結果に合わせ、支援および手順の修正をすることができる。

まずは、基礎研修のストーリーです。

Step1　強度行動障害について基本的なことを知る

Step2　アセスメントに基づいた個別支援の大切さを理解する

Step3　支援の具体的な方法を知る

Step4　チームプレイの重要性を理解する

Step5　適切な支援を続けていくための知識を得る

というように、基礎研修を修了した時点で、修了者が計画された支援の根拠を理解し、決められた手順どおりに支援をすることができる状態になることを目指しています。

次に、実践研修のストーリーです。

Step1　支援を組み立てるための基本的な流れの確認

Step2　アセスメントの具体的な方法を学ぶ

Step3　支援手順書の作成方法を学ぶ

Step4　記録の方法と支援手順書の修正方法を学ぶ

Step5　組織として取り組むことの重要性を学ぶ

というように、実践研修を修了した時点で、修了者がチームの動きをイメージし、支援の手順を考え文章化すること、また、支援結果に合わせ、支援および手順の修正をすることができるといった状態になることを目指しています。

　この「強度行動障害支援者養成研修」という研修自体は、現在、日本にいくつかある強度行動障害の支援にかかる研修のなかでも、一番初めの、基本を学ぶ研修として位置づけられています（図1-13）。研修の内容は、これまで全国各地で強度行動障害の状態になっている人たちへの支援を、真摯に実践、かつ研究してきた実践者や研究者たちが、全国の支援現場で活用できるよう研修として組み立てたものです。

　「特別な人への支援方法」というものではなく、障害のある人たち全般にも通じるような、支援の基本的な考え方やプロセスも含めた内容で構成されていますので、できれば支援されるみなさんが普段かかわっている人たちを思い浮かべながら、この研修を受けていただけることを期待しています。

図1-13　強度行動障害のある人の支援にかかる主な研修と難易度

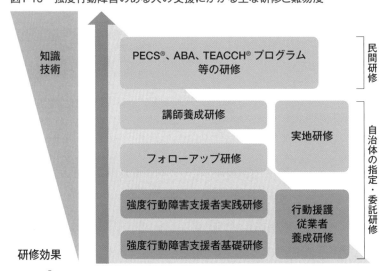

※：PECS®は、米国およびその他の国で登録されたPyramid Educational Consultants, Inc. 商標です。

CHECK POINTS

①新しい強度行動障害支援者養成研修カリキュラムでは、研修のストーリーが重視されるようになりました。

②強度行動障害支援者養成研修は、支援スキル習得のための最初のステップに位置づけられています。

[**参考文献**]

全日本手をつなぐ育成会(2013)『平成24年度障害者総合福祉推進事業「強度行動障害に評価基準等に関する調査について」報告書』.

佐々木正美(1993)『講座 自閉症療育ハンドブック──TEACCH プログラムに学ぶ(障害児教育指導技術双書)』学研.

第1章

第2章

第3章

第4章

第5章

第6章

基礎演習

実践演習

環境を整えることで落ち着いてきたナオキさん

| 名前 | ナオキさん | 年齢 | 12歳 | 性別 | 男性 |

利用している主なサービス 行動援護

❋ ナオキさんのこと

ナオキさんは自閉スペクトラム症の男の子です。人の名前やバスの時刻表が好きで、一度目にすると人の名前や時刻などを記憶してしまいます。人と話すことも大好きで、スクールバスの行き先や学校の友達の名前を何度も確認します。また、行ったことのない場所を訪れたり初めての経験をしたりすると、自分で独自のルールをつくり、こだわりが増えることがあります。自分のルールどおりにならないと他の人を叩いたり唾を吐いたりして、怒ることがあります。

ナオキさんは現在、両親と姉・妹の5人家族です。幼い頃から自閉スペクトラム症の専門機関で療育を受け、6歳のときに現在の住まいに家族で引っ越してきました。妹を出産するため母が入院することになり、相談支援事業所を通じて行動援護の利用を始めました。しかし出産後、妹に身体障害が見つかり、妹が1歳になるまでは定期的な通院が必要になりました。また母もバセドウ病の治療中であり、妹と母の通院の機会を確保するため、毎週2日、平日の15時から17時まで行動援護を定期的に利用することになりました。本人の障害状況に配慮してヘルパーステーションとその周辺を過ごす場所とし、本人を受け止める環境を整えることにしました。

❋ ナオキさんのこれまで

サービス利用当初から事業所でも一定の場所に落ち着くことができず、うろうろ歩き回り、他の利用者が気になって落ち着かないことがありました。また、併設する通所施設の送迎車が気になり、帰宅時間が遅れることもありました。文字、時計が理解できるため、絵カードやスケジュールを紙に書いて伝え、帰る時間はタイマーを鳴らすようにしていますが、自分でスケジュールを書き換え、時間を遅らせることもありました。

帰りの送迎時は自分が通りたいコースを要求することが多くなってきました。自分の要求が通らなければシートベルトを外し、ヘルパーの髪の毛を引っ張り、車のドアを開けて外に出ようとする行為がたびたびみられました。送迎時以外でも自分の要求が通らなければヘルパーを叩く、噛む、髪の毛を引っ張る、暴言や大きな声を出して怒るなどの行為がだんだんとエスカレートしていきました。また職員の動きを真似して車のリフトの操作をしたり、他の利用者に食事介助をしようとして止められると怒り出すことがありました。

この頃にナオキさんの支援会議が開かれ、相談支援事業所、両親、学校の担任の

先生、市の担当者、行動援護事業所が集まり、ナオキさんの状態についての情報交換と支援の方向性についての意思統一を行いました。

　ナオキさんの支援対応として、ナオキさんが気になる利用者の名前が書いてある書類や、送迎車の鍵はナオキさんの見えない場所に保管することにしました。また過ごす場所を固定化し、決められたスケジュールで過ごすことを徹底しました。帰りの送迎については安全確保のため、ヘルパー2人で送ることになりました。それでも他のヘルパーの出勤状況やどの車に乗るかが気になり怒り出すこともありました。利用者の情報については教えないルールとし、教えてもよい情報については事前にナオキさ

んに伝えることにしました。そして、気になる情報は可能な限り事前にナオキさんに伝えることにしました。

　またやってはいけないことはなぜダメなのかをはっきりと伝え、「してはいけないこと」だけではなく「ここまでならやってもいいよ」とやってもよい範囲を伝えました。やってもよい範囲はヘルパー同士で統一をし、ヘルパー全員が共通理解のもとで支援を行いました。

※ ナオキさんの今

　スケジュールを使用した支援を始めた頃は予定どおりにいかず、すぐになじめませんでしたが、スケジュールを崩すことなくそれぞれのヘルパーが同じ対応をすることで、1年ほど経過した頃から落ち着いてきました。現在でも同じ方法で行き帰りの送迎コースを固定し、過ごし方もスケジュールで伝えています。また年齢と成長に合わせてスケジュールの内容を変更しても理解してくれるようになりました。現在、妹と母の治療は終了しましたが、行動援護を利用することでナオキさんが落ち着いて過ごすことができているので、家族は利用の継続を望んでいます。

第1章

第2章

第3章

第4章

第5章

第6章

基礎演習

実践演習

本人の発するサインによりパニックを予測できるようになったトモアキさん

名前	トモアキさん	年齢	12歳	性別	男性

利用している主なサービス 放課後等デイサービス・行動援護

✳ トモアキさんのこと

　トモアキさんは、重い知的障害を伴う自閉スペクトラム症の男の子です。小さな頃から偏食、大きな声での独り言、原因不明の突然のパニックなどがありました。

　家族構成は本人、両親、妹の4人暮らしです。母親の実家が近くにあり、両親の仕事の都合が悪いときはこの実家で暮らす祖父母が面倒をみるという生活をしていました。保育園まではそれで対応できましたが、特別支援学校に進学した頃から行動面での激しさが顕著になってきて、なかなか対応が難しくなってきました。

✳ トモアキさんのこれまで

　小学3年生の頃から両親が共働きになったことをきっかけに、トモアキさんは週に5日、放課後等デイサービスで過ごしていましたが、原因不明のパニックが頻発していました。楽しそうに遊んでいたかと思うと、急に表情が険しくなり、近くにいる友だちや指導員の髪を強い力で引っ張り、それを数人がかりで離す、といったことがありました。

　これまでの経験から「大きな声や子ども、女性のかん高い声が苦手」「人混みは嫌い」「変更が苦手でくり返しのスケジュールのほうが安定している」「言葉かけするより

も、絵カードなどでコミュニケーションを取ったほうが理解しやすい」ことはわかっていました。

　放課後等デイサービスは本人の放課後の豊かな過ごしの場、成長の場という目的でサービス提供がされていましたが、両親の就労の保障という側面もありました。一方で、現在の環境がトモアキさんにとって決してよい環境ではないこともわかっていました。

　そこで担当の相談支援専門員は最も放課後等デイサービスが混み合う水曜日に行動援護のサービスを入れて、本人の好きな活動ができるようにし、かつ人混みのなかで混乱しないようなサービスの組み立てを考えました。

　行動援護では大好きなプールで思い切り遊んで、プールの後にはこれまた大好きなジュースを買うことにしました。言葉での説明は控え、学校が終わってからプールに行って、ジュースを買って、自宅に送り届けるまでのスケジュールをすべて写真カードにしました。担当するヘルパーの顔写真や送迎に使う車についても事前にトモアキさんに提示しました。

　このようにして言語ではなく写真カードを使うこと、スケジュールを小まめに事前に提示すること、行動援護で本人の大好きな活動を用意することによって、自宅での

パニックの頻度は激減していきました。

でも、うまくいかないこともありました。パニックの頻度は減りましたが、本人の力がどんどん強くなってきて、パニックの際の周囲への影響が大きくなってきました。特に放課後等デイサービスや学校で不穏時に近くにいる人への髪引き、つかみかかりはかなり大きなけがにつながりそうなくらいの激しさになってきました。

そこで、相談支援専門員はサービス担当者会議を招集して、事業所、家庭、学校で起こっていることの情報交換を行いました。会議の最中、ある支援員が言いました。「トモアキさんがパニックを起こす前って、何か歌を口ずさんでいるような気がするんです」。……すると、学校側も「そういえば……」と言いました。曲は3年ほど前に流行ったアニメソングであることがわかりました。自宅での様子はどうかと母親に尋ねると「家族の髪引きをしながら、そんな歌をうたっていることがある」との答えが返ってきました。

支援者チームはアニメソングがパニックの前兆になっているという予測を立てました。そこで会議では「アニメソングを口ずさんだときには周囲の安全を素早く確保する」「本人が落ち着ける場所に誘導する」という方法を導き出しました。

✳ トモアキさんの今

予想は的中しました。トモアキさんがアニメソングを歌い始めたとき、それがパニックの前兆のサインであることがわかりました。会議で共有された事項について学校、事業所で同様の対応をとりました。このことによって、パニックが全くなくなったわけではありませんが、頻度としてはかなり減少していきました。

ここでのポイントはサービス担当者会議での「アニメソングがパニックの前兆ではないか?」という支援員の一言でした。そして、これに他の支援者も「そうかもしれない」と情報を共有し、この情報をもとに支援方法をチームで組み立てたことでした。日々の支援のなかで、本人の発するささやかなサインからヒントを見つけ、それを具体的な支援に結びつけることで行動を徐々に安定につないでいくことができました。

第1章
第2章
第3章
第4章
第5章
第6章
基礎演習
実践演習

支援者の君たちへ

買い物客でにぎわうデパートで自閉スペクトラム症の長男がパニックを起こし大騒ぎになった。まゆをひそめた人々が遠巻きに見つめている。なんとか落ち着かせようとなだめるが、ますますパニックの嵐は吹き荒れ、強い力で長男は私の顔をつねりあげた。痛さと恥ずかしさの渦に突き落とされて私は自分を見失いそうになった。

映画館で爆発してポップコーンやウーロン茶を床にばらまいたこともある。電車内で私の顔にかみついてきたこともある。顔や手の甲を引っかかれて血が出た。そのたびに、険しい視線に囲まれる。

でも、誤解しないでほしい。長男は決して乱暴者ではない。わがままなのでもない。ふだんはとても優しくて、おだやかな生活を送っている。何かやりたいことや言いたいことがあるのだろうが、言葉がないのでうまく伝えることができず、いつもがまんしたり、させられたりしている。こちらも彼の気持ちがわからず、何かまちがったことをして混乱させてしまう。その場で気持ちを表してくれれば気づけるのだろうが、時間が経って場所が違うところで爆発するものだから、何が原因なのかわからないのだ。

彼らの行為を「乱暴」「危険」「わがまま」と決めつけないでほしい。「やっかいな人」と思わないでほしい。世間の人々はそうかもしれないが、君たちは障害者支援のプロなのだ。自分たちの価値観に照らして考える前に、彼らの行為や言葉に興味をもって

ほしい。ふつうは大勢の人がいる前で父親の顔にかみついたりはしない。ポップコーンをまき散らしたりしない。どうしてそんなことをするのだろうと興味をもって考えてほしいのだ。それが、彼らの世界を理解するための「とびら」を開けることになる。

ある人のことを理解しようと思ったら、その人が何を理解しているのかを、まず私たちが理解しないといけない。

それでも、自傷や他害などの行動障害に対処することはむずかしいと思う。長男と30年以上も一緒に暮らしてきた私だって、彼から顔をつねりあげられたり、引っかかれて血が出たりすると心が泡立つような感覚に襲われる。冷静さをなくしてしまうこともある。何もできないことへの無力感にさいなまれ、自信もなくなってくる。

いかに障害者支援のプロでも行動障害を簡単に改善できるとは思わない。ずっと冷静さを保っていることだってむずかしいだろう。できないことは決して恥ずかしいことではない。何もできない自分を認め、恥をかいたり失敗したりすることを恐れないでほしい。自分1人で無力感を抱え込むと、心が重くなってくる。失敗を恥ずかしく思い、隠してしまうと、次に失敗したときにまた隠さなければいけなくなる。心はどんどん重くなり、仕事に対する自信や興味も薄れてくる。

どんな仕事でもそうだが、専門性というのは個人のなかに築き上げていくものであり、自己との孤独な対話を通してそれまで

の自分を壊したり乗り越えたりしていかないと身につかないものだ。

　できれば仲間と悩みや疑問を共有しながら、どんなに大変な行動障害でもかならず改善できると信じて取り組んでいってほしい。道は1つだけではないはずだ。行動障害の改善に努めている人は大勢いる。多くの人の実践を学び、アドバイスを受け、日々の支援のなかで生きにくい障害者の叫びに耳を澄ませてほしい。

　自分が生きていくために障害のある彼ら

だって必死なのだ。支援者である君が何を感じ、自分のことをどう思っているのかを息を殺すようにしてうかがっているはずだ。自分から支援者を選べないのだから。

　うまくいかなくたって、そんな君たちの思いは、きっと通じるはずだ。障害のある彼らと心が響きあう瞬間に感じる＜ときめき＞のようなものが、専門職としてのやりがいや自信をもたらしてくれるにちがいない。

野澤　和弘（植草学園大学副学長）

第**2**章　障害特性の理解

1　自閉スペクトラム症とは

1　カナーの最初の論文

　自閉スペクトラム症は、「自閉症」「自閉症スペクトラム障害」などいくつかの呼び方がありますが、もともとは1943年にアメリカの児童精神科医レオ・カナーが発表した論文（Kanner 1943）がその最初です。カナーの論文のタイトルは「情緒的接触の自閉的障害」と日本語に訳すことができ、人との関係を築いていくことに生来的な困難があることを表しています。この論文は大学病院を受診した11人の子ども（男子8人、女子3人）の詳細な症例報告です。人との関係を築くことの困難や人への関心の薄さの例として、以下のことが記載されています。

　　　フレデリックは物には関心を向け、物ではよく遊ぶが、人に対してはチラッと見るだけで招かざる客と見なしているようだった。……マッチの火を吹き消して満足そうな顔をしても、マッチをつけた人は見なかった（Kanner 1943:224）。

　私が40年前に初めて会った自閉スペクトラム症の子どもは、まさにそのようでした。大学の教育相談室で、4歳で発語はなく知的能力障害を伴う男の子を先輩が連れて来るのを待っていました。その子は相談室に入ると1m先にいる私には全く目もくれず、部屋の隅に落ちていた糸くずを拾い上げ、それを5分くらい弄んでいたのです。私はその様子を見て、「自閉スペクトラム症児は人に対する興味関心が乏しく、しかし物に対する興味関心は強い」と授業で教わったことを思い出し、まさにそのとおりだ、と納得したのです。

　しかし、その子を通して教えられたのはそれだけではありませんでした。1年後、父親の転勤により家族で転居することになり、教育相談の最後の日を迎えました。その日の指導が終わった後、指導担当の先輩は母親とお別れの話をしていました。その間、男の子は母親に手をつながれてその場に一緒にいましたが、先輩と母親の会話の内容はおそらく理解していなかったと思われます。発語もなく言葉の理解も十分でない知的能力障害をもっていたからです。しかし、最後の別れのとき、先輩と母親が手

を振って、そして先輩がその子に「バイバイ」と言ったとき、その子は先輩のほうに走っていき抱きついたのです。この光景は私に大きなショックと疑問をもたらしました。自閉スペクトラム症の子どもは他者との情緒的な交流に困難がある、とカナーは書いていて、この子は会話の内容を理解できていないはずなのですが、先輩に抱きついていった行動は、先輩と母親の会話をなんとなく雰囲気で理解していたのかもしれない、そして先輩との情緒的な関係はできていた、と思わせるものでした。自閉スペクトラム症の子どもはその子なりに周囲を理解し、その子なりに感情をもっていて、その子なりの感情の表し方をしているのではないか？　自閉スペクトラム症についてまだまだ理解していないことがたくさんあるということを、私はこの男の子を通して教えられたのです。

2　自閉スペクトラム症の診断基準

　現在、医学的な診断基準として世界的に広く用いられているものの1つは、2013年に公表されたアメリカ精神医学会によるDSM-5（『精神疾患の診断・統計マニュアル』）です。以下の診断基準をみると自閉スペクトラム症の主な特徴がわかります。

DSM-5・自閉スペクトラム症の主な特徴
（1）社会的コミュニケーションと対人的相互反応に持続的な困難がある。
　　①社会的・情緒的な相互関係の障害
　　②他者との交流に用いられる非言語的コミュニケーションの障害
　　③年齢相応の対人関係を築いたりそれを維持することの障害
（2）行動、興味、活動が限定された反復的な様式（以下の項目2つ以上に該当）。
　　①常同的で反復的な身体動作、物の使用、あるいは話し方
　　②同一性へのこだわり、習慣へのこだわり、言語・非言語的な儀式的な行動様式
　　③非常に強くて極めて限定的な興味・関心
　　④感覚刺激に対する過敏さ、または鈍感さ
（3）これらの症状は発達早期に存在する。
（4）これらの症状は社会生活や職業生活などの重要な機能に重大な障害を引き起こしている。

2　自閉スペクトラム症の個人差の理解

1　個人差の3つのレベル

　イギリスの精神科医ローナ・ウィングは重度の知的能力障害を伴う人から知的能力障害を伴わない人まで、後述する「三つ組」をもつ人たちを「自閉症スペクトラム」と表現し、個人差の幅広さと連続体であることを示しています（Wing 1996）。自閉

スペクトラム症という同じ診断を受けた人の個人差が大きいのもこの障害の特徴です。個人差を理解するためには、「知的能力レベル」「自閉性レベル」「年齢・発達レベル」の3つのレベルで考えることが大切です（園山 2003）。

①知的能力レベル

　「知的能力レベル」については、自閉スペクトラム症のなかには重度の知的能力障害をもつ人もいれば、知的能力障害のない、あるいは優れた知的能力をもつ人もいて、その知的能力のレベルによって状態像が大きく異なります。例えば、知的能力障害のない自閉スペクトラム症の人は学校での勉強ができ、言葉の発達もよいのですが、知的能力障害を伴う人は読み・書き・計算などの基本的な学習が困難であったり、重度あるいは最重度の知的能力障害をもつ場合には意味のある発話がなかったり、会話の理解が難しかったりします。優れた知的能力を発揮する人から、言語の発達が極めて難しい人まで、幅広い自閉スペクトラム症の人がいるのです。

②自閉性レベル

　「自閉性レベル」については、自閉スペクトラム症という診断を受けた人たちはみなDSM-5の診断基準を満たすことは確かですが、その症状の程度にはとても強いものから弱いものまであります。例えば、こだわりについても、こだわりがたくさんありいずれも強い人から、こだわりが少なくまた弱い人もいます。あるいは、感覚的な過敏性が強く、その感覚刺激が強い不快感を引き起こすために、その刺激から逃れようと問題行動を起こしてしまう人もいれば、感覚的な過敏性があっても我慢できる程度の人もいます。

③年齢・発達レベル

　「年齢・発達レベル」については、一般に、自閉スペクトラム症は1歳を過ぎた頃から小学校入学頃までに気づかれることが多く、幼稚園や保育所では対人スキルの未学習もあり、集団参加が困難であったり、他児とのトラブルが起きやすい状況にあります。特に多動性のある子どもでは、保育者の加配が必要になります。学齢期では知的能力のレベルによって学業の達成度に違いがあるだけでなく、知的能力障害がない場合でも、高学年になると「認知の歪み」といわれる間違った関係づけ（理由づけ）が顕著になったり、そのことが行動障害の背景にあることも少なくありません。このような場合、認知（関係づけの仕方、考え方）の変容につながるような支援、例えば、ソーシャルスキル・トレーニング（Social Skills Training：SST）や認知行動療法などによる支援が必要となります。また、知的能力障害を伴う場合、一般に低年齢段階では、身辺処理スキルなどの基本的生活スキルの獲得に向けたボトムアップ型の支援

方略が重要ですが、中学生以降は、将来の社会生活で必要となるスキルの獲得に向けたトップダウン型の支援方略が必要になります。

2 自閉スペクトラム症の個人差の理解

　図2-1は、個人差を理解するための3つのレベルを図示したものです。3つのレベルによって個人差を理解するために、便宜的にAからDの4つのグループに分けて考えるとわかりやすいでしょう。

　Aグループの人たちは、知的能力障害があり、かつ、自閉性も強い人たちです。したがって、支援する際には知的能力障害の特性と、自閉スペクトラム症の特性の両方に合致した支援方法が必要です。知的能力障害の特性だけに合致した支援方法では、こだわりや感覚的過敏性に留意されず、さまざまな問題が生起する可能性があります。

　Bグループの人たちは、知的能力障害があり、自閉性という点では比較的軽度の人たちです。したがって、知的能力障害の特性に合致した支援方法を取りつつ、自閉性の部分への配慮が必要となります。

　Cグループの人たちは、知的能力障害はないが、自閉性が強い人たちです。したがって、学業はある程度達成できても、人間関係を円滑に保つことが困難で、さまざまな

図2-1　自閉スペクトラム症の個人差の理解のための図式

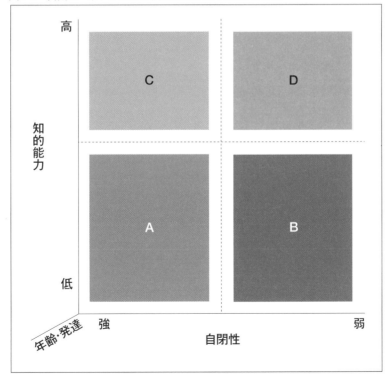

こだわりや感覚的過敏性などにより、支援がなされないとさまざまな困難が起きやすくなります。学業成績だけに目を向けると、自閉性により生じるさまざまな困難が見過ごされてしまいます。自閉性の部分に留意した支援が必要となります。

　Ｄグループの人たちは、知的能力障害はなく、自閉性という点でも比較的軽度である人たちです。学業もある程度達成し、適切な配慮がなされることで人間関係や集団参加という点でも比較的うまくいきやすい人たちです。

　また、自閉スペクトラム症の人のなかには、非常に優れた知的能力をもっていて、学校の年齢相応の学習課題は簡単すぎて、その課題に取り組まず、自分の興味関心のあるものだけに集中するといった問題が生じることもあります。

CHECK POINTS

①医学的な診断基準としてDSM-5（2013）が世界的に広く用いられており、その診断基準をみると、自閉スペクトラム症の主な特徴がわかります。

②診断を受けた人の個人差が大きいのも自閉スペクトラム症の特徴です。個人差を理解するためには、「知的能力レベル」「自閉性レベル」「年齢・発達レベル」の3つのレベルで考えることが大切です。

1 なぜ自閉スペクトラム症の特性を学ぶのか

1 支援者の不安に向き合う

　強度行動障害のある人の支援をしていて、「なぜそのような行動をするのだろうか？」「どうしてその行動をするのか？」といった疑問を抱く支援者は少なくないと思います。まして、その行動が自分や他の人を傷つけるような激しい行動ともなると、支援者は「どうして？」といった疑問と同時に不安や緊張、時には恐怖心すら感じるかもしれません。私も強度行動障害のある人の支援をするなかで、幾度も「どうして？」「なぜ？」といったことに思い悩み、自分の支援に自信がなくなり落ち込むことがありました。どうやら支援者の不安の根底には、強度行動障害のある人が表出する行動の理由や意味が理解できないということがあるように思います。人は理解できないことや承知しがたいことに関しては、漠然とした不安や恐怖を覚えます。これは、仕方がないことです。ですが、支援者として常に疑問や不安を抱えていたらどうでしょうか。もちろんよい支援といったものが期待できるはずはありません。それどころか、強度行動障害のある人を避けようとしたり、不適切な支援をしたりしてしまうかもしれません。このようなことが支援者のバーンアウトや虐待の遠因の1つかもしれません。

　では、私たちはどのようにしてその疑問や不安に向き合えばよいのでしょうか。私は2つの方法があると思います。1つは「本人から学ぶ」こと、そしてもう1つが「特性を学ぶ」ということです。今では強度行動障害のある人の多くは自閉スペクトラム症であることがわかっています。ですからここでは、「自閉スペクトラム症の本人から学ぶ」「自閉スペクトラム症の特性を学ぶ」ことといえます。

2 自閉スペクトラム症の本人から学ぶ

　「自閉スペクトラム症の本人から学ぶ」とはどういうことでしょうか。まず、大切なことは共感をもって接するということです。強度行動障害のある人に接していると、その人の表出する「問題行動」ばかりに目がいってしまい、ややもすると「困った人」として本人をとらえがちです。強度行動障害として表出される行動は、常時継続的に

あるわけではありません。特定の場面やきっかけがあって起こることが大半です。ですから、強度行動障害の状態でないときのほうが多いですし、そこでは、当然ですが本人なりにできることがたくさんあります。支援者として「問題行動」のある場面だけにとらわれていると、本人のできることやよい状態を見落としてしまいます。例えば、生活介護事業所で「問題行動」を表出する人が、余暇場面や家庭では全く問題がないといったことはよく聞きます（もちろんその逆もありますが……）。私自身も生活介護事業所から行動援護事業所に異動した際に、「これが同じ人なの？」というくらい状態像が違う人に出会った経験があります。ですから、強度行動障害のある人に接するときは「問題行動」のある場面ばかりでなく、他の場面の支援者や家族と協力してその人の全体像をとらえる想像力が大切です。そうすることでその人への共感がはぐくまれ、「問題行動」を表出している場面が限局的で本人なりの理由がありそうだと気づかされます。「困った人」ではなく、「困っている人」なのです。このことを一番よく知っているのが家族です。例えば、激しい行動のために保護者がけがをしてしまう場面に出会うことも相談のなかで少なからずあります。そのような場合、支援者としては家族の安全の確保や本人の落ち着きを待つために、家庭から病院や短期入所施設等への一時的な保護を検討することになります。一方で、多くの保護者は本人が少しでも早く自宅に戻れるようにと希望します。たとえけがを負わされたとしても、家族は本人と一緒にいたいと強く願うのです。このような場面に出会うと、支援者として本人が「困った人」、「強度行動障害のある人」ではなく、家族から必要とされている愛される息子であり、娘であるというあたりまえのことに気づかされます。「強度行動障害のある人」である前に一人ひとりの大切な人であるというあたりまえのことを「自閉スペクトラム症の本人」、そして家族は支援者に教えてくれます。

3　自閉スペクトラム症の特性を学ぶ

　強度行動障害のある人に対し、想像力をはたらかせて一人ひとりの大切な人として自信をもって接するためにはもう1つ「自閉スペクトラム症の特性を学ぶ」ことが欠かせません。現在では強度行動障害の起こるメカニズムは障害特性と環境との相互作用であると理解されています。これは「障害」を本人の特性と環境の間でとらえるもので、環境を変えることで「障害」そのものがなくなるというICFの考え方と同じです。だとすると強度行動障害は本人に由来するのではなく環境に依存しているということがわかります。ですから強度行動障害を軽減するためには環境を本人の特性に合わせて変えていくことが必要です。しかし、「自閉スペクトラム症の特性」を知らない

と、本人に合った環境を提供することはできません。ひいては私たちの過ごしやすい環境や本人に合わない環境を提供し、本人が「困っている」ことを見過ごしてしまうかもしれません。そうして、困ったすえに本人がやむにやまれず表出する行動を「問題行動」としてとらえ、それをあたかも本人の特性に起因することとして理解してしまうかもしれません。そうすると支援者は不安、緊張を感じ続けることになります。

4 支援者が自信をもつために

　私が以前相談を受けたケースで、「衝動性が高くて困っている」という自閉スペクトラム症の人がいました。その人はある日、事業所の職員に対して暴力をふるってしまい、このままでは職員は怖くて本人の支援が行えないということでした。本人は過去にも「粗暴行為」があり、自宅で自分の飼っているペットの犬を傷つけてしまうなど、さまざまなエピソードがありました。そのようななかでの職員への「粗暴行為」でしたので、事業所として支援は難しいとの話でした。粗暴行為は本人の障害から来る「衝動性の高さ」ゆえの行動であると理解されていたのです。

　しかし、本人の全体像を丁寧にアセスメントしていくと、「見えないものの理解が難しい」「人への注目（アテンション）が弱い」「言葉（特に話し言葉）の理解が苦手」といった特性が明らかになりました。このような特性をもつ本人がどのような環境のなかで過ごしているかというと、「困ったときには職員に相談してください」といったアドバイスや、口頭での激励、うながしといった支援のなかで過ごしていました。特に「困ったときは職員に相談して」ということに対応できるためには、まずは「自分が困っているという気づき」と「人に助けを求める」というスキルが必要ですが、そのすべてにおいて特性上、本人には難しかったのです。「困った」という感情は目に見えません。人への注目が弱く、言葉の理解が難しいので（自分から）人へ助けを（言葉で）求めることは本人にとっては難しいのです。このように「自閉スペクトラム症の特性を学ぶ」ことによって、感情を絵で「見える化」したり、「手伝ってください」というカードを用意したりといった環境を調整することで、「粗暴行為」は減っていきました。本人に合った環境を提供するためには「自閉スペクトラム症の特性を学ぶ」ことがどうしても必要となります。そしてそれが、支援者の自信にもつながるのです。

　「自閉スペクトラム症の本人から学」び、共感性をもって本人と接し、「自閉スペクトラム症の特性を学ぶ」ことにより本人に合った環境を提供するなかで、本人の「困り」具合を軽減し、本来のその人らしさを引き出していくことが、強度行動障害のある人を支援していくということだと考えます。

2 支援に必要なアセスメントとしての 自閉スペクトラム症の特性

現在、自閉スペクトラム症の診断はある特定の行動基準に沿ってなされます。代表的なものがアメリカ精神医学会による『精神疾患の診断・統計マニュアル』（DSM）と世界保健機関（WHO）の「国際疾病分類」（ICD）です。医学的なこれらの診断基準をふまえ、支援者が支援のために必要とするアセスメントとしての「自閉スペクトラム症の特性」をここでは3項目（いわゆる「三つ組」：①社会性の特性、②コミュニケーションの特性、③想像力の特性）と感覚の特性に分けて考えます。それぞれの特性がどのような行動としてみられるか、そしてどのような支援（環境設定）が有効かを整理します（詳細は第3章参照）。支援を考える際には、それぞれの特性の配慮すべき点（苦手さ）と同時に強み（得意）にも着目します。また、特性のなかには私たちには想像しづらいものもあります。そういった特性については理解しやすくなるようなヒントも併せて示しました。

1 三つ組の特性

①社会性の特性

発達のレベルに対して、人とのやりとりに質的な違いがあることとして理解されます。具体的には「人や集団との関係に難しさがあり」「状況の理解が難しい」ということがみられます。行動としては、「人と視線が合わない」「人とのかかわりが一方的である」「一人でいることを好む」「周りの目を気にしない」といった行動に現れます。人によって孤立を好む人と、積極的だが一方的なかかわりを好む人に分かれるようです。年齢や発達によって状態は変わりますが、全体的に知的に重度の人は比較的孤立している場合が多いと感じます。また、人とのかかわりが難しい背景の1つとして「気持ち」や「感情」といったものが「見えない」ことも関係しているかもしれません。例えば「車」や「りんご」といったものは絵に描いて他の人に説明することができますが、「かなしい」「うれしい」といった気持ちは絵にすることができません。そのために人の気持ちが理解できずに、かかわりが異質になるのかもしれません。人との関係性ややり取りのルールを可視化する支援や環境設定が有効です。また、一人でやることや人への注目より物への注目が強い特性を活かして自立的に行えるような環境でも力を発揮することがあります。支援の1つのキーワードは「見える化」ではないかと感

じています。

②コミュニケーションの特性

　発達のレベルに対して言語や非言語のコミュニケーションに質的な違いがあることとして理解されます。「言葉の理解が難し」かったり、「自発的なコミュニケーションの表出が難し」かったり、「やりとりが難しい」といった様子で観察されます。支援としては文字や写真、絵などを使った代替コミュニケーションを使用します。ここで注意しなくてはいけないのが、自閉スペクトラム症のコミュニケーションの問題は知的レベルとは関係がないということです。重度知的能力障害を伴う自閉スペクトラム症の人で無言語であるからといってコミュニケーションの支援をあきらめてしまってはいけません。逆に知的能力障害としては軽度で流ちょうに言葉を話す自閉スペクトラム症の人でも、自分の意思や考えを伝えることができない人もいます。知的能力障害の重さは関係なく、コミュニケーションの質的な違いに着目して支援することが大切です。本人が必要とする内容をいつ誰に伝えるのかといった指向性にも配慮しながら代替コミュニケーション手段を使ってコミュニケーションの意味と有用性を本人に理解、経験してもらうことが大切です。

③想像力の特性

　発達のレベルに相応した活動や関心の範囲が著しく狭いこととして理解されます。「物の一部に対する強い関心や興味」「変化への対応の困難」といった行動で観察されます。細部への強い関心は全体や概念として物をとらえるのでなく、詳細に具体に物をとらえていることと関係しているかもしれません。私たちが「車」を絵にするとブロックで組み立てたような線画を描く人が多いのですが、自閉スペクトラム症の人は、車種やメーカーまで具体的にわかるような絵を描いたり、メーカーのマークだけを描いたりする人がいます。このことから自閉スペクトラム症の人は、具体的に見えること、視覚的な情報の処理が優位でそれ以外の見えない部分を概念として補うことが苦手で、見たままの情報に固執するのでないかと考えられます。「変化への対応が困難」といったことも時間という概念よりは具体的に目に見える活動をすることで時の経過を理解していると考えると納得ができます。ここでは視覚的な情報を整理するためにもTEACCH®プログラムの「構造化」の支援が有効です。空間や時間を「構造化」することによって本人が必要な情報の整理をしていきます。また、細部に注目するという特性はクリエイティブな活動では強みとしてはたらき、「アールブリュット」といわれる独創的な作品に結実する人もいます。

2 感覚の特性

　聴覚、味覚、触覚、視覚といった特定の感覚における過敏性、または感受性の低下として理解されます。聴覚に関する過敏性が耳ふさぎや、うなり声といった自己刺激行動によって観察されることもあります。イヤーマフで刺激の軽減をするといった物理的な支援も有効ですが、社会的にみて不適切でない場合にそれらの行動を保証していくというのも1つの支援です。ただし、痛覚や寒さといった感覚に鈍麻がある人でコミュニケーションにも問題を抱えていると、けがや疾患を見落としてしまう可能性があります。児童期では転落や衝突によるけが、成人期では内臓疾患やその他の内部疾患といったことを見落としてしまうかもしれません。今後、自閉スペクトラム症の人の健康管理は、医療的ケアの提供の問題とともに私たち支援者の大きな課題であると思います。

　「自閉スペクトラム症の特性」を理解することで、本人に合った支援や環境設定が行えるようになります。強度行動障害が特性と環境とのミスマッチで起こっているのであれば、強度行動障害の状態にある人にはその環境が本人に合っていないといえます。生まれつき強度行動障害のある人はいません。そうだとすると強度行動障害の状態を長年示している人は、長年、本人に合わない環境下で生活しているということになります。

　本人の特性に合わせた環境設定をして強度行動障害の状態が改善したとすると、本人にとってはやっと自分の体型に合った服に袖を通せたようなものではないでしょうか。それまで窮屈だったり、ぶかぶかで不快だったりしたことから解放されて自分らしく軽やかにふるまえるようになった。支援が順調にいった人を見ているとそのように感じるときがあります。強度行動障害として表出される「問題行動」は本人から私たちへのメッセージであるような気がしてなりません。

CHECK POINTS

①強度行動障害のある人の支援者の不安の背景には、強度行動障害のある人が表出する行動の理由や意味が理解できないということがあります。

②不安に向き合う方法には「自閉スペクトラム症の本人から学ぶ」ことと、「自閉スペクトラム症の特性を学ぶ」ことがあります。

③自閉スペクトラム症の特性を学ぶことは支援者の自信にもつながります。

第1章

第2章

第3章

第4章

第5章

第6章

基礎演習

実践演習

1　知的能力障害とは

1　知的能力障害の診断基準

　第1節でも紹介したアメリカ精神医学会が作成したDSM-5では知的能力障害（知的発達症/知的発達障害）という用語が用いられており、その診断基準は以下の3つの要件を満たすこととされています。

❶　知的機能に制約があること

❷　適応機能に制約があること

❸　発達期に生じたものであること

　知的機能は一般に、言語理解力、論理的思考力、抽象的思考力、推理力、記憶力、経験から学習する能力、判断力、概念形成力、知覚推理力など、知能のはたらきとされるさまざまな能力を意味しています。知的機能に制約があるということは、その人が年齢と比べて、言語理解力が十分ではなく、論理的に考えることが難しく、抽象的に考えることが難しく、新しいことを記憶したり経験を通して学習することが難しいことなどを意味しています。知的機能は標準化された知能検査で測定される知能指数（IQ）で推定することができます。IQ100が平均で、IQ70前後が知的能力障害の目安になります。しかし、IQ70前後であっても、次に述べる適応機能に制約がなく、知的能力障害と判断されない場合もあります。逆にIQ70以上でも、適応機能に制約がある場合には、知的能力障害と判断される可能性があります。

　適応機能とは一般に、日常の社会生活を営むうえで必要とされる能力や行動を意味しています。適応機能に制約があると、服の着脱、食事の仕方、トイレの使用などの身辺処理が十分にできなかったり、語彙が少なく言葉の理解や表現が難しいために、他の人とのコミュニケーションが困難になったりします。計算の仕方やお金の使い方の学習が困難であると、買い物や交通機関の利用が難しくなります。経験を通しての学習が困難であると、新しい作業の手順を覚えることが難しく、就労が難しくなります。文字の読みや書字の学習が十分でないと、文字情報のあふれたこの社会のなかでは適切な行動がとりにくくなります。

　発達期というのはおおむね18歳以前の時期を意味し、知的機能の制約と適応機能の

制約がそれ以前に始まることを意味しています。

　知的能力障害の程度については、一般に軽度、中度、重度、最重度に区分されます。

2　知的能力障害の原因

　知的能力障害をもたらす原因はさまざまです。先天的なものには、染色体異常によるダウン症候群やクラインフェルター症候群、遺伝子疾患による結節性硬化症やレッシュ－ナイハン症候群などがあります。また、後天的なものに周産期の重症黄疸の後遺症、仮死分娩、出産時の脳の圧迫や低酸素症、あるいは乳幼児期の脳炎後遺症などがあります。しかし、原因が特定できない場合も多くあります。

3　知的能力障害のある人への基本的留意事項

①制約のある知的・適応機能を補う

　ある中度の知的能力障害の青年は、パンの販売に高齢者施設に出かけています。彼はお客の呼び込みは上手ですが、お金の計算ができません。お金の計算はパンを買いに来た人がやってくれます。制約のある知的・適応機能を他の人が補うことで、パンの販売という社会的活動が可能になっています。

②知的・適応機能を発揮できる工夫

　その人がもっている知的機能や適応機能が発揮できる工夫も必要です。もしその青年が数字や文字の理解ができるのであれば、電卓を使うことでおつりの計算ができるかもしれません。

③好みや強みを活かす

　この青年は他の人とかかわることが好きなので、パンの販売には喜んで出かけていきます。逆に人とかかわることが苦手な人であれば、販売よりもパンの製造のほうが力を発揮できるかもしれません。手先の器用さ、注意や根気の持続時間など、その人の特性に合った作業内容を考えたり、工夫することが必要です。

2　精神障害とは

- -

1　精神障害の多様性

　医学的には、精神障害にはさまざまなものが含まれるため、1つの医学的診断基準

を示すことはできません。先に紹介したアメリカ精神医学会が作成したDSM‑5は、『精神疾患の診断・統計マニュアル 第5版』が正式な名称です。広い意味では、自閉スペクトラム症も知的能力障害も精神疾患に含まれます。

わが国の精神保健福祉の領域における精神障害の主なものは、統合失調症、うつ病や双極性障害などの気分の障害、不安障害（不安症）、アルコール使用障害、パーソナリティ障害、てんかん、認知症などです。その他にも個々の診断名は多数ありますが、以下では統合失調症と気分の障害のみを取り上げます。

2 統合失調症

統合失調症の主な症状としては、陽性症状と呼ばれる幻覚や妄想、まとまりのない思考や行動があり、陰性症状と呼ばれる意欲の減退や感情表出の減少、およびそれらの症状に伴う生活上の困難があげられます。幻覚は実際の刺激源がないにもかかわらず、声が聞こえてきたり（幻聴）、何かが見えたりし（幻視）、実際の感覚として感じられてしまう状態で、自分の意思でコントロールできません。妄想は現実の証拠がないにもかかわらず本人が断固としてもっている信念・考えを意味します。例えば、被害妄想は現実には被害を被っていないにもかかわらず、ある人から危害を加えられたり、悪口を言われたりしているという考えが固着してしまった状態です。周囲の人がそれらの妄想を現実にはあり得ないことだと説明しても、聞き入れてもらえません。会話においても話の内容や話題が次々と変わっていったり、質問に対して全く関係のないことを答えたりします。

陰性症状の意欲の減退や感情表出の減少は日常生活に影響を及ぼし、何ごとにも取り組む意欲が湧かず、人とのかかわりが十分にできなかったり、場合によってはひきこもり状態になったりします。これらの状態は、周囲からは「怠けている」とか「社会性がない」などと受け取られてしまいがちです。また、本人自身がこれらの状態が病気によるものだという意識（病識）をもちにくいのが一般的です。

3 気分の障害

うつ病は、気分の落ち込み（憂うつ）のほか、不眠、食欲不振、何をしても楽しめない、意欲の減退などを伴い、憂うつな気分が長期間持続する状態です。

双極性障害では、テンションが高く活動的な躁の状態と、抑うつ的で意欲が減退した状態が繰り返されます。躁の状態のときには極めて活動的でほとんど眠らずに活動したり、さまざまなことに取り組んだりします。本人自身は躁状態であることの自覚

がないことが一般的です。

4 精神障害のある人の基本的留意事項

①医療との協働

　統合失調症やうつ病、双極性障害のある人を支援する場合には、医療との協働が不可欠です。薬物療法、精神療法、精神科リハビリテーションが効果的であることが多いからです。特に処方された薬の服薬がきちんとなされていないと、症状の悪化や再発につながる可能性が高くなりますので、服薬管理も重要です。

②症状の理解とストレスレベルの理解

　精神障害の症状はそれぞれの疾患によりさまざまです。意欲の減退が大きい時期にただがんばるように声をかけても無意味です。その人の意欲や気分の状態に合った声かけや環境設定の工夫が必要となります。また、周囲の人には何でもないできごとや作業内容であっても、人によっては思いの外難しかったり大きなストレスになったりすることがあります。それぞれのストレスレベルを把握しながら支援を行う必要があります。

CHECK POINTS

①知的能力障害のある人には、本人のできないところを周囲が補い、本人がもっている能力や好み・強みを活かすかかわりが大切です。

②統合失調症や気分の障害など精神障害のある人を支援する場合には、医療との協働に加え、それぞれの症状を理解し、ストレスレベルを把握しながら、その人の意欲や気分の状態に合った声かけや環境設定の工夫が必要です。

［ **参考文献** ］

American Psychiatric Association（2013）Diagnostic and statistical manual of mental disorders : DSM-5, Washington, DC : APA.（＝髙橋三郎・大野裕監訳（2014）『DSM-5 精神疾患の診断・統計マニュアル』医学書院）.

Kanner, L.（1943）Autistic disturbances of affective contact, *Nervous Child*, 2, pp.217〜250.

園山繁樹（2003）「自閉性障害の診断基準と下位タイプ」小林重雄・園山繁樹・野口幸弘編『自閉性障害の理解と援助』コレール社, 25〜36頁.

Wing, L.（1996）The autistic spectrum: A guide for parents and professionals, London: Canstable.（＝久保紘章・清水康夫・佐々木正美訳（1998）『自閉症スペクトル——親と専門家のためのガイドブック』東京書籍）.

第1章
第2章
第3章
第4章
第5章
第6章
基礎演習
実践演習

事例3 アパートで一人暮らしをするハルコさん

名前 ハルコさん　年齢 32歳　性別 女性
利用している主なサービス 居宅介護

✳ハルコさんのこと

ハルコさんは自閉スペクトラム症と重い知的障害のある女性です。

経験のある単語は話したり理解はできますが、会話のようなやり取りは難しい人です。混乱したりストレスが溜まったりすると人を叩かなければ気持ちに切り替えがつかず、人を叩こうとドアを壊すなどの行為をくり返していました。

現在はアパートで一人暮らしをしています。

✳ハルコさんのこれまで

ハルコさんは、3歳で自閉スペクトラム症の診断を受けています。指示されたことを完璧にこなすため、実力のある子として周囲の期待も高いほうでした。しかし、特別支援学校の中学部3年の頃から徐々に叩く行為が始まりました。

高等養護学校入学の頃より、周囲の生徒を突然叩くことなどが増え、自宅でも外出しては子どもなどを叩くことがみられていました。突然のこととして周囲は思っていたため、ハルコさんは止められたり怒られたりしていましたが、行為は一向に減ることはありませんでした。

卒業後、生活介護事業所で日中を過ごしていたのですが、「人の変化に弱いであろう」「いつもと同じ活動をすることで安定して過ごせるだろう」ということを配慮してマンツーマンでかかわっていたにもかかわらず、人を叩く行為が一向に減ることがなく「ばってん（×）」と叫びながら、人を叩く行為や物を壊す行為が続きました。

この頃より家庭での生活も深刻になり、家族が支えられる限界に達していました。

そこで、自閉スペクトラム症の専門施設で2年間地域生活を営むトレーニングをすることになりました。トレーニング中は、他者とのかかわりを減らすことで人を叩く行為は軽減できていましたが、それでもまだ続いていました。

ハルコさんはトレーニングを終え地域生活を始めましたが、グループホームの生活でも人の刺激にはストレスを感じ、グループホームのメンバーやスタッフにも叩く行為は続いていました。

ハルコさんにとっての快適な生活というものが何なのかを考えた末に、一人暮らしを開始することにしました。

✳ハルコさんの今

ハルコさんのアパート生活も5年目を迎えました。

アパートでの生活は、気になることや気になる人が少ないこともあり、ストレスのない生活を送ることができているようで、

一度も人を叩くことはありません。

　こだわりがとても強いほうでしたが、ハルコさん自身が今やるべきことを安心して行えるようになり周囲の人への干渉も少なくなりました。

　また、自分のほしいものなどを伝えることができるようになりました。

　ハルコさんは一人暮らしで快適に過ごせているのですが、健康の管理や災害の対策など、周囲のサポートが課題になっています。

　現在、ハルコさんを取り巻く周囲の人が、ハルコさんの一人暮らしに合った対策に取り組んでいます。

周囲の理解と配慮で一般就労を続けてきたユウマさん

| 名前 | ユウマさん | 年齢 | 35歳 | 性別 | 男性 |

利用している主なサービス 就労継続支援B型

✳ ユウマさんのこと

　重い知的障害と自閉スペクトラム症の特性をもっているユウマさんは、長身で腕力も強く、身体面では長年健康を維持していました。食欲が旺盛で、年齢とともに、最近では、体重やカロリー管理が気になる方です。自分で健康管理をするのは難しいですが、グループホームに入居していますので、食事等の支援を受け、現在のところ病気もなく暮らしています。

　ユウマさんは、言葉で文章を発することはほとんどできず、時々単語などで伝えることはありますが、コミュニケーションのほぼすべては、絵カード、単語カード、身振りです。人が言葉で話す内容を、表情、単語、身振りなどから想像して反応するスキルをもっていますが、本人の想像が外れて支援者が伝えている内容と全く違う反応や動きをしてしまうことも多いです。また、何かを思い立ったら急にその場から走り出したり、気になるものがあったらすぐに手に取ったり持ち去ったり、という行動が時々みられます。

　人へのこだわりもあり、特に声の大きい人や、本人が予期しないときに絡んでくる人は苦手で、その人に対しては、小突いたり、壁を蹴ったりすることもあります。また、人に対してだけでなく、自分の思いど

おりにならなかったときにも、物への破壊的な行動がみられます。

✳ ユウマさんのこれまで

　ユウマさんは、以前、地域の製造工場に一般就職をしていました。就職直後は、毎日、勤務時間中、職員が付き添い、手順書や写真による指示を使って仕事を進めていました。企業には決まった内容と手順をくり返す仕事となるように配慮を依頼していましたので、付き添っていた職員も徐々に本人から離れ、最終的には一人で仕事を進めるまでになりました。しかし、そうなるまでには数年の期間がかかり、その間には多くの混乱や困惑もあり、そのたびに支援の立て直しがありました。

　さまざまなトラブルのいくつかは休憩中に起こりました。昼食時、お弁当を休憩室で他の従業員と一緒に食べる際、温めるために使用した電子レンジの中に水滴が付着しているのが気になり、電子レンジの中を舐めまわすので、他の従業員が使えなくなったり、カレンダーを1年分すべて破いてしまったり、他の従業員のタイムカードを勝手に打刻してしまったり……と大小のトラブルをあげると枚挙にいとまがありません。そのたびに企業と相談していろいろな対策を打ちました。例えば、タイムカードについては、ユウマさんだけ別の場所に

設置したり、関係のない部屋に入り込んでしまう行動には、入るべき部屋を提示したりと、トラブルのたびに視覚的な指示が増え、次第に会社内に視覚支援があふれてきました。

通勤も、支援者が交代で送迎をしました。公共交通機関を利用しても、通勤中に暴れたり飛び出したり、といった危険もあったからです。そのようななかでの就業は、本人のがんばり、支援者の忍耐力、何より企業の寛大な理解なくしては実現しなかったことです。

行動が安定してからも、2週間ごとに職員が職場を訪問して本人の職場適応に努めてきました。8年近く勤務していましたが、2週間ごとの訪問は最後まで続きました。

周囲の人々に支えられながら8年間がんばった本人でしたが、体力の低下や上司の異動等も影響し、退職をすることになりました。退職といっても、残念な思いで去るのではなく、本人、企業、私たち支援者は、達成感を十分に感じながらの退職でした。

✳ ユウマさんの今

ユウマさんは退職後、就労継続支援B型事業所に移りました。就労生活の疲れや緊張を癒しながら、新しい生活を始めています。新しい事業所でも、他の人が気になってしまうというユウマさんの特性は変わらず、他の人を叩いたり、備品を損傷させたりといった小さなトラブルはいろいろとありますが、前職で使用した視覚的なツールも活用しながら、本人が力を発揮しやすい支援が続いています。禁止する指示ではなく、正しい行動を示した視覚的な支援は本人にも理解しやすいようです。また、一つひとつの仕事の終わりを提示して構造化することで、作業にも集中しやすくなっています。そうすることで、気になる他のことからも注意を逸らすことができるようです。

今通っている事業所は、仕事の成果よりもやりがいや過程をみてくれる事業所でもあり、ユウマさんの障害特性や行動パターンも理解している支援者が、傍らで応援するなかで、本人も安心して仕事に取り組むことができています。

第1章
第2章
第3章
第4章
第5章
第6章
基礎演習
実践演習

第**3**章　支援のアイデア

第1節　支援者のための構造化のアイデア

はじめに

構造化は、自閉スペクトラム症支援の基本になるものです。

しかしながら、わが国の福祉現場・教育現場で取り入れられるようになったのは比較的最近のことです。

「構造化」は、Structureの訳語です。直訳すると「骨格」や「枠組み」ですが、自閉スペクトラム症支援の用語としては、「周囲の環境やかかわり方をより視覚的・具体的・明瞭にし、系統的に整えることで、世の中の状況を自閉スペクトラム症の人にわかりやすく伝える取組み」といえます。自閉スペクトラム症の人の意味理解を助けるため、一人ひとりの障害特性とおかれている状況にあわせて、さまざまな場面で構造化のアイデアを取り入れていきます（**図3-1**）。

図3-1　自閉スペクトラム症の人がおかれている状況（模式図）

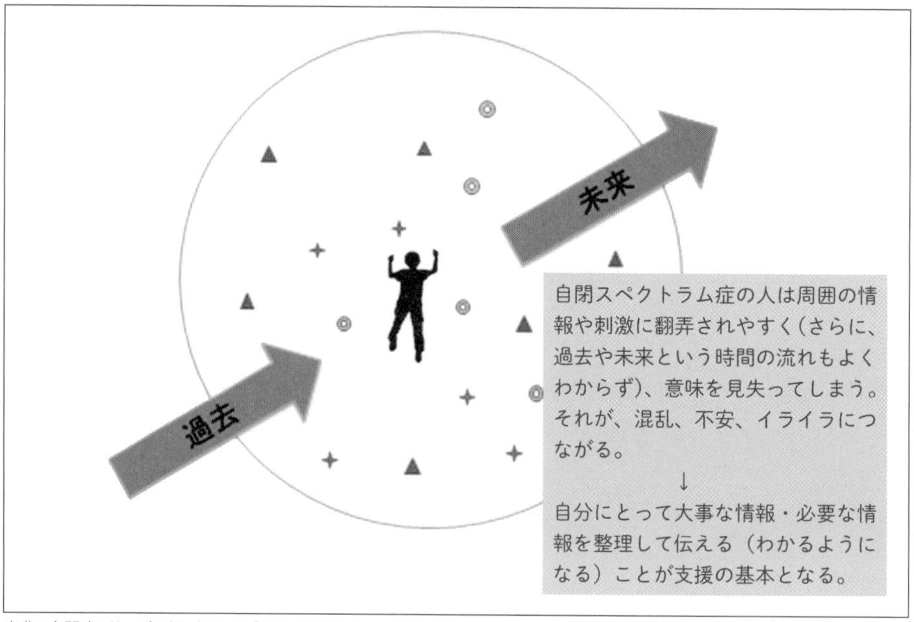
未来
過去
自閉スペクトラム症の人は周囲の情報や刺激に翻弄されやすく（さらに、過去や未来という時間の流れもよくわからず）、意味を見失ってしまう。それが、混乱、不安、イライラにつながる。
↓
自分にとって大事な情報・必要な情報を整理して伝える（わかるようになる）ことが支援の基本となる。

出典：自閉症eサービス編（2020）『自閉スペクトラム症支援のためのレジュメ集2020-2021年度版』自閉症eサービス，4頁.

しかし、支援する側が構造化についてしっかりと理解していないと、支援者の都合を一方的に押しつけたり、実は本人にあわない構造化をしていたりして、自閉スペクトラム症の人の生活をむしろ窮屈なものにしてしまう危険性があります。

いわゆる「問題行動」や「強度行動障害」の状態になっている自閉スペクトラム症

の人の経過を見ると、周囲からの誤った対応によって問題行動や強度行動障害が悪化・固着化されてしまうプロセスを多く確認できます。筆者はこれを悪循環の構図（図3-2）と呼んでいますが、自閉スペクトラム症の特性を十分理解しない支援者は、本人が問題を引き起こしているのだととらえてしまい、自分たちの対応や周囲の環境要因を見落としてしまいがちです。

　構造化は、周囲からの情報や刺激に翻弄されやすい自閉スペクトラム症の人が抱える困難さを補い、自閉スペクトラム症の人にわかりやすく物事の意味を伝える作業です。支援者は、従来のかかわり方では、自閉スペクトラム症の人にうまく物事の意味を伝えることができていないという反省と問題意識をもつべきです。

図3-2　悪循環の構図

```
■ 問題行動の発生・認識
      ↓
■ エピソードや思い込みによる仮説立て
      ↓
■ 場当たり的な対応
    ■ 言葉による注意や説明、叱責、ほのめかし、約束……
    ■ それで収まらないと、対応がどんどんエスカレート
    ■ スパルタ or 全面的受容 or 薬の過剰投与
      ↓
■ よりストレスや混乱の高い状況、誤学習
      ↓
■ 問題行動の悪化、行動障害の固着化
```

出典：自閉症eサービス編（2020）『自閉スペクトラム症支援のためのレジュメ集2020-2021年度版』自閉症eサービス．31頁．

　単に衝立（パーテーション）や絵カードを使うことが、構造化による支援ではありません。支援者が従来のかかわり方に固執して、自閉スペクトラム症の人に歩み寄ろうとしないなら、状況は改善しないでしょう。支援者が自閉スペクトラム症の人とどうかかわっていくのか、そのことが構造化を考える際の大事なテーマになるといえます。

1　構造化の前に、自閉スペクトラム症の特性理解

　自閉スペクトラム症の特性をおさらいしておきましょう。自閉スペクトラム症は脳

第1章
第2章
第3章
第4章
第5章
第6章

機能の障害・偏りに起因して、独特の認知特性・行動特性を伴う発達障害の１つです。自閉スペクトラム症の特性として共通のものを以下のリストにまとめました（もちろん、一人ひとりの個人差はかなりあります）。

・人をあまり意識しない、あるいは特定の人に過剰に反応する
・相手や集団にあわせて行動することが苦手
・話し言葉を聞くこと、話し言葉の意味を理解することが難しい
・自分の気持ちや思いを相手に伝えることがうまくできない
・細部や手順にこだわりやすく、段取りよく物事をこなすのが苦手
・興味関心に偏りがある
・周囲の状況を的確に把握できない、変化を予測できない
・そのため見通しがもてず、不安や混乱・イライラが強くなる
・感覚の過敏さや鈍感さがある
・手先が不器用、体の動かし方がぎこちない
・発達のアンバランスさ
・ADHDや知的障害、てんかん発作などを合併することがある　など

　このような認知特性・行動特性のある自閉スペクトラム症の人を支援するとき、大きく２つのアプローチが考えられます。

　Ａ：自閉スペクトラム症の特性を無視する支援
　Ｂ：自閉スペクトラム症の特性に沿った支援

　障害特性を無視するＡのアプローチはおよそ支援とは呼べません。しかし、実際にはＡのやり方で自閉スペクトラム症の人にかかわっている支援者をよく見かけます。
　自閉スペクトラム症の子どもに話し言葉で延々と言い聞かせる、むやみやたらと叱ったり制止したりする、手先の運動機能に困難さがあるのに鉛筆を持たせて細かい字を書かせようとする、個別の配慮もないまま学年全体でのダンスや組み体操の練習に自閉スペクトラム症の生徒を無理やり参加させようとする、こだわりをさせないと言って体を押さえつける、感覚過敏を無視して偏食指導を行うなど。しかも、そういう対応をされて、嫌がったりパニックになって暴れてしまった自閉スペクトラム症の人たちの様子を、「問題行動」と呼ぶ支援者がいかに多いことでしょうか。

私たちが採るべきはBのアプローチです。つまり「自閉スペクトラム症の特性に沿った支援」をすることです。本来、構造化とは、深い自閉スペクトラム症の特性理解から導かれた、Bのアプローチが洗練されたものです。自閉スペクトラム症の人の学習スタイルは**表3-1**のように整理することができます。個々の構造化のアイデアは、どれも、自閉スペクトラム症の特性からくる得意なことを活かし、苦手なことを補う方策になっているといえます。

表3-1　自閉スペクトラム症の人の学習スタイル

得意なこと・強み	苦手なこと・弱み
・一人で取り組む	・集団で取り組む、周囲とあわせる
・目で見て理解する	・言葉を聞いて理解する
・気持ちや意思を行動で示す	・気持ちや意思を言葉で伝える
・具体的、はっきりしたことの理解	・抽象的なこと、あいまいなことの理解
・経験したことはよく覚えている	・経験していないことを想像する
・いつも同じやり方でする	・柔軟な思考や別のやり方を探す
・その場で学習したことはきちんとする	・臨機応変さ、応用や般化
・細部に注目し、一つひとつに対応する	・全体をとらえ、関係性を把握する
・好きなことに没頭する	・計画的にバランスよく取り組む
・周囲の刺激に対する反応	・周囲の刺激に対する過反応・衝動性

　自閉スペクトラム症の人が落ち着いて過ごせるように物理的環境を整理・工夫することを＜物理的構造化＞（**68頁**参照）といいます。自閉スペクトラム症の人は「周囲の刺激に対する過反応・衝動性」が強いため、雑然とした環境ではうまく過ごせないことがよくあります。刺激を調整するとともに、「具体的、はっきりしたことの理解」は得意なので、それぞれの場所の意味と、境界を明確にしたエリアにするようにします。また、一人ひとりの動線や家具・棚の配置も含めレイアウトを見直し、過ごしやすい環境を提供することが物理的構造化のねらいになります。

　自閉スペクトラム症の人の作業エリアに衝立をよく用いるのは、刺激の調整とあわせて、「全体をとらえ、関係性を把握する」ことが苦手で、「一人で取り組む」「その場で学習したことはきちんとする」ことが得意ということも関連しています。しかしながら、衝立があることで周囲の状況がどうなっているかよくわからず不安になってしまう可能性もありますので、一人ひとりが落ち着いて過ごせているかどうかをよく見極めなければなりません。

　＜スケジュール＞（**69頁**参照）や＜ワークシステム（アクティビティシステム）＞（**71頁**参照）は、「経験していないことを想像する」ことや「柔軟な思考や別のやり方を探す」「計画的にバランスよく取り組む」ことが苦手な自閉スペクトラム症の人に、予定や変更、見通し、活動の進め方を伝えるアイデアです。自閉スペクトラム症の人

は、「目で見て理解する」「細部に注目し、一つひとつに対応する」「いつも同じやり方でする」ことが得意ですから、視覚的なスケジュールや、上から下／左から右のマッチング方式のワークシステムなどが有効になります。

　「目で見て理解する」ことが強いですから、＜視覚的構造化＞（73頁参照）のアイデアを使って教室や作業場のなかの大事な情報を視覚的に整理して伝えることが効果的です。視覚的構造化のアイデアは、駅や空港などでもたくさん取り入れられるようになりました。標識や絵、矢印、番号などを使って簡潔に示すやり方は、言語理解・状況理解が難しい自閉スペクトラム症の人には（そして、海外から来た日本語が苦手な外国人旅行客にも）理解しやすい方法です。

　＜ルーティン＞は、「いつも同じやり方でする」ことが得意で、「臨機応変さ、応用や般化」が苦手な自閉スペクトラム症の特性に沿った対応です。自閉スペクトラム症の人は「経験したことはよく覚えている」「その場で学習したことはきちんとする」強みがありますから、適切なルーティンをつくることで安定し、生活もしやすくなります。また、ルーティンとシステムを組みあわせることで、無理なく、学習したことを般化したり地域生活に応用したりすることができるようになってきます（75頁参照）。

2 評価（アセスメント）に基づくこと

　構造化を実践する前に、支援者は、自閉スペクトラム症の特性をきちんと押さえておくことが必須です。そして、もう１つ重要なことは、一人ひとりにあった支援を導くために「評価（アセスメント）」を行うことです（図3-3）。

　評価とは、支援の対象となる自閉スペクトラム症の人は、「何がわかっているか？」「どこで困っているか？」「どういうことが好きなのか？」「できること・できそうなことは何か？」といったことを丁寧に確認する作業です。これを怠ってしまうと、構造化は絵に描いた餅になってしまいます。構造化をメガネにたとえるなら、評価は視力検査に相当します。つまり、評価をせずに構造化のアイデアを適用することは、視力検査をしないでメガネを作るようなものです。

図3-3　自閉スペクトラム症の人の支援の基本

特性理解と学習スタイルの確認	個別の評価（アセスメント）	個別プログラムと構造化による支援

初対面で、いきなりその人の手を引っ張ったり、言い聞かせたりすることは、普通はしないでしょう。自閉スペクトラム症の人とかかわるときも、自閉スペクトラム症の特性理解と評価の手続きに則って、まずは、その人のことをよく理解したうえでかかわることが求められます。

　担当する支援者自身が、もしまだその人のことがよくわかっていないのなら、家族や前任者など関係者から聞き取り、引継ぎを受けてください。これまでの記録（支援ファイルや心理検査の報告書、保護者が作ったサポートブックなど）を十分に読み込む必要もあります。積極的に家庭訪問や学校訪問・職場訪問をして、普段の様子を見学させてもらうことも重要です。

　このように評価は、多元的・重層的・網羅的・継続的に行っていきます。自閉スペクトラム症の支援は、その人とその人の生活全体をカバーするのですから、メガネを作るときの視力検査のような限定的な手続きでは間に合いません。人は複雑で柔軟な存在であって、1つの物差し（例えば知能検査や○○テストの得点）でとらえきれるものではありません。

　その人にあった構造化を考える場合、特に初期の場面では自由時間の観察を重視します。構造化されていない自由時間に、自閉スペクトラム症の人がそこでどのように過ごしているか、あるいはうまく過ごせていないのかを観察し、そこから必要な構造化を検討するようにします。こういうときに支援者が陥りがちなのは、とにかくその人にかかわっていき一緒に遊ぼうとしたり、その場にいさせようと力で押さえつけたり、おもちゃや道具の使い方が間違っているからと何度も注意したりしてしまうことです。そうやって介入すればするほど、自閉スペクトラム症の人のことがよくわからなくなってしまいます。

　普段から、自由時間だけでなく、作業や外出時、食事などの様子をよく観察してください。それぞれの場面で、興味関心、取組み方、スキル、集中力、コミュニケーションの取り方、刺激に対する反応などをよく観察し、その人にあった構造化のアイデアを見つけるようにします。このようにして評価情報を常に更新し、その人のことをよりよく理解する取組みを続けていきます。

3 構造化のアイデア

1 物理的構造化

　物理的構造化を、作業場や教室の中を区切って衝立を立てることや、壁に向かって作業させることだととらえている人も多いでしょう。しかしそれは硬直した見方です。本来、物理的構造化がねらっていることは、自閉スペクトラム症の人に、「場所の意味を伝えること」と「刺激を調整し、居心地よくすること」にまとめられます（図3-4）。

図3-4　教室／作業場における物理的構造化の例

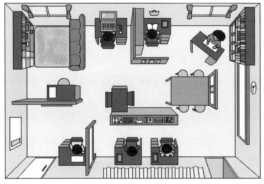

教室／作業場における物理的構造化のポイント
・学習／作業する場所、休憩する場所、集まりの場所など、活動と場所を１：１に対応する
・周囲からの刺激（人の動きや騒音など）を衝立や座る向きなどで調整する
・動線が整理されていて、教材や余暇グッズ、道具など、その場で必要なものへのアクセスが容易
・教師／スタッフが全体の様子を見渡せること

出典：自閉症eサービス編（2020）『自閉スペクトラム症支援のためのレジュメ集2020-2021年度版』自閉症eサービス，16頁.

　筆者が、ある入所施設にコンサルテーションで訪問したときのことです。利用者の１人が食堂入口にある手洗い場に毎回突っ込んで行って、すべての水道の蛇口をひねって水を出してしまい対応に困っている、という相談を受けました。

　筆者は、その利用者の居室から食堂に至る廊下を実際に歩いてみました。すると、ある地点でその手洗い場が視界に入って全部見えてしまうことがわかりました。案の定、その人はその地点から毎回駆け出し、手洗い場へと向かうのです。その人にすると、＜手洗い場＝食事の前に手を洗うところ＞とは理解できておらず、＜手洗い場＝水道の蛇口がたくさんあって、水を出せるところ＞ととらえているようです。そして、手洗い場が見えると彼は衝動的に行動し、それをくり返し実行できてしまうことで、結果的に水出し行為を強めてしまっているのではないか。そういう仮説を立てました。

　この場合、必要な物理的構造化は、「ここは手洗い場で、食事の前に手を洗うところ

です。手当たり次第に水を出して遊ぶところではありません」という場所の意味を、場面を整理してその人にわかるように伝えることです。実際に筆者たちが取り組んだのは、普段、廊下から手洗い場が見えてしまわないようにカーテンで覆うことでした。一方で、食事前の時間にはカーテンを少し開けて一番端の水道の蛇口だけを見えるようにし、そこに彼の顔写真を貼りました。彼が居室から食事に向かうときは前もってスタッフが付き添い、いつも一番端の水道を使って手を洗う経験を積んでもらいました。そうすることで、彼はだんだんと場所の意味を理解し、「ここで手洗いをする」ことに取り組めるようになりました。最終的にはカーテンがなくても、自分の顔写真を手がかりに、適切に手洗いをするようになっていきました。

　家庭、施設、教室など、そこの場所の意味が自閉スペクトラム症の人にきちんと伝わっているかどうかをチェックしてください。よくある自閉スペクトラム症の人のトラブルで、トイレの便器やタンスの後ろに物を捨ててしまう行為があります。もしかしたら、その人は、そこがいらない物を捨てる場所だととらえてしまっているのかもしれません。

　また、周囲の刺激が適度にコントロールされ、居心地よく過ごせる場所になっているのかどうかも吟味してください。音や光などの刺激が強く、雑然とした環境では、総じて自閉スペクトラム症の人は落ち着いて過ごすことができません。教室や作業場から飛び出してしまう行動は、その人にとってそこが過ごしにくい環境になっているサインであることがよくあります。その意味で、物理的構造化は、生活のアメニティを高める取組みでもあります。

2　スケジュール

　スケジュール（図3-5）は、先の見通しをもつことが困難な自閉スペクトラム症の人への必須の支援ツールです。自閉スペクトラム症の人にスケジュールを用意しないということは、あなたが初めて行く海外旅行に行程表もガイドブックもないまま出かけるようなものです。

　次の活動。今日一日の予定。明日は何があるか。来週の日曜日は何をするか。○月○日に予定されていることは何か。これらの情報を自閉スペクトラム症の人にわかるように、視覚的に伝えるようにします。そうすることで、予定や変更への不安や混乱・イライラを軽減する取組みが、スケジュールによる支援です。

　自閉スペクトラム症の人たちに不安や混乱・イライラをもたらす大きな要因の1つが、予定や変化を見通せないことです。見えないものをイメージするという想像力に

図3-5　スケジュールのタイプのいろいろ

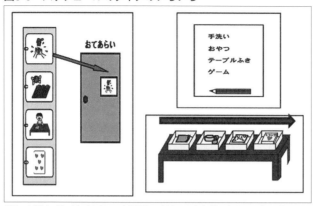

スケジュールのタイプ
・実物、文字・絵／写真カード、シート（リスト）、手帳、タブレットなど
・固定（トラジションエリア）、持ち運びなど
・次／一日／週間／月間
・変更や中止のシステム

スケジュールの個別化
・評価に基づくこと
・実用性を考える

出典：自閉症eサービス編（2020）『自閉スペクトラム症支援のためのレジュメ集2020-2021年度版』自閉症eサービス，16頁.

障害があるため、適度な時間感覚や変化の予測がとても困難です。

　みなさんは、次に何が起こるかを想像できないと、どういう心境になるでしょうか。例えば、いつものように朝の通勤電車に乗ったのに、突然その電車が立ち往生してしまった。30分たっても1時間たっても一向に動く気配がない。その間、何のアナウンスもないとしたらどうなるでしょう。そうこうするうちに、急に電車が動き始めたものの、今度はいつも止まる駅に止まらずどんどん走り過ぎていったとしたら、乗っているあなたはどのような気持ちになるでしょう。

　予定外・予想外のことが起こったとき、人は不安や混乱を覚え、イライラが高じます。自閉スペクトラム症の人は、日常的にこのような予測のできない状況のなかで暮らしている可能性があります。だからこそ、思いどおりに物事が進むように、いつもの順番、いつもの流れ、いつものパターンにこだわる傾向にあるのではないでしょうか。

　ある自閉スペクトラム症の青年は、毎週金曜日に発売される週刊誌を近所のコンビニエンスストアで買うのがお決まりの活動になっていました。しかし、その週刊誌が、たまに合併号になって発売日がずれたり、コンビニエンスストアに行っても売り切れでその週刊誌がなかったりすると、もう激しい不安や混乱・イライラに襲われてしまいます。何度も「○○を買います！」と家族に訴え、それが見つかるまで一日中、コンビニエンスストアや他の本屋さんを探し回っていました。

　彼に必要な支援は、週刊誌が発売される予定（そして、いつものコンビニエンスストアにその週刊誌がなかったときの対処の仕方）をスケジュールで伝え、見通しをもってもらうことです。口頭で伝えても理解が難しいので、彼の理解レベルにあわせて、目で見て確認できるスケジュールが求められます。そして、スケジュールがある

ことで安心し、変化や変更が見通せるようになり、より柔軟に状況に対処できるようになることを期待します。

　この事例では、本人専用の月間カレンダーに、週刊誌が発売される曜日に特定のシールを貼るようにしました。そのシールには、週刊誌を買う場所も簡単な文字で明示されています。発売日が変更になったときは、カレンダーの実際の発売日のところにシールを貼り替えるようにします。また、買う場所を何か所か用意しておき、いつものコンビニエンスストアで買えないときには、「△△書店」「□□駅の売店」と文字で伝えるようにしました。そうすることで、週刊誌についての彼の不安と確認行動はかなり軽減されたところです。

3　ワークシステム（アクティビティシステム）

　活動を整理し、自閉スペクトラム症の人がより自立的に取り組むためのシステムがワークシステム（図3-6）です。しかしながら、＜ワーク＝仕事＞ということで、机上作業を一人でこなす方法と狭くとらえている支援者が多いように思います。実際、衝立に囲まれた作業エリアの中で、壁に向かって当事者が自立課題に取り組み、そこにワークシステムが導入されていることがよくあります。ですから、ワークシステムというのは、個別の作業エリアの中でしか使わないものと思い込んでしまうのかもしれません。

図3-6　左から右へのワークシステム

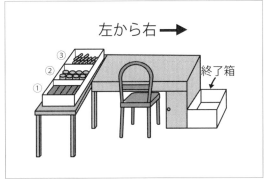

ワークシステムの4つの要素
・何をするか
・どのくらいするか
・いつ終わるか
・終わったら次は？
　これらの要素を、いつも、同じやり方で自閉スペクトラム症の人に伝える
　自閉スペクトラム症の人が自分でワークシステムを使うことで、活動の自立度が高まる

出典：自閉症者就労支援技術研究会（2006）『働く自閉症者のための作業改善の工夫とアイデア』エンパワメント研究所，27頁.

　そういうこともあって、ワークシステムのことを、最近はアクティビティシステムとも呼び、＜アクティビティ＝活動＞の組立てというニュアンスを強調するようになりました。

　では、ワークシステム（アクティビティシステム）とは具体的にどういうものでしょうか。実はいたってシンプルな仕組みになっています。というか、シンプルなものに

しなければ自閉スペクトラム症の人はうまく取り扱えません。複雑すぎるシステムや曖昧なやり方では、自閉スペクトラム症の人に余計な不安や混乱・イライラをもたらすことになり、支援者に依存する事態を招くことがよくあります（例えば、過度に指示待ちになったり、特定の支援者の指示にしか応じなくなったりするなど）。

　ワークシステムを導入するときには、まずは活動の中身である「何をするか」を明確にします。例えば、「作業」「勉強」「買い物」「掃除」「食器洗い」「着替え」など活動のタイトルを具体的に示します。逆に言えば、それ以外の活動を同時に行わないようにします。支援者はよく「ついでにこれもやってください」と途中で追加したり、「やっぱり止めておきます」と急に中止したりすることがありますが、そうすると自閉スペクトラム症の人は何をするのかがよくわからなくなってしまうので注意が必要です。

　そして、どこでその活動を行うのか、場所と活動も対応させておきます。自閉スペクトラム症の人に、その活動をどこでするのかを具体的に伝えることで、場所の意味も明確になります。

　次に、その活動の進め方（始まりから終わりまで）を、実際の工程・流れに沿って区分けして伝えるようにします。そうすると「どれくらいするか」「どうやったら終わるか」も明確になります。活動の進め方は＜1＝○○、2＝○○、3＝○○……＞と一定の手続きにし、自閉スペクトラム症の人が自分でチェックできるように視覚的な手がかりを使います（図3-7、図3-8）。そして、その活動が終わったら、「次は何があるか」も明示するようにして、そのあとの見通しを伝えるようにします。

　この一連のシステムを自閉スペクトラム症の人、一人ひとりの理解レベルや取扱いのスキルにあわせて個別化します。そうすることで当事者は見通しをもって活動に取り組むことができるようになり、活動の自立度が高まります。

　一般の作業場や教室の環境は多様で、用途によってその都度場所を使い分けたり多目的に使ったりすることはよくあります。時には先生と一緒に勉強したり、グループで課題に取り組んだり、また移動しながら作業することもあります。そういう場面でも、自閉スペクトラム症の人が安定して前向きに活動に取り組める仕組みとして、ワークシステムが効果を発揮します。後述するようにルーティンとワークシステムを組み合わせることで、料理や掃除といった家事活動、歯磨きや着替えなどの身辺自立、買い物や散歩・ボウリングといった外出活動や運動にも、ワークシステムを活用することができます。

図3-7　マッチングのワークシステム

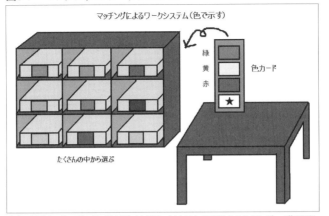

出典：自閉症eサービス編（2020）『自閉スペクトラム症支援のためのレジュメ集2020-2021年度版』自閉症eサービス，17頁．

図3-8　リスト式のワークシステム

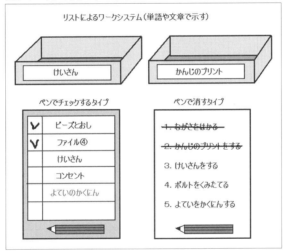

出典：自閉症eサービス編（2020）『自閉スペクトラム症支援のためのレジュメ集2020-2021年度版』自閉症eサービス，17頁．

4 視覚的構造化

　視覚的構造化には、①視覚的組織化、②視覚的指示、③視覚的明瞭化の３つのタイプがあります。自閉スペクトラム症の人は「目で見て理解する」ことが得意なので、視覚的構造化のアイデアを作業場や生活場面にも積極的に取り入れるようにします。

①視覚的組織化

　自閉スペクトラム症の人は物事や情報を整理し、関連づけ、１つの意味や活動にまとめることが苦手です。そのため、例えば、机の上にある材料や部品をバラバラに取り扱って、ミスが出たり物をなくしたりしてしまいがちです。はさみが置いてあると、本や髪の毛もはさみで切ってしまうといったトラブルもこのような特性が背景になっ

ています。視覚的組織化は、今まさに必要な物や情報を自閉スペクトラム症の人によく整理して渡す取組みです。作業の手順に沿って使う材料や道具を左から右に並べたり、材料を種類ごとに容器に入れておくなどの方法があります（図3-9）。

図3-9　視覚的組織化の例

出典：自閉症者就労支援技術研究会（2006）『働く自閉症者のための作業改善の工夫とアイデア』エンパワメント研究所，18頁.

図3-10　視覚的指示と視覚的明瞭化の例

ざるの中のボタンを色分けしてください。

赤　青　黄　緑

出典：自閉症者就労支援技術研究会（2006）『働く自閉症者のための作業改善の工夫とアイデア』エンパワメント研究所，20頁.

②視覚的指示

　「何をしてほしいのか」「何はしてほしくないのか」を自閉スペクトラム症の人に確実に伝えるために、視覚的なメッセージを使います（図3-10）。文字が読める人であれば、簡単な文章や単語で書いて示してもよいでしょう。絵や写真、実物の完成品を見せることで、「これと同じものを作ってください」という意味を伝えることもできます。ジグシートは実物大にかたどった絵やシルエットですが、「これと同じものを置いてください」ということを伝えます。例えば、玄関で靴をそろえてほしいときに、靴型のジグシートを使ったりします。番号や矢印で順番を示す、色で種類分けを伝えるなどのアイデアも考えられます。

③視覚的明瞭化

　大切な情報を目立たせ、自閉スペクトラム症の人がそこに注意を向けやすくするアイデアです（図3-10）。押してほしいボタンに色シールを貼ったり、注意書きや指示書の大切な部分をアンダーラインや色マーカーで強調したりします。一方で、関係のないものは視界から遠ざけることも大切です。勉強中は、おやつを布で覆っておくとかおもちゃを箱に入れておくなどして目立たないようにし、視覚的な情報についてコントラストをつけるようにします。

　視覚的構造化をはじめ構造化のアイデアは、自閉スペクトラム症の人だけの特殊な方法ではありません。今や、街のなかには、構造化のアイデアはいたる所で使われています。さまざまな交通標識、駅のなかの案内図や時刻表、自動販売機のボタンやコ

インの投入口、銀行のATMやスーパーのレジに並ぶための足型や仕切り線、レストランの写真付きメニュー表、ゴミ箱の分別表示。みなさん一人ひとりもカレンダーやスケジュール帳を使っていますし、コミュニケーションツールやスケジュール管理には携帯電話やスマートフォンが欠かせなくなっています。パソコンやタブレットを使ったメールやテレビ電話も普及してきました。構造化とは、暮らしやすくするための工夫、わかりやすくするための工夫にほかなりません。わが国における自閉スペクトラム症支援の第一人者である佐々木正美先生は、このことを自閉スペクトラム症の人たちの「バリアフリー」「ユニバーサルデザイン」と講演のなかで常に強調されておられました。

　結局のところ、構造化を使って何をしたいのかが支援者に問われています。家庭や学校・施設、街のなかで、自閉スペクトラム症の人が暮らしやすくなること、わかりやすく伝えることに日常的に取り組んでほしいと思います。逆に、構造化と称して、狭いエリアのなかに押し込んで「変なことをしないように」と行動の範囲を極端に狭めたり、いつも同じ日課で決まりきったスケジュールを提示して、単調な日々を送るような設定になっていないでしょうか。もしそういうことなら、それは構造化をどう使うか、支援者の姿勢や支援の方針に問題があるのです。

5　ルーティンとシステムの関係

　ルーティンは辞書的には「習慣」「決まりきった仕事」のことですが、自閉スペクトラム症支援における構造化の視点でいえば、自閉スペクトラム症の人は同じようにすることがわかりやすく、見通しがもてて安心する、という特性理解が前提になっています。その意味で、最近は「馴染む・慣れ親しむ（＝familiar）」という用語を使うことが多くなりました。

　支援現場でルーティンが強調されすぎて、「ずっと同じようにすればよい、日課は変えないほうがよい」と機械的に解釈される傾向を心配します。筆者がコンサルテーションで訪問した施設のなかには、「自閉スペクトラム症の人は混乱しやすいので行事や外出は一切しません」とか、「○○さんの作業は10年前からずっと同じです」と説明を受けることがあります。

　あるいは、「自閉スペクトラム症の人には農作業は向きません。天候に左右されやすく、仕事が一定しないからです」と説明する支援者もいました。当然のようにそこの施設は農作業を導入していないのですが、筆者は、重度の自閉スペクトラム症の人たちが、構造化のアイデアを使って生き生きと農作業に従事している事例をいくつも

知っています。スケジュールで予定や変更を伝えたり、畑やビニールハウスの作業場と休憩エリアを区画整理したり、写真や番号などの視覚的指示を積極的に導入すれば、農作業も活動の選択肢の１つになり得ると筆者は思っています。

その一方で、「社会は構造化されていないから、学校にいる間も構造化などせずに、変化や変更を受け入れられるようにしたい」と主張し、視覚的な手がかりや事前の予告もないまま、いきなり授業の予定を変えることを正当化する教師がいたりします。しかし、すでにお伝えしたとおり、地域社会は今、積極的に構造化のアイデアを取り入れ、多様な人たちが安心して暮らせる共生社会にまい進しているところです。このような主張を聞くと、学校を暮らしにくい状況にして何が有益なのかと疑問をもつところです。

ルーティンを頑なに守ることも、急な変更や、変更を支援もないまま克服しようとさせるアプローチも、自閉スペクトラム症の特性理解と実際の生活から見ると極端な考えではないかと思います。

自閉スペクトラム症の人は「馴染むこと」「慣れ親しんでいること」を好みますし、そういった状況で自身の能力を十分に発揮することができます。しかし、急な変更や予想外のことが起こるととたんに混乱し、不安が強くなります。ですので、適切なルーティンを大切にして生活のなかに取り入れることで、自閉スペクトラム症の人の暮らしは安定し、日々主体的に活動に従事することで間違いなく本人のスキルは向上します。

しかしながら、現実問題として世の中は常に変化することを忘れてはなりません。外出中に急に雨が降ったり、電車が突然の事故で止まってしまったりして、予定どおりいかないことはよくあります。毎年春になれば年度が変わり、クラスや職場の状況が一変することもあるでしょう。何よりも、自らが経験し学習していくことで、できることが増え、社会との接点が広がるわけですから、日々変化のない生活はそれを阻害する危険があります。

そういうことで、ルーティンと変化への適応（＝新しいことへの経験や学習）という一見矛盾する問題にどう対処していくかが、生活場面における自閉スペクトラム症支援の大きなテーマになります。構造化のアイデアが優れているのは、このような変化への適応を、＜ルーティンをシステムのなかに組み込む＞ことでクリアする方略にあると筆者は思っています。

代表的なワークシステムに、左から右の流れと終了箱の使用があります（**図3-6**）。これは、いつも作業は左から右にこなし、作業が終わったらその都度、材料や完成品

を右側の終了箱に片づけるようにしています。つまり、このワークシステムでは、左から右の流れと終了箱の使用がルーティンになって維持されています。そして、このワークシステムに則って作業をこなすことで、さまざまな環境や作業種でも同じように取り組むことが可能になります。例えば、居室で着替えを教える際に、それぞれのかごに下着・シャツ・ズボンを入れ、左から右の流れで着替えを進めてもらうようにすれば、本人は着替えをより自立的にこなすことができるでしょう。

　このようにシステムのなかにルーティンを組み込むことで、内容や場面が変化しても、自閉スペクトラム症の人は見通しをもって活動に取り組むことができます。ルーティンとシステムを組み合わせて、自閉スペクトラム症の人の自立と社会参加を促進する——構造化の基本戦略がここにあります。

4 構造化とコミュニケーション支援

　自閉スペクトラム症の特性と学習スタイルを理解すれば、周囲の状況や期待されていることを「わかりやすく伝える」構造化が必須であることがよくわかります。言葉の理解が難しい自閉スペクトラム症の人も、視覚的な方法で物事の意味を伝えることができます。刺激に翻弄されやすい人には、衝立や家具を使ってレイアウトを見直す環境調整が有効です。変化や見通しがもてず不安や混乱・イライラのなかにいるのであれば、視覚的なスケジュール・ワークシステムとルーティンを基本にした生活の組立てが安心感や自発性を高めます。

　自閉スペクトラム症の人に「わかりやすく伝える」構造化の支援に関連して、もう１つ考えるべきことは、本人からの発信や伝えたいことをどのように支援すればよいかという点です。つまり、当事者の表現性コミュニケーションや意思決定の支援が重要になってきます。こちらが伝える・与えるだけでなく、自閉スペクトラム症の人の言い分や思っていることを発信してもらい、お互いにわかりあい調整することで、自閉スペクトラム症の人との協同や共生が生まれると思っています。

　筆者が実際に経験したことですが、ある自閉スペクトラム症の青年に視覚的なスケジュールを用いて「最後にもう１つ作業をしてください」と追加を伝えたときのことです。本人は「もう作業はしたくない！」という思いをうまく言えず、提示されたスケジュールの絵カードをビリビリに破いてしまったことがありました。この青年の意思を確認しないまま、こちらが一方的に提示してしまったことを反省したところです。

「トイレに行きたい」「休憩したい」「おなかがすいた」「明日は何があるか教えてほしい」「手伝ってください」「どんなふうにすればいいかわかりません」「このお菓子を食べていいですか」「頭が痛い」「早く帰りたい」「いやだ」「相談にのってほしい」など、自分の気持ちや意思をうまく表現できず、不本意なまま暮らしている自閉スペクトラム症の人がたくさんいるのではないでしょうか。

伝統的なコミュニケーションの指導は、「『はい』『ありがとう』と言いなさい」「お名前は？」「これは何？」「『いただきます』は？」と、指導者が自閉スペクトラム症の人に直接はたらきかけて、正しい言い方を"言わせる"ようなやり方でした。しかし、このようなやり方は、自閉スペクトラム症の人のパターン化した発言やオウム返しによる返答を助長させてしまうことがよくありました。自閉スペクトラム症の人が自分の気持ちや言いたいことを自発的に、そして機能的に表現できるように、そのための支援とプログラムが求められています。

構造化が「わかりやすく伝える」方法だとすれば、自閉スペクトラム症の人が自分の気持ちや言いたいことを自発的に表現してほしいという私たちの意図も、わかりやすく伝えることができます。そういうことで、コミュニケーション支援においても構造化のアイデアは積極的に取り入れることができます。

自閉スペクトラム症支援における代表的なコミュニケーションプログラムに、PECS®（＝絵カード交換式コミュニケーションシステム)[1]があります。PECS®セッションの場面設定やフェイズⅠからⅥへの系統的な展開は、「目で見て理解する」「具体的、はっきりしたことの理解」「いつも同じやり方でする」ことが得意な自閉スペクトラム症の学習スタイルが活かされており、当事者が取り組みやすい内容になっています（第4章第2節参照）。

このように、自閉スペクトラム症の人のコミュニケーション支援においても、構造化のアイデアが積極的に取り入れられています。当事者が使う絵カードコミュニケーションや手順書はより実用的なものとなり、使いやすいコミュニケーションブックやデジタル化したタブレットやスマートフォンのアプリもいろいろ開発されています。自閉スペクトラム症支援における構造化は、支援機器の改善・進歩によって、より機能性・汎用性の高いものになっていくように思います。

---

[1] PECS®は、米国およびその他の国で登録されたPyramid Educational Consultants, Inc. 商標です。

5 高機能自閉スペクトラム症の人への構造化支援

　構造化のアイデアを取り上げると、「それは知的障害が重度の自閉スペクトラム症の人の話で、高機能自閉スペクトラム症やアスペルガータイプの人には関係ない」と言われたり、「構造化より、ソーシャルスキルトレーニングや感情コントロールのプログラムを優先すべきだ」という意見を聞くことがあります。おそらく、構造化というものを、教室を衝立で物理的に仕切ることやスケジュールに絵カードを使うことをイメージしていて、知的障害のない自閉スペクトラム症の人には当てはまらないととらえているのでしょう。

　自閉スペクトラム症の特性や学習スタイルを考えれば、自閉スペクトラム症の人には（どのような知的レベルであれ）構造化は必要不可欠だと筆者は考えます。実際、自閉スペクトラム症に特化したソーシャルスキル・トレーニング（SST）や感情コントロールのプログラム（例えばコミック会話やThe CAT-Kitなど）も、見てわかりやすく伝えるという構造化のアイデアが積極的に取り入れられています。

　高機能自閉スペクトラム症やアスペルガータイプの人たちへの構造化支援は具体的にどのようなものでしょうか。筆者が実際に取り入れているアイデアをいくつかあげてみます。

　当事者との相談場面では、最初に、本人と今日相談したい項目をリストアップし、項目に沿って1つずつ話をしてその都度チェックオフをするシステムを取り入れています。そうすることで、今どの話題について話をしているのか、今日はどこまで話をするのかが具体的になり、スムーズに相談をこなしていくことができます。また、相談で確認したことや積み残した検討課題は紙に書き出すようにして、本人と確認できるようにしています。

　自室や作業場・教室を整理整頓し、本人が過ごしやすくするためにレイアウトを変更したり収納ボックスやレターケースを活用するようにしています。用途ごとに引出しを使い、引出しにはすべて写真や文字のラベルを貼るようにします。

　本人専用のスケジュール帳やカレンダーを用意し、時間管理や計画的に物事を遂行することを意識してもらうようにします。アラーム付きの時計やスマートフォンなども積極的に本人に紹介し、具体的な使い方を実地で練習します。

　自己理解や感情コントロールのセッションでも視覚的な提示を心がけています。例

えば、セッション全体の予定表、自己理解を進めるための文字や絵を使ったQ＆Aやチェックリスト、表情の絵カードなどを用います。

　高機能自閉スペクトラム症の場合に、「よく話ができるから問題ない」とか「知的レベルが高いから絵や写真で伝えなくてもよい」ととらえているなら、それは支援者の一方的な思い込みにすぎません。実際に、当事者である高機能自閉スペクトラム症の人たちが、いかに言葉の使い方や認知・感覚面で苦労しているかを証言しています（参考：DVD『自閉症とともに——自閉症の理解と支援（全3巻）』監修：日本自閉症協会、ゲーリー・メジボフほか）。実際、筆者が直接かかわっている多くの高機能自閉スペクトラム症の人が、「紙に書いて示してほしい」「絵や図があるともっとわかりやすい」「スケジュールがあると安心する」とコメントしています。高機能自閉スペクトラム症の人たちは、ある程度自分の体験や思いを言語化することができますので、彼らの話を丁寧に聞くことから、支援を始めるべきだと思います。

おわりに
——これからの構造化支援——

- -

　本章では、構造化を検討してきました。筆者が特に伝えたかった点は、構造化を自閉スペクトラム症の理解とセットで考え、構造化によって本人の生活が豊かになっているかどうかを確認すべきということです。

　構造化のアイデアが浸透してきましたが、多くの支援現場では「絵カードを使えばいい」とか「とにかく仕切り用の衝立を使って区分けしている」など、個別の評価を十分にしないまま構造化の設定をしているのではないかと懸念する事例に多く接します。本来は、自閉スペクトラム症の人がどういうことで困っているか、どういう支援があれば安心し、実力を発揮することができるかを考え、【Plan（計画）→Do（実践）→Check（評価）→Action（改善）】のPDCAサイクルによる個別プログラムを丁寧に続けていくことが大切な取組みになります。そのような日々の積み上げがあれば、自閉スペクトラム症の特性に沿ったアプローチである構造化の必要性と有用性がわかるのではないかと筆者は思っています。

　今後も自閉スペクトラム症の理解が進み、構造化支援が広がっていきます。その広がりの先には、地域生活における自閉スペクトラム症の人たちのバリアフリーとユニバーサルデザインが実現された社会が拓けていくと筆者は考えています。

CHECK POINTS

①構造化は、周囲からの情報や刺激に翻弄されやすい自閉スペクトラム症の人が抱える困難さを補い、わかりやすく物事の意味を伝える作業です。

②構造化を実践するためには、自閉スペクトラム症の特性を理解しておくことと、一人ひとりにあった支援を導くための個別の評価（アセスメント）が重要です。

[**参考文献**]

自閉症eサービス編（2020）『自閉スペクトラム症支援のためのレジュメ集2020-2021年度版』自閉症eサービス.

自閉症者就労支援技術研究会（2006）『働く自閉症者のための作業改善の工夫とアイデア』エンパワメント研究所.

『DVD　自閉症の人が見ている世界』朝日新聞厚生文化事業団.

日本自閉症協会、ゲーリー・メジボフほか監（2019）『DVD　自閉症とともに──自閉症の理解と支援（全3巻）』株式会社東京サウンド・プロダクション.

第1章
第2章
第3章
第4章
第5章
第6章

より具体的な提示でいろいろなことができるようになったトオルさん

| 名前 | トオルさん | 年齢 | 5歳 | 性別 | 男性 |

利用している主なサービス 児童発達支援

✳ トオルさんのこと

　トオルさんは1歳半の頃から言葉の遅れがありました。2歳半頃から母親が仕事をするために保育園に通い始めましたが、入園してまもなく、園内や外出先でもトラブルが増えていきました。母親や保育園の先生も接し方にとまどいが出てきたことから、保健師を通じて児童発達支援事業所に相談がありました。その後、トオルさんは自閉スペクトラム症と知的障害の診断を受け、保育園に通いながら児童発達支援事業所に通所することになりました。

　トオルさんは言葉の表出が少なく、「〇〇ください」と要求したり、「やだ」と拒否したりが主です。それ以外では手助けしてほしい物の場所に手伝ってほしい人の手をつかんで連れて行ったりして自分の伝えたいことを伝えます。また、うまく伝えられずに困ったり、思いどおりにいかないことがあったりすると、大声で泣きながらおでこや後頭部を床に打ちつけたり、相手を押し出したりと、直接的な行動で示すことがあります。

✳ トオルさんのこれまで

　園では先生の指示も聞こえないかのように遊びふけることが多く、お昼ごはんの時間に後片づけをうながす言葉かけをしても、遊びを自ら中断することが難しい状況でした。なかなか片づけないので先生が片づけようとすると癇癪を起こしてしまいます。

　児童発達支援サービスの利用当初は、遊びがなかなか終われなかったり、園と同じような場面で大声を出したり頭を打ちつけたりする行動がみられていました。言語理解の困難さや、時間の見通しがもてないことへの不安、活動から活動へ切り替えることへの困難さがあったため、予定を伝え安心して過ごせるよう次にやるべき活動のカードを作り、スケジュールを使って活動するための練習をしていきました。スケジュールを使用する前は、遊びを中断するよううながしたりすると、途端に床に頭を打ちつけながら叫んだりすることがありましたが、今では次の活動がわかるように写真を見せたり、ものの片づけ場所がわかるよう箱に写真をつけたりすることで、頭を打ちつけるなどの行動は軽減していきました。

　トオルさんは身支度等さまざまな場面でも時間を要することがありました。朝、洋服に着替えるとき、何度も動作が止まって身支度に時間がかかってしまい、保育園に間に合わないこともしばしばでした。そこでイラストでめくり式の手順書を作成し、事業所で着替えの練習をしました。何も使

用していなかったときよりスムーズなこともありましたが、うまくいかないときもありました。内容がやや漠然としていると考え、より具体的な動作がわかるよう本人が身支度している様子を写真に撮り、それを手順書にすることにしました。以前よりもスムーズにできることが増えました。トオルさんは、より具体的な行動がわかる内容で示したほうが伝わりやすいのだとわかりました。着替えだけではなく、身につけていたものをとるときにも、立ち止まったまま行動が止まってしまうことがあります。片づけ場所を写真で明確にするのと同じように、身につけていたものの置く場所を、よりいっそう具体的にすることで自発的に行動に移すことができています。

"視覚的に示す" ことを1つとっても、形態や内容など本人に合ったものを工夫してみることが大事だと感じました。

✳ トオルさんの今

児童発達支援で練習したそれらのツールは、母親にも様子を伝え、家でも使ってもらえるよう自宅を訪問し、実際に家の中でトオルさんがスケジュールを活用できるようアドバイスをしました。いったん使い始めたものの、仕事や家事もあるなかで、スケジュールや手順書を導入するのはなかなか難しい状況で、次第に使用しなくなっていき、現在は外出時など、家から出る際に予定を伝えるなど、必要に応じて部分的に活用してもらっています。

トオルさんの母親より、「以前から病院に連れていくことがやっとで、予防接種をするのにも動作が固まってしまい、少し強引にうながすと大声を出して親を追いやったりと大変で、終わるまでに2時間もかかってしまい困ってしまった」ということを聞きました。そこで、着替えだけでなく、予防接種を受ける流れも手順書で練習し、事業所内で流れを理解できるようになったため、そちらも渡したところ、以前は2時間もかかっていた予防接種を30分で終えることができたと喜んでくれました。現在も、母親自身がトオルさんに接する場面で、手順書を用いてうまくかかわれる場面を増やしていけるように支援しています。

第1章
第2章
第3章
第4章
第5章
第6章
基礎編
実践編

自宅の環境調整をして生活を
リセットしたエリザさん

名前 **エリザさん**　　年齢 **21歳**　　性別 **女性**
利用している主なサービス **生活介護・行動援護・共同生活援助（グループホーム）**

✳ エリザさんのこと

　エリザさんは知的障害と自閉スペクトラム症のある女性です。

　幼い頃から「待つこと」が苦手で、ほしいもの（食べ物、好きな本など）がすぐに手に入らないと大声をあげたり、自分の腕や家族に噛みついたりするなど大暴れをしてきました。ものだけに限らず、明け方に「今すぐドライブに行きたい」と要求し、家族がそれに応えられないとやはり大暴れをするというようなことを18歳のときまでくり返していました。

　その後、複数の福祉事業所が連携して取り組んだ「合宿」により、エリザさんの生活は劇的に変化しました。彼女は今、馴染みのスタッフがいるグループホームで元気に暮らしています。

✳ エリザさんのこれまで

　小さい頃からパワフルだったエリザさん。小学生から高校を卒業するまでの間は、障害のある子どもたちの余暇支援を行うサークルの活動に参加していました。グループ活動が主でしたが、思い立ったらすぐに行動しないと気がすまないエリザさんは、だいたいいつも個別に活動していました。

　小学校高学年からはヘルパーによる外出

支援を利用し始めました。「待つこと」が苦手で、バス停でバスを待つことができるのは10秒程度。ヘルパーとの外出中は、歩きたくないけどバスを待つこともいやで、「キーッ！」「ギャーッ！」と大きな声を出しながらヘルパーを噛むこともありました。エリザさんが中学生の頃から、ヘルパーたちが自閉スペクトラム症について一定の知識と支援技術を獲得し始めたことで、見てわかりやすいスケジュールの提示、不必要な刺激の回避、活動のルーティン化、統一された対応などが少しずつなされ、ヘルパーとの外出は穏やかなものとなっていきました。特別支援学校高等部卒業後は、自宅近くにある生活介護事業所に通っています。同時に、行動援護と有償ケアを組み合わせて月に数回、ヘルパーの事業所に宿泊する取組みも始まりました。生活介護利用時も宿泊の際も、彼女をよく知るスタッフが対応し、静かに安定して過ごしていました。

　一方、自宅では幼い頃からのまま、家族全員が彼女に振り回される日々が続いていました。この頃の自宅でのエリザさんは、「予定を早くこなさないと気がすまない」という様子でした。生活介護事業所から帰宅するとすぐに夕食、食後はすぐに入浴、入浴が終わって就寝するのは夕方の5時過ぎ。起床は深夜1時や2時で、起きるとすぐ

にドライブに行きたがったり、お気に入り
の絵本をほしいと訴えたり。エリザさんと
の生活に限界を感じた家族は、エリザさん
を施設へ入所させることを決め、候補とな
る施設を探してくれるよう福祉事務所に依
頼をしました。しかし日常的に大きな声を
出し、時に暴力的になるエリザさんを受け
入れる施設は見つかりませんでした。

　このような状況のなか、通所先の生活介
護事業所の提案で、エリザさんに自宅以外
の場所での合宿を通して生活リズムを整え
てもらい、新しいパターンの生活を自宅に
持ち帰る、という取組みをしてみることに
なりました。

　以下がその取組みの概要です。

①　期間は2週間。エリザさんは夕方
　から朝までヘルパーと合宿所で過ご
　し、日中は生活介護事業所へ。生活
　介護事業所の閉所日は終日ヘルパー
　が対応。
②　合宿中に家族へエリザさんに対す
　る適切なかかわり方をレクチャー。
　合わせて物理的構造化を図るため、
　自宅内に壁・扉などを増設する工事
　を行う。

③　イレギュラーな居宅介護の支給決
　定を受けられるよう、相談支援事業
　所が行政と折衝。
④　合宿中のエリザさんの毎日のスケ
　ジュール、活動内容、提示方法、コ
　ミュニケーション方法などは生活介
　護事業所が一元的に管理し、指示出
　しをする。
⑤　合宿後は、合宿中と同じスケ
　ジュールで自宅で過ごせるよう、夕
　方から朝はヘルパーや生活介護事業
　所のスタッフが付き添う。その間、
　家族は混乱のもとになるため、近隣
　の祖母宅で生活。エリザさんの帰宅
　後の生活が安定してから、2週間か
　けて徐々に家族に引き継ぎを行っ
　た。

　この取組みにより、エリザさんは自宅で
も落ち着いて過ごせるようになりました。
また、家族は施設への入所希望を取り下
げ、「いつまでも一緒に暮らしたい」と話す
ようになりました。

✳ エリザさんの今

　合宿後1年ほど自宅で過ごしたエリザさ
んは、その後グループホームに入居しまし
た。エリザさんが落ち着いて生活をしてい
ることで、自分たちが元気な今こそ、新し
いチャレンジをしてみようと家族は思い
立ったのです。

　現在は月曜日から金曜日までをグループ
ホームで過ごし、土曜日と日曜日は自宅に
戻るという生活を送りながら、エリザさん
は毎日を穏やかに過ごしています。

グループホームでの支援

はじめに

グループホーム（以下、GH）とは、障害のある人が少人数で生活をしている「地域で暮らす場」です。グループでの生活ですので、集団のように感じますが、決して集団の家というわけではなく、利用者の一人ひとりの住まいとなります。

強度行動障害の人が暮らしているGH

今回紹介するGHは「レジデンスなさはら」です。レジデンスなさはらは、強度行動障害の人が生活しやすいように工夫をしたGHで、「地域での豊かな暮らし」を目標として、2012（平成24）年4月に開設しました。最大の特徴は、入居者が決まってから、GHの設計、建設を進めたことです。つまり、オーダーメイドのGHです。そうすることで、一人ひとりに合理的配慮のある住環境を提供しています。また、入居後も一人ひとりに合わせた個別支援を行っています。

もう1つの特徴は、現場で対応する職員のうち、約8割が非常勤職員ということです。当初は、初めて福祉の仕事をする人も多く、試行錯誤の連続でしたが、今では、日々、入居者の豊かな生活を目指した支援を考えられる頼もしい職員ばかりです。

GHにおける合理的配慮とは

①安心できる人数での生活

GHは、入所施設に比べて、少人数での生活であることが多いです。しかし、「少人数＝よい」というわけではありません。大切なのは「本人が安心できる生活」です。レジデンスなさはらは、入居者が決まってから、建物の設計をしているので、特殊な形をしています。例えば、男性6名の居室空間は玄関を分けることで、4名の空間と2名の空間を完全に分けています（図1）。そのため、2名の空間は、実質2人暮らしとなりますので、対人関係が苦手な人でも比較的安心して過ごすことができています。

写真1　レジデンスなさはら

写真2　洗面所を2つにし、動線を分けている

図1 レジデンスなさはらの間取り図

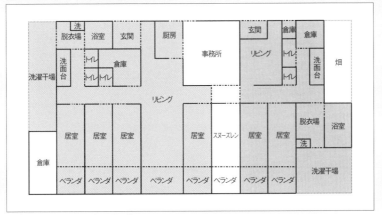

②一人ひとりに合わせた支援

　GHとは集団生活ではなく、あくまでも入居者一人ひとりの暮らしが原点です。それは、強度行動障害の人がGHで生活していても変わりません。そのため、支援も一人ひとりに合わせたオーダーメイドの支援が必要です。レジデンスなさはらの例でいえば、スケジュールシステムは入居者によって異なります。また、入居者にとって生活しやすくなるような工夫も、一人ひとり違います。当然、入居者の状態変化もあるので、支援の改訂・変更も随時行い、一人ひとりに合わせた支援の継続をしています。

支援に必要な道具が、職員にも効果的!

　GHは365日運営しているため、多くの職員が一人の入居者にかかわります。しかし、一人の入居者に、各々の職員が異なるかかわり方をすると、入居者はどう思うでしょうか。きっと混乱してしまうでしょう。そのため、多くの職員がかかわっても、支援は統一されていることが望ましいです。

　例えば、レジデンスなさはらでは、支援に必要なさまざまな道具（以下、支援ツール）が支援の統一に役立っています（写真

写真3　リスト式のスケジュール

写真4　日めくり式のスケジュール

写真5　収納場所を示すイラスト

◀上の時計は動いている。下の時計は手動式。「下の時計で針が12になったらお茶を飲みましょう」と伝え、上の時計で、針が12になったらお茶を渡している。

写真6 Kさん用の支援ツール

3・4・5）。1つ事例を紹介します。

　Kさんは49歳（自閉スペクトラム症と重度知的障害）の男性で、水飲みが激しく、入居前には1日最大15L以上水を飲み、水中毒の危険性がありました。命の危険があるので、レジデンスなさはらでは、止水をしました。そうすると、当然のことですが、職員へのお茶要求が増えます。職員によっては、何度も要求を受けるので、なんとかその場を凌ごうとし、いろいろな対応をするのですが、Kさんにとっては、いつもと違う対応なので、逆に混乱の原因となりました。そのため、Kさん用の支援ツール（写真6）を作り、Kさんに「いつになったら飲めるのか」を提示するようにしました。この支援ツールを使うことで、Kさんは見通しがもて、お茶要求が減りました。また、職員も支援ツールを使って、Kさんに「○○になったらお茶を飲みましょう」と伝えられるので、どの職員が現場に入っても自然と同じ対応をすることができました。今では、Kさんの1日の水分摂取量は約2Lです。このように支援ツールは、入居者だけでなく職員にとっても、支援を統一するために重要なツールとなっています。

最後に
——豊かな生活を目指して

　レジデンスなさはらでは、さまざまな取組みを続け、幸い入居者の行動障害は改善してきました。しかし、GHでの生活のゴールは、行動障害の改善でしょうか。行動障害の改善は望ましいことですが、決してゴールではありません。GHの使命は「豊かな地域での暮らしの提供」です。少しでも豊かな生活を目指して、取組みを続けることがとても大切だと考えています。

伊名岡　宏（社会福祉法人北摂杉の子会レジデンスなさはら）

第4章

表出性コミュニケーションの大切さ

はじめに

　「障害者基本法の一部を改正する法律案に対する附帯決議（参議院）」（平成23年7月28日）に次のような記載があります。

　　　国及び地方公共団体は、視覚障害者、聴覚障害者その他の意思疎通に困難がある障害者に対して、その者にとって最も適当な言語（手話を含む。）その他の意思疎通のための手段の習得を図るために必要な施策を講ずること。

　このように、政府は障害者基本法の一部改正を機に、コミュニケーションについても措置を講ずべきであるとしているのです。

　ここで、少し考えてみたいと思います。私が、強度行動障害のある人の支援に関する研修会で講師をしたときのことです。私は参加者に、「あなたは、強度行動障害のある人とコミュニケーションをとっていますか？」という質問をしました。

　この質問には、「コミュニケーションをとっています」と答える参加者は比較的多くいました。しかし、その後、次のように質問を変えてみました。それは、「あなたは、強度行動障害のある人の言い分を聞いていますか？」という質問でした。この質問には、「はい、聞いています」と答えた人はいなかったのです。先の質問で「コミュニケーションをとっています」と答えた人でも、後者の質問になると「はい」と答えられる人はいなかったということです。

　同じような質問内容であるにもかかわらず、問い方が違うだけで上記のように人数が変わってしまったのは、どのような理由からでしょうか。

　コミュニケーションは双方向でなければならないのですが、前者の質問では、コミュニケーションが双方向であるということを意識することなく、自分は何かしら伝えているからと考えて、「コミュニケーションをとっています」と答えたのではないかと考えられます。ところが、後者の質問に対しては、強度行動障害のある人とやりとりができていたかどうかを考えなければならなくなります。つまり、コミュニケーションは双方向であると意識しなければならなくなるのです。その結果、「言い分を聞いています」と答えられる人はほとんどいなくなってしまったということです。これ

らの質問に対する答えの違いからもわかるように、日頃強度行動障害のある人に接している支援者であっても、強度行動障害のある人の表出性のコミュニケーションについては、意識していないということなのです。

　多くの人は、毎日誰かに会い、主として言葉でやりとりをしています。お互いに、伝えられたことを理解でき、また、お互いに相手にわかるように伝える手段をもっています。その結果、意思のやりとりは成立することになります。コミュニケーションが成立していることを無意識のうちに実感しているということなのです。これを日々くり返していると、コミュニケーションがとれることは当たり前のこととなってしまい、コミュニケーションが成立しているかどうかなどは考えなくなってしまいます。コミュニケーションへの関心もなくなってしまうのです。そのため、強度行動障害のある人たちとの間でもコミュニケーションはとれていると錯覚してしまうのです。

　また、構造化という考え方が広まってきて、いろいろな生活場面で取り入れられるようになってきていることも、コミュニケーションがとれていると錯覚する大きな要因ではないかと思います。

　物理的な構造化やスケジュールの構造化、ワークシステムや視覚的な明瞭化などの方法は、取り組んだ人なら誰でも効果を実感するものです。支援の場に取り入れることで、強度行動障害のある人が落ち着いて行動できるようになっていく様子を目の当たりにするからです。強度行動障害のある人の行動が落ち着いてくると、これまでの苦労が報われたと感じるでしょう。支援者は、その人の行動の課題を解決できたことで満足してしまうのです。

　しかし、ここで満足してはなりません。なぜならば、構造化は、伝えたいことを相手にわかるように伝えるための手段だからです。構造化によって、強度行動障害のある人の行動が落ち着いたのには理由があります。それは、これまで音声表出言語で伝えられても、わからないために混乱していた状態から、視覚という別のモダリティ（感覚）を使って、伝えてもらえるようになったために、理解できることが増え、混乱することが少なくなったからです。言い換えれば、構造化は「受容性のコミュニケーション」ということです。しかし、受容だけでは双方向にはなっていません。つまり、構造化しただけではコミュニケーションが成立しているとはいえないのです。構造化の罠にはまってしまってはならないのです。このことに気づいているかどうかは、支援する側の姿勢としてとても重要なことです。

　ここで身につけたいのは、対象となる人の本当の気持ちを聞いてみようと常に考える癖をつけることです。構造化された状況下で、支援者によって用意された服を「は

い」と言って着たからそれでよし、とするのではなく、「○○さんは、これを着たいの
だろうか？」「これを飲みたいのだろうか？」「これが好きなのだろうか？」等といつも
考える癖をつけることです。構造化だけでは不十分だと意識しておくことです。

　そこで、本節では、強度行動障害のある人の表出性のコミュニケーションについて
考えてみることにします。

1　やりとりをするために

　やりとりを考えるときに大切にしたいのは、AAC（Augmentative & Alternative
Communication：拡大・代替コミュニケーション）の考え方です。音声言語による
意思表出が困難であっても、手段によらず、その人に残された能力とテクノロジーの
力で、対象となる人の自己決定や自己選択ができるようにしていくというのがAAC
の考え方です。その基本は、支援をする側が、対象となる人、一人ひとりの意思や思
いを大切にし、それを聞こうとする姿勢をもつことです。まず、そこに立ち返る必要
があります。そうしなければ、やりとりそのものをしようという発想にはならないか
らです。

2　コミュニケーションサンプルをとる

　やりとりするために大切なことは、今のコミュニケーションの実態を評価すること
です。対象となる人が、今、どのような手段でコミュニケーションをしているのか、
どのような方法で何を伝えようとしているのかを知ることです。これがわからなけれ
ば、コミュニケーションの目標そのものを設定することができません。支援する側の
勝手な思い込みでコミュニケーションを考えるのではなく、事実に基づいてコミュニ
ケーションの実態を知る必要があるのです。それを知る方法として「コミュニケー
ションサンプルをとる」という方法があります。対象となる人のコミュニケーション
の実態を記録し、その結果から、現在行っているコミュニケーションの方法や手段を
明らかにするのです。そこから、今後、身につけてもらいたいコミュニケーション手
段、練習方法などを考えて、コミュニケーションの目標を設定します。

　表4-1は　コミュニケーションサンプルの例です。対象となる人のコミュニケー

表4-1 コミュニケーションサンプルの例

名前
記録日

コミュニケーションサンプル

文脈を記録する

どのような場面で（文脈）	どうした（言動）	機能				文脈			備考
		要求	注意喚起	拒否	その他	どこで	誰に	手段	
お菓子の時間に	お皿を出した	○				食堂で	支援者	具体物	

どのような時間に、どのような場面だったのかを記録する

どうしたのかを記録する

どのような機能が考えられるのかを記録する

どこで、誰に、どのような手段だったのかを記録する

第1章
第2章
第3章
第4章
第5章
第6章

ション行動と思われることを具体的に記録していきます。そこからコミュニケーションの実態を知るのです。このときに注意したいのは、❶50くらいのサンプルをとること、❷自発的なものを記録すること（応答ではない）、❸「こちらをちらっと見た」というような視線での訴えは記録しないことです。これらのことに留意してコミュニケーションサンプルをとります。この記録がとれれば、対象となる人のコミュニケーションの実態がわかります。複数の職員で協力しながら、生活のさまざまな場面で記録していきます。そして、その記録を詳細に見直してみると、どのような方法でやりとりすればよいのかというアイデアが浮かんできます。

3 選択する場面を設定する

　音声表出によるコミュニケーションを特に苦手としている人に対して、最も簡単なやりとりは、選択する場面を設定し、選ぶ経験をしてもらうことです。自分の選んだものが実際に手に入る経験をくり返すことを通して、自分からはたらきかけることの便利さや楽しさに気づいてもらうようにするのです。

　支援者のなかには、選択の機会を設けることは、自己決定や自己選択をうながすことや、やりとりの経験ができるようにするうえで重要だということをわかってはいても、日々、多忙な支援の現場で具体的にどのように場面を設定し、どのような方法で選択場面をつくればよいのか等のアイデアが浮かばないという人もいると思います。

　表4-2は、具体的に選択する場面を設定した場合の方法の例です。この表のような段階をふんで、選択場面を設定してはどうでしょうか。少しは選択場面をイメージで

表4-2　コミュニケーションのステップ

第1段階	具体物を複数用意する（例えばお菓子を2種類用意する）
	手を伸ばして選択してもらう
第2段階	複数の具体物を少し手の届かないところから見せる
	手差しや指差しをしてもらう
第3段階	中身の入っていない具体物のパッケージを複数用意する
	それを指差しで選択してもらう
第4段階	具体物の写真を複数用意する
	それを指差しで選択してもらう
第5段階	線画などのシンボルにしたものを複数用意する
	それを指差しで選択してもらう

きるのではないかと思います。

　選択場面の設定を考えたとき、施設等での生活の場全体で選択場面を設定できるかというとそのようなことはありません。まずは、比較的簡単に用意できる生活場面の一部から実践することです。支援者にとって負担のないところから始めていくのです。場面を考えれば、そこでの選択に必要なことも浮かんできます。また、他の職員の協力も得やすくなり、継続することも容易になります。

　また、対象となる人が興味や関心をもっているもので選択することも重要です。対象となる人が興味のないものであれば、選択する気も起こらないでしょう。どちらかを選びたいと意欲が湧くものを使うことが重要です。その人がやりとりしたくなるようなものを介してやりとりするということも忘れてはならない大切な視点です。

4　具体物から徐々にシンボルへ

　コミュニケーションの練習をしていくうえで大切なことは、対象となる人のコミュニケーションの目標に沿って、スモールステップでコミュニケーションの成功体験を積み上げていくことです。コミュニケーションの実態については、コミュニケーションサンプルから明らかにすることができます。知的障害の重い人の場合は、**表4-2**の第1段階に示しているように、具体物を介してのやりとりが中心になります。直接手を伸ばして具体物を選ぶところから、少し離れたところに具体物を置いて手差しや指差しすることを求めるようにしていきます。そして、パッケージや写真での選択、線画での選択というように、少しずつ抽象的なものへと変えていくのです。実態によっては、文字が有効な場合もあります。

　このようにスモールステップで、徐々にシンボルへと変えていくことを考えながら、実践を進めていくことが大切です。とはいえ、どの人も具体物からシンボルへとコミュニケーションで使うものが変わっていくかというとそうではありません。具体物での選択から次のステップに進めない場合もあります。無理をしてわからない状況をつくるのではなく、対象となる人が自己選択できる環境を整えることが重要です。

　また、最近では、iPad[1]などの電子機器を用いて、そこにシンボルを表示させて選択できるようにしているアプリもでてきています。決まった方法があるわけではあり

---

[1] iPadは、米国およびその他の国で登録されたApple Inc. の商標です。

ません。やりとりが成立することが重要なのです。やりとりが成立しなければ意味が
ないので、しっかりと実態を把握して対象となる人にとって負担のない、やりやすい
方法を考えていくということです。

おわりに

　ここまで、強度行動障害のある人とのコミュニケーションについて、特に表出性の
コミュニケーションを中心に考えてきました。ここで、もう一度確認しておきたいと
思います。

　支援する側（あなた）は、強度行動障害のある人とコミュニケーションをとってき
ましたか。相手が何を伝えたいのかを考えてきましたか。

　対象となる人が思っていることや考えていること――「何がしたいのか？」「何を食
べたいのか？」「どんな服が着たいのか？」――これらを知りたいと思うことが、支援
の出発点であることを忘れてはならないのです。

　最後にもう一度問いたいと思います。

「あなたは、対象となる人とコミュニケーションをとっていますか？」

CHECK POINTS
①構造化は受容性のコミュニケーションなので、構造化するだけでは不十分
です。

②コミュニケーションサンプルをとることで、表出性のコミュニケーション
の実態を知ることができます。

③AACの考え方で自己決定や自己選択ができるように考えてみることが大
切です。

［ **参考文献** ］
坂井　聡（2019）『知的障害や発達障害のある人とのコミュニケーションのトリセツ』エンパワメント研究
　　所.
坂井　聡（2013）『自閉症スペクトラムなどの発達障害がある人とのコミュニケーションのための10のコ
　　ツ』エンパワメント研究所.
中邑賢龍（2014）『AAC入門――コミュニケーションに困難を抱える人とのコミュニケーションの技法』
　　こころリソースブック出版会.
リンダ・A・ホジダン、門　眞一郎・長倉いのり訳（2009）『自閉症スペクトラムと問題行動――視覚的支
　　援による解決』星和書店.

はじめに

　本章第1節では、表出性コミュニケーションがなぜ大切なのかということと、自閉スペクトラム症の人の表出性コミュニケーションの実態を把握するためにアセスメントし、実践へとつないでいくことを具体的に学ぶことができました。

　みなさんは、第3章から第4章へと学ぶなかで、強度行動障害のある人の根幹的な課題は、コミュニケーションにあるといっても過言ではないと実感されてきたのではないでしょうか。なかでも表出性コミュニケーションスキルをもたずして大人になった人がいかに多いかということ、このことは本章第1節の「はじめに」のなかでのエピソードからも読み取れます。

　支援者や学校の先生からよくこのようなことをお聞きします。「自分で選んだり、決めたりできていますよ。いくつかの物を見せて、『どれが欲しい?』と尋ねると、自分で選びますし、『どこに行きたい?』と尋ねると、『でんしゃ』と答えてくれます」。尋ねてもらわなければ、選択の機会がなければ、彼らはどうするのでしょうか。相手の発信を待つことのくり返しで、プロンプト依存(指示待ち)になるかもしれません。もしくは、待っていられなくて、癇癪を起こすなど不適切な表現を身につけるかもしれません。尋ねられて表出するのは、応答的表出性コミュニケーションです。大切なのは、自分から発信する自発的表出性コミュニケーションです。みなさんがかかわっている自閉スペクトラム症の人は、自発的に要求する、あるいは援助を求めるコミュニケーション手段をもっていますか。表出性コミュニケーションの学びは、そこから始まります。

1 コミュニケーションを学ぶとは

　まず、大切なことは、「人とコミュニケーションをとるといいことがある=楽しい」と思える経験を積むことです。これは、大人も子どもも同じです。欲しいモノ、したいことなど、要求が叶えられることで、人に向かって自発的に要求することが身につきます。しかし、いつでもすぐに要求が叶えられるとは限りません。そのために次の

段階では、「~（して）ください」と要求があったら、「では、（そのために）○○して」というように無理なくすぐにできる簡単なことを依頼して、「交渉」することを教えます。また、要求がすぐには叶えられない場合もあります。待つこと、少し我慢することを身につけるには、本人が理解できる視覚的なスケジュールを使って、見通し（いつ要求が叶えられるか）を伝えることで、交渉し、折り合いをつけることを教えます。コミュニケーションは1日を通して、人や場面、内容を変えて実践することによって、常に学ぶことができます。

　一般的にコミュニケーションが苦手といわれる自閉スペクトラム症の人が、コミュニケーションスキルを身につけていくと、暮らしがどのように変わっていくのかを、いくつかの事例を通して、説明します。

2 人と交わることを楽しむために ——PECS®を使ってのコミュニケーション——

　拡大・代替コミュニケーション（AAC）の指導法の1つにPECS®（絵カード交換式コミュニケーションシステム）[2]があります。PECS®は、言葉で自発的に十分なコミュニケーションがとれない人に、自分から始める機能的なコミュニケーションを教えるために開発された指導法です。視覚的に理解する力、決まった手順を覚えて実行する力といった得意技のある自閉スペクトラム症の人には、とても有効です。

　暮らしのなかで、PECS®を使っている人たちの様子を写真とエピソードでお伝えしましょう。

1 4歳のAくん：初めてのPECS®

　Aくんが初めてPECS®と出会ったのは4歳になったばかりの頃、筆者が所属する児童デイサービスでの初回アセスメントのときでした。「座って」「おしまい」等限られた言語指示は理解していましたが、わからないことを質問されると、その場から逃げていくなど、拒否反応を示しました。表出に関しては、欲しいモノがあると要求できずに取ろうとし、言葉はほとんど使用せず、初めて出会ったときは発声のみでした。お菓子が大好きという保護者からの情報をもとに、おやつ場面でPECS®を実施したところ、強力な強化子と手続き記憶のよさの効力で、3回のプロンプト（後ろからの手助

---

[2] PECS®は、米国およびその他の国で登録されたPyramid Educational Consultants, Inc. 商標です。

け）の後、自立して絵カードを相手に渡して要求を伝え、お菓子と交換することができるようになりました（フェイズⅠ）。その後、2週間に一度、1時間のセッション（実際にPECS®を使用してのコミュニケーションの時間は15分から20分程度）と家庭での取組みのなかで、さまざまな場面でさまざまな人に向かって、モノや活動の要求や援助の要求、待つこと、交渉することを身につけていきました。2か月後には文カード™を使って「○○ください」と要求し、続いて「○色の○○ください」と、より具体的に伝えるようになりました。その頃から、PECS®を使って要求するときに、言葉も併せて発信するようにもなりました。すべての人が言葉を話すようになるわけではありませんし、話すことがPECS®の目標でもありませんが、文カードを使ってのやりとりを始めた頃から、言葉が出てくることがよくあります。

　ここで、PECS®の具体的な指導ステップ（フェイズ）について簡単に説明しておきましょう。

　PECS®の学習ステップは、6つのフェイズに分かれています[i]。学習に入る前にその人が手を伸ばして獲得したくなる「モノ（強化子）」を探すためのアセスメントをします。強化子を使って、フェイズⅠでは、絵カードを相手に渡して、自分からコミュニケーションを始めることを習得し、フェイズⅡでは、コミュニケーションの相手を見つけ渡しに行くなど、移動を教えることで拡大します。フェイズⅢでは、複数の絵カードから特定のものを自発的に選択することを教えます。フェイズⅣで、簡単な文の作成が習得できると、自分の要求をより具体的に伝えるために属性語（色、数、形、大小等）の使い方を教え始めます。フェイズⅤでは、「何が欲しいですか？」という直接的な質問に答えることを教え、フェイズⅥでは、さまざまな事物や活動についてコメントすることを教えます[ii]。

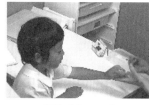
初めてのPECS®

絵カードを選ぶ

待ってカードを受け取って待つ

文カードを使って「赤いチョコください」

離れた部屋まで行って要求する

2 グループで、地域のなかでPECS®を使ってのやりとりを楽しむ

15歳のHくんは、いやなときには「やめてください」、援助を求めるときは「手伝ってください」と言います。必要に応じて、コミュニケーションブックとiPadに入っている"PECS®Ⅳ＋"を使い分けて、人とコミュニケーションをとります。

幼少期に言葉をもたなかったHくんのコミュニケーションツールとして、両親はPECS®を使ってのコミュニケーションを早くから開始しました。特別支援学校小学部の頃には、家庭でも学校でも地域でもPECS®ブックを持ち歩き、あらゆる場面で色々な人に向かって自発的に要求を伝えるようになっていきました。児童デイサービスのグループ活動では、友だちとPECS®でコミュニケーションをし、要求が叶うときもあれば叶わないときもあることを学習しました。外出に関する話し合いの場面では、自分が行きたいところをPECS®で伝えることもできます。お店でPECS®を使って買い物をしたり、レストランで注文したり等、地域での楽しみが広がっていきました。また、好きなキャラクターを見つけると、思わずPECS®でコメントをする場面も出てきました。生活のなかに楽しみが増えると、視覚的スケジュールにも注目するようになります。特別支援学校小学部低学年の頃は、スケジュールで翌日の見通しを理解していましたが、高学年になる頃にはカレンダーを使って好きな活動がいつあるのかの見通しがもて、トークンシステムを使って要求対象を獲得するための仕事に取り組むようにもなりました。iPad用の"PECS®Ⅳ＋"アプリを併用するようになったのもこの頃でした。

初めての注文

友だちに向かって

グループの話し合いで

iPadのPECS®アプリを使って

学校での1対1学習

3　物を投げる、座り込むことで表現していたNくん、今では……

　自閉スペクトラム症とダウン症を併せもつ重度知的障害のNくんは、筆者と初めて出会った特別支援学校小学部6年生の頃、物を投げる、座り込む、寝転ぶなどして、要求や拒否を訴える日々を送っていました。悩み続けていたお母さんとともにPECS®指導を開始しました。それまでは欲しいモノが目の前にあっても取ろうとせずに、手を合わせて頭を下げたり、癇癪を起こしたりしていましたが、代わりに絵カードを渡し、欲しいモノを得るということを教えました。最初、躊躇していましたが、くり返すうちに、この手続きは、身につきました。カードを渡すと必ず要求が叶えられることを理解すると、癇癪は減り、物は投げなくなっていったのです。PECS®に取り組むなかで、要求が満たされ、スケジュールを見て、楽しみの活動を見通すようにもなりました。作業をしてトークンを貯めれば、欲しいモノを買いに行けるというトークン・エコノミー法を使うことで、落ち着いて作業にも取り組みます。買いに行くお店も自分で選びます。すぐに要求が叶えられなくても、スケジュールでいつ叶えられるかを伝えると交渉にも応じられるようになりました。

おやつの場面で

外食に出かけて

自分で選んだお店で

店内でPECS®

4　出会いは、コミュニケーションから──ある成人事業所での暮らし──

　「一人ひとりがその人の人生の主人公」であることを大切に支援している事業所の暮らしの一コマをのぞいてみましょう。ここは、10人あまりの発達障害のある人たちが通所している生活介護事業所です。全員がスケジュールで見通しをもち、活動を選択し、PECS®でコミュニケーションをしています。それぞれ自分の休憩エリアがありま

第1章
第2章
第3章
第4章
第5章
第6章
基礎演習
実践演習

す。朝のやりとりはそれぞれのスケジュールを確認するところから始まります。スケジュールのなかには、活動を選んだり決めたりする場面がいくつかあります。変更があれば、スケジュールを示して交渉し合います。Ｏさんは、自分が手に入れたいビデオをコミュニケーションブックから選び、それがいつ手に入るかを確認していました。スタッフが、Ｏさんのカレンダーにビデオ名を書き込み、壁に貼ってある選択ボードにも日付を記入すると、Ｏさんは納得し、朝の確認は終了。休憩時間帯や長さはその人によって違います。自分が必要なモノはコミュニケーションブックやiPadを持って、スタッフのところまで行き、PECS®で要求する姿があちこちでみられます。おやつやDVDを見るのが楽しみなYさんは、要求するときも待っているときもとびきりの笑顔でした。Yさんが初めて通所したのは9か月前です。それまではスケジュールもPECS®も使っていなかったそうです。PECS®はすぐに身について、今やフェイズⅤまで進み、自分でブックを持ち運んで管理しています。成人は経験のなかで身につけ理解していることが子どもより多いので、PECS®の上達が早いことがよくあります。

　言葉でコミュニケーションする人、PECS®を使ってコミュニケーションする人、場面によって使い分けている人などさまざまですが、一人ひとりが拡大・代替コミュニケーション手段をもち、やりとりをしている暮らしは、穏やかに時間が流れていきます。ここに来るまでは、ほとんどの人が現在使っているコミュニケーション手段をもっていませんでした。そこには、スタッフ自らがPECS®を使い、あるいは紙に書いて伝えるなど、柔軟なコミュニケーション手段をもち、相手に合わせて使うこと、また、通所する人に合わせて、拡大・代替コミュニケーションを提供し、教えるスキルも磨いていくことがベースにあることを忘れてはならないでしょう。

手に入れたいビデオについての
やりとり

持ち運び式予定表と
iPadを携えておやつ

"PECS®Ⅳ+"を使って
飲み物とお菓子を要求

要求したDVDを笑顔で待つYさん

離れているスタッフにおやつを要求

3 コミュニケーション支援の 合理的配慮とは?

このように、自分から伝えるためのコミュニケーション手段をもっていると、1日を通して、いろいろな場面でいろいろな人と適切にやりとり（要求、援助要求、拒否、交渉）をすることができ、やがては物事のコメントや感情のコメントにつながっていきます。

PECS®は、最初から人や場所、要求するモノを変えて、自閉スペクトラム症の人の苦手な般化を無理なく教え、いつでもどこでも誰にでもコミュニケーションができるようになることを目指します。PECS®を使う人にとって絵カードは言葉であり、PECS®は会話です。

よく、PECS®実践の学習会の場で、以下のような質問や相談を受けます。「大人になってからでは遅いですか？」「今からでも、間に合いますか？」と。そんなとき、私は「今です」と答えます。自閉スペクトラム症の人が必要とするその人に合ったコミュニケーション手段を提供し、生活のなかで自発的にコミュニケーションできるように保障することは、その人の一生を通しての支援者の責務であり、合理的配慮です。自分で選び（自己選択）、自分で決める（自己決定）ことが大切にされる暮らしを構築することは、強度行動障害を軽減するための最大の取組みであり、子どもにとってはその予防につながります。そのためには、PECS®のような拡大・代替コミュニケーションを使って自発的な表出性コミュニケーションを教えていけるスキルを支援者が身につけ、家族や本人とかかわる人々と協働して実践していくことが大切です。

おわりに

赤ちゃんは喃語を発して、その声を受け止めてもらいます。受け止めてもらって受け入れることを学びます。コミュニケーションは表出から始まるのです。大切なことは、まず自発的な表出性コミュニケーションを教えることです。その後受容性コミュニケーションを教え、やりとりに発展させていきます。みなさんの支援は、自発的な表出性コミュニケーションから始まっていますか？

自らに問いかけてみてください。

出されたものを食し、出されたものを着て、どこに行くかを告げられず、そこに何があるかもわからない、ただ手をつないで連れていかれる。日によっては、おいしかったり、まずかったり、楽しかったり、いやだったり……。自分で選び、自分で決めることのない暮らし……。

　そんな毎日のくり返しを、自分なら耐えられるだろうかと。

CHECK POINTS

①強度行動障害の状態にある人への最大の支援課題は、機能的なコミュニケーションを保障することです。

②特に重要な"自発的"表出性コミュニケーションを教えるために、その効果が立証されているPECS®の活用を始めてみましょう。

［ 文献 ］
i L.フロスト ＆ A.ボンディ著、門眞一郎監訳（2005）『The Picture Exchange Communication System 絵カード交換式コミュニケーション・システム・トレーニング・マニュアル　第2版』ピラミッド教育コンサルタント. www.pecs-japan.com
ii A.ボンディ ＆ L.フロスト著、園山繁樹・竹内康二・門眞一郎訳（2020）『自閉症児と絵カードでコミュニケーション──PECSとAAC　第2版』、二瓶社.

事例7 将来の不安を解消しグループホームで暮らすカズヤさん

名前 カズヤさん　　**年齢** 42歳　　**性別** 男性
利用している主なサービス 施設入所から共同生活援助
　　　　　　　　　　　　　　（グループホーム）

✳ カズヤさんのこと

　カズヤさんは中度の知的障害と自閉スペクトラム症の障害がある男性です。

　父親の仕事から転勤が多く、日本に留まらずアメリカなどにも家族で転勤をしていた経験をもっています。

　3歳児健診の保健所での指摘と5歳時に大学病院において自閉スペクトラム症の診断を受けています。父親の転勤で行ったアメリカ・ロサンゼルスの病院で視覚情報処理の能力の強い子といわれたそうです。小さい頃から積み木を並べて崩れると反り返って泣く、ベビーカーでの散歩コースが変わると泣くなど、「変わった子」と母親は思っていたようです。他にも駅名を覚えたり、1回通った道路を後から忠実に描いたり、写真を見て「〇月〇日どこで撮った」など、記憶する能力も非常に高いものをもっています。

✳ カズヤさんのこれまで

　中学卒業後、高等養護学校（今の特別支援学校）へは進学をせず、自宅に出入りがあった植木屋で働いていましたが、その頃よりパニック等が多く見られ、包丁などを持ち出すようになり、精神科病院に入院することとなりました。その時期に両親は本人の今後の将来を思うと、このまま東京で暮らすことは刺激がありすぎると考え、父親の関連会社のある地方に移住することを決めて、地元の病院に転院しました。

　退院後は小規模作業所等に通っていましたが、21歳の頃に大好きだった祖父が亡くなったのをきっかけに、今までなかった死に対する不安感が増大したことや、将来両親が死んだ後の自分の生活について不安を覚え始めて、再びパニックになることが多くなりました。また、TVの報道や刑事ドラマなど、人の死に関することがらに反応し、事故・事件が起きるたびに通っている作業所で暴れるようになりました。また、アメリカでの同時多発テロ事件（2011年9月11日）が起きてからは、さらに興奮する頻度が高くなりました。

　通っていた通所施設から、対応が困難であるからと退所を求められ、総合相談所や発達障害者支援センターの相談機関を経て、自閉症者自立支援センターのデイサービスを利用し始めました。

　デイサービスでも、本人が根底に将来への不安を抱えている状態に加え、障害の特性から、職員が風邪で休むなどいつもと異なる変化に過敏に反応し、外へ飛び出す、事業所内のいすを投げて窓ガラスを割るなどのパニック症状がみられました。その後、両親亡き後の自分の生活がどうなってしまうのかという不安がさらに増し、家庭

での生活が困難となり、施設に入所となりました。

＊カズヤさんの施設入所での支援

入所するにあたり、カズヤさんにとっての施設に入所する意義として伝えたことは、「素敵な大人になるために入所すること」「将来お父さんやお母さんが高齢になってもカズヤさんが困らないように、グループホームで生活をするためにも入所が必要であること」を３語文程度の箇条書きの文章で視覚的に伝えました。

支援については、家庭で行っていた趣向的な活動をできるだけ保障しました。それから、カズヤさんの自閉スペクトラム症の特性の把握と、抱えている困り感や独特の考え方・ものの見方などの整理をしました。そのうえで、本人からの要求や困ったときなどに適切なコミュニケーションを行えるようにすることなどに主眼をおいて支援の組み立てを行いました。

特性の整理や本人のものの見方などを整理するにあたり、発達検査などを実施しました。結果からみえてきたことは、聴覚提示は一瞬耳には入るが、言語理解力が低いため混乱のもとになりやすいと思われること、強みとして視覚的提示には非常に強く、特に着目すべきポイントが伝わるときは非常に力を発揮することがわかりました。

カズヤさんの強みを活かして、伝えなくてはならないことや生活の基盤となる日課については、文字のスケジュール・生活のお知らせなど、生活の枠組みを視覚的にわかるように紙面で提示することが安心につ

ながると考えました。

また、カズヤさんが気になることや不安・混乱があっても、そのことを職員に伝えることができずにパニック（他害・破損）といった形で出ていました。そこで、気になることや不安に思っていることなどを、どのように引き出すかを検討しました。この点においても自閉スペクトラム症の特性に戻って、口頭でのやりとりではなく、強みである視覚的な支援として決まった書式の用紙を使用し、書面でのやりとりを行いました。「買物」「外出」「外食」「帰宅」「おたずねします」などについて書式を数種類用意しました。また、用紙には本人が気になることや決めたいことを、誰と何時に話し合いをして決めるのかも記入するようにしました。

記入した用紙は、職員とカズヤさんが同じものをもつようにして、対応する職員が変わっても用紙を見ることで何を約束しているのかがわかるようになり、お互いが用紙を見て確認することで、落ち着けるようになりました。

そのような施設での支援を経て、現在はグループホームで生活しているカズヤさんです。今も紙面でのやりとりなどの支援を発展させながら、職員の伝えたことがわかりづらいと「わからないからわかりやすく」と伝えてくれるようになっています。カズヤさんが自分の気持ちを人に伝えて不安が解消できたり、達成することができたりする経験を積んでいくことで、安定した生活を続けていけるようにサポートをしていきたいと思っています。

コミュニケーションツールとしての ICTの活用

自閉スペクトラム症のある 人たちへのICT活用の有効さ

　自閉スペクトラム症のある人たちは、相対的に視覚的支援が有効であることを本書でも述べてきました。特に構造化を考えるときには、視覚的支援を有効に活用することが効果的だということを示してきました。現場で視覚的支援を取り入れた構造化を考えたとき、いろいろな方法を思い浮かべることができると思います。例えば、手順やスケジュール、これからする活動などをわかりやすく伝えるために、写真カードであったり、絵カードであったり、マークやシンボルを使うことなどが考えられます。このように視覚的な支援をするためのさまざまな方法が考えられるのですが、最近特に注目されているのが、ICT（information and communication technology；情報通信技術）の活用です。これからやる活動などを示す場合に、映像活用の効果は非常に大きいと考えられるからです。シンボルや写真などの静止画ではわかりにくかったことが、動画で示されるとわかりやすかったという経験をしたことのある人も多いのではないかと思います。視覚的な支援でも、場合によっては、絵や写真よりも動画のほうが伝わりやすかったりするということなのです。特に動きのあるものなどは動画のほうが効果的ではないかと考えられます。このような動画を使用するときに便利なのが、携帯型の情報端末機器です。最近はスマートフォンやタブレットPCなど、携帯できて使いやすいものが出てきています。これらの機器は、画面を直感的に触ることで操作が可能なので、自閉スペクトラム症のある人たちにとっても使いやすいものです。情報端末は使えないだろうと思われる人が、タブレットPCの画面をタッチして、うまく操作している様子を見たことがある人も多いのではないでしょうか。これは、重度の障害があっても、タブレットPCのような携帯型の情報端末を使うことのできる人が多くいることを示しています。

表出性のコミュニケーションを 考えるときに

　本書では、第4章に解説されていますが、表出性のコミュニケーションについても忘れてはなりません。構造化はわかりやすく伝えるための方法なので、受容性のコミュニケーションと考えることができます。しかし、コミュニケーションという点から考えると、構造化だけでは不十分です。コミュニケーションは双方向なものなので、表出性のコミュニケーションはとても重要です。

　音声以外のコミュニケーション手段を使って、音声言語を補完するための方法は、一般的にAACと呼ばれています。AACはAugmentative and Alternative Communicationの略で、拡大・代替コミュニケーションと訳されているものです。そして、自閉スペクトラム症のある人の表出性のコ

ミュニケーションを考えるときにも、視覚的な情報処理の強みを活かしてAACの手段を考えるということはとても重要です。ここで、視点を変えないといけないのは、音声言語で話ができるかできないかが大切なのではなく、コミュニケーションができるかできないかを重視して考えるということです。

視覚的な情報を使ったものとして、PECS®などの絵カード交換式のコミュニケーションの方法を実践している人もいるでしょう。最近では、タブレットPCやスマートフォンなどの携帯型情報端末等を使ったコミュニケーション用のアプリも開発されてきています。感情など見えないものを視覚化して伝えることができるようにしているものもあります。相手にうまく伝えられない経験をしてきた可能性の高い自閉スペクトラム症の人に、コミュニケーションをとることの便利さ、楽しさ、おもしろさに気づいてもらうために、視覚的支援を用いて伝えることを提案してみることは大切なことです。

最適なアプリは

携帯型の情報端末等の活用を考えたとき、どのようなアプリがあるのかという情報が必要となります。携帯型情報端末の操作方法と活用のアイデア、使用するアプリはセットになっているからです。しかし、アプリの数は非常に多く、どのアプリが適しているのかを探すだけでも大変です。このような場合は、アプリを紹介しているサイトなどを参考にするとよいでしょう。筆者がかかわっているのは「障害者関係appの広場」というサイトです。ここでは、アプリの最新情報や研修会の案内、関連する書籍などがアップされています。情報をもっている支援者がかかわる利用者と、情報をもっていない支援者がかかわる利用者との間で、QOLに差が出てこないとも限りません。もちろん、情報を得るだけではなく、得た情報を活用することはいうまでもありません。

ICTのこれからの可能性

障害のある人が使いやすいICTのツールはこれからも多く開発されていきます。それは、総務省や文部科学省が、国家戦略の大きな柱としてICTの利活用を進めているからです。高齢化社会も福祉分野でのICTの利活用を後押しする1つの要因です。福祉関係の機器を紹介するような展示会等でも、ICT関連の展示ブースは毎年拡大しています。今後、自閉スペクトラム症のある人たちを対象としたアプリの開発も進んでくるでしょう。ICT機器を持参して通所してくる利用者も増えていくと考えられます。支援する側のICT活用能力が問われる時代が来ているということです。

坂井　聡（香川大学教育学部教授）

第5章 基本的な情報収集

1　アセスメントとは

アセスメントとは「評価」や「実態把握」のことです。みなさんが福祉の現場で支援対象としている利用者は、「知的能力障害（知的発達症）」や「自閉スペクトラム症」など医学的診断のある人がほとんどだと思います。「医学的な診断名」がわかれば、そしてその診断名がどのような特性かを知っていれば、その人たちの行動の理解や支援の助けになります。例えば、「自閉スペクトラム症」という診断がある人が、散歩に行くときに同じ道順にこだわっているとすれば、それは本人の「わがまま」ではなく、「障害の特性」として理解され、対応し支援できるでしょう。医学的な診断名は、福祉サービスの現場で活用されるアセスメント情報のなかでも最も基本的なものです。

強度行動障害のある人の支援の現場で職員が目にする他のアセスメント情報としては、障害支援区分や療育手帳（地域によって呼び名が違い、東京都では「愛の手帳」と呼ばれます）があるでしょう。障害支援区分とは、日常生活や社会生活での障害福祉サービスの必要性を総合的に示したもので、区分1から6まであり、数字の大きさが支援の必要度の大きさを表しています。療育手帳は知的障害のある人が支援を受けやすくするためにその判定を証明するもので、段階別に示されています。障害支援区分や療育手帳は支援の必要度を大まかに示したものですから、この数値だけでは十分ではありません。

実際に支援を行うためには、支援を行う対象者の「言葉はどれくらい理解できるのだろう」「どれくらい言葉を話せるのだろう」「どれくらいの作業ができるのだろう」「日常生活は1人でどれくらいできるのだろう」など、支援の内容に直結するより詳しい情報が必要となるでしょう。これらの情報を得るにはさまざまな方法がありますが、その1つは知能検査や発達検査、社会適応といった標準化された各種検査です。これらは「フォーマルなアセスメント」といわれています。もう1つは「インフォーマルなアセスメント」といわれるもので、インタビューや行動観察によって得られる情報をまとめたものです。例えば、その人の「興味関心」「得意なこと／苦手なこと」「生活習慣」などの情報です。

これらの情報を活用することで、対象者に合わせた「わかりやすい言葉かけ」や「意志表出の理解」、「興味関心に基づいたコミュニケーション」も可能になるでしょう。

もちろんこのような技術は、家族のように一緒に生活をすれば身につけることができるでしょう。しかし、通常の福祉サービスでは利用者にさまざまな支援者がかかわるので、支援者同士で連携し、そして共通理解をし、一貫した支援体制をつくっていく必要があります。そのような支援者同士の共通理解と連携のためにも、アセスメント情報を理解し活用することが必要なのです。

2 アセスメントの倫理

アセスメント情報にはさまざまな種類がありますが、それらを紹介する前に最も大切なことがあります。それはアセスメントにかかわる倫理です。アセスメント情報は個人的なものです。それらにふれる際には「守秘義務」があります。福祉現場のアセスメント情報は、その人がよりよい支援サービスを受けるためのものであり、支援以外の目的で、他人にそれらの情報を漏らしたり、単に興味本位で情報収集したり、実施してはなりません。情報収集やアセスメントの実施は、本人や家族に対して、その目的と方法、それを行うことで得られる利益をわかりやすく説明し、承諾を得て行い、またその情報管理は厳重に行う必要があります。

CHECK POINTS

①福祉サービスの現場で活用される基本的なアセスメント情報として「医学的な診断名」「障害支援区分」「療育手帳」があります。

②実際に支援を行うためには、知能検査や発達検査、社会適応などの検査やインタビューや行動観察によって得られる情報など支援の内容に直結するより詳しい情報が必要です。

③アセスメント情報は個人的なものなので、「守秘義務」「説明責任」「情報管理の徹底」などのアセスメントの倫理を守ることが大切です。

第1章
第2章
第3章
第4章
第5章
第6章
基礎演習
実践演習

1 行動障害とその支援に関連する アセスメント情報

ここでは強度行動障害のある人の支援に活用できるアセスメント情報の種類について解説します。テストや検査に関しては、比較的新しく手に入りやすい代表的なものを紹介しています。

1 診断や評価による情報

冒頭に述べたように、診断名や障害名を知ることで大まかな認知的・行動的特性を知ることができるでしょう。強度行動障害には「知的障害」と「自閉スペクトラム症」が関連することがわかっています。

自閉スペクトラム症については、アセスメントツールによって福祉現場で評価することもできます。しかし、注意しなければならないのは医師以外が行うものは、あくまで「評価」であって「診断」ではないということです。対象者や家族に伝える場合には、誤解のないよう注意する必要があります。

○参考

PARS-TR

　PARS（広汎性発達障害日本自閉症協会評定尺度）のテキスト改訂版であるPARS-TR（Parent-interview ASD Rating Scale - Text Revision；親面接式自閉スペクトラム症評定尺度 テキスト改訂版、2015）は、幼児から成人までを対象とし、親やその人をよく知っている人へのインタビュー情報をもとに専門家が評価するものです。インタビューを通じて対象者の自閉スペクトラム症の支援ニーズと支援の手がかりを把握することができます。現在の評点だけでなく、過去（幼児期）の評点も参考にしながら自閉スペクトラム症の可能性の評価が行えます。実施時間は30～60分と短く、現場での実施も可能です。あくまで「評価」なので「診断」としての利用はできません。

---

2 行動障害の有無や種類に関する全体的な情報

自傷行動や他傷行動、破壊的行動や異食、排泄や睡眠の異常など強度行動障害の現れ方は個人によって異なります。また、強度行動障害は、場所、人、状況、活動など環境の違いによって生じ方が異なります。すべての利用者に対して行動障害があるのかないのか、あるとしたらその種類や程度はどれくらいか、などの全体的な情報が、

まず必要です。

　評価する場合は複数の支援者の目から見た情報を出し合い、話し合いながら行うと信頼性が高くなるだけでなく、スタッフ間の共通理解も得られます。家庭と支援現場で様子が異なる場合もありますので、その場合には家庭と支援現場の両方で評価するとよいでしょう。ABC-JやCBCL（**116頁**参照）などは定期的に評価することによって支援や服薬の効果など、全体的な改善の様子をつかむことができます。

○参考

> **強度行動障害判定基準**
>
> 　行動障害を「ひどく自分の体を叩いたり傷つけたりする等の行為」や「激しいこだわり」といった種類別に頻度と強度という2つの側面から評価するものです。11項目からなり、各項目ごとに頻度や強度に応じて得点（1点、3点、5点）を付け、合計得点が10点以上を強度行動障害と定義しています。
>
> 　この判定基準は1993（平成5）年から始まった「強度行動障害特別処遇事業」の評価に使われました（20点以上が対象）。その後は制度改正を受けながら、現在は福祉型障害児入所施設においての強度行動障害児特別支援加算にかかる判定基準や、放課後等デイサービスなどの通所支援においての強度行動障害児支援加算にかかる判定基準として使用されています（**表5-1**）。

> **行動関連項目**
>
> 　2014（平成26）年度に開始された障害支援区分の認定調査項目のうちの「行動関連項目」は、行動援護、重度訪問介護、重度障害者等包括支援などの支給決定の基準点を算出するものです。①コミュニケーション、②説明の理解、③大声・奇声を出す、④異食行動、⑤多動・行動停止、⑥不安定な行動、⑦自らを傷つける行為、⑧他人を傷つける行為、⑨不適切な行為、⑩突発的な行動、⑪過食・反すう等、⑫てんかんの12項目について0～2点で評価し、10点以上が対象とされます（**表5-2**）。

第1章
第2章
第3章
第4章
第5章
第6章
基礎演習
実践演習

表5-1　強度行動障害判定基準

行動障害の内容	行動障害の目安の例示	1点	3点	5点
ひどく自分の体を叩いたり傷つけたりする等の行為	肉が見えたり、頭部が変形に至るような叩きをしたり、つめをはぐなど。	週に1回以上	1日に1回以上	1日中
ひどく叩いたり蹴ったりする等の行為	噛みつき、蹴り、なぐり、髪ひき、頭突きなど、相手が怪我をしかねないような行動など。	月に1回以上	週に1回以上	1日に頻回
激しいこだわり	強く指示しても、どうしても服を脱ぐとか、どうしても外出を拒みとおす、何百メートルも離れた場所に戻り取りにいく、などの行為で止めても止めきれないもの。	週に1回以上	1日に1回以上	1日に頻回
激しい器物破損	ガラス、家具、ドア、茶碗、椅子、眼鏡などをこわし、その結果危害が本人にもまわりにも大きいもの、服を何としてでも破ってしまうなど。	月に1回以上	週に1回以上	1日に頻回
睡眠障害	昼夜が逆転してしまっている、ベッドについていられず人や物に危害を加えるなど。	月に1回以上	週に1回以上	ほぼ毎日
食べられないものを口に入れたり、過食、反すう等の食事に関する行動	テーブルごとひっくり返す、食器ごと投げるとか、椅子に座っていれず、皆と一緒に食事できない。便や釘・石などを食べ体に異状をきたしたことのある拒食、特定のものしか食べず体に異状をきたした偏食など。	週に1回以上	ほぼ毎日	ほぼ毎食
排せつに関する強度の障害	便を手でこねたり、便を投げたり、便を壁面になすりつける。強迫的に排尿排便行動を繰り返すなど。	月に1回以上	週に1回以上	ほぼ毎日
著しい多動	身体・生命の危険につながる飛びだしをする。目を離すと一時も座れず走り回る。ベランダの上など高く危険な所に上る。	月に1回以上	週に1回以上	ほぼ毎日
通常と違う声を上げたり、大声を出す等の行動	たえられない様な大声を出す。一度泣き始めると大泣きが何時間も続く。	ほぼ毎日	1日中	絶えず
沈静化が困難なパニック	一度パニックが出ると、体力的にもとてもおさめられずつきあっていかれない状態を呈する。			あり
他人に恐怖感を与える程度の粗暴な行為	日常生活のちょっとしたことを注意しても、爆発的な行動を呈し、かかわっている側が恐怖を感じさせられるような状況がある。			あり

資料：厚生労働大臣が定める児童等（平成24年厚生労働省告示第270号）を一部改変

表5-2 行動関連項目

行動関連項目	0点			1点	2点
コミュニケーション	1. 日常生活に支障がない			2. 特定の者であればコミュニケーションできる 3. 会話以外の方法でコミュニケーションできる	4. 独自の方法でコミュニケーションできる 5. コミュニケーションできない
説明の理解	1. 理解できる			2. 理解できない	3. 理解できているか判断できない
大声・奇声を出す	1. 支援が不要	2. 希に支援が必要	3. 月に1回以上の支援が必要	4. 週に1回以上の支援が必要	5. ほぼ毎日（週5日以上の）支援が必要
異食行動	1. 支援が不要	2. 希に支援が必要	3. 月に1回以上の支援が必要	4. 週に1回以上の支援が必要	5. ほぼ毎日（週5日以上の）支援が必要
多動・行動停止	1. 支援が不要	2. 希に支援が必要	3. 月に1回以上の支援が必要	4. 週に1回以上の支援が必要	5. ほぼ毎日（週5日以上の）支援が必要
不安定な行動	1. 支援が不要	2. 希に支援が必要	3. 月に1回以上の支援が必要	4. 週に1回以上の支援が必要	5. ほぼ毎日（週5日以上の）支援が必要
自らを傷つける行為	1. 支援が不要	2. 希に支援が必要	3. 月に1回以上の支援が必要	4. 週に1回以上の支援が必要	5. ほぼ毎日（週5日以上の）支援が必要
他人を傷つける行為	1. 支援が不要	2. 希に支援が必要	3. 月に1回以上の支援が必要	4. 週に1回以上の支援が必要	5. ほぼ毎日（週5日以上の）支援が必要
不適切な行為	1. 支援が不要	2. 希に支援が必要	3. 月に1回以上の支援が必要	4. 週に1回以上の支援が必要	5. ほぼ毎日（週5日以上の）支援が必要
突発的な行動	1. 支援が不要	2. 希に支援が必要	3. 月に1回以上の支援が必要	4. 週に1回以上の支援が必要	5. ほぼ毎日（週5日以上の）支援が必要
過食・反すう等	1. 支援が不要	2. 希に支援が必要	3. 月に1回以上の支援が必要	4. 週に1回以上の支援が必要	5. ほぼ毎日（週5日以上の）支援が必要
てんかん	1. 年に1回以上			2. 月に1回以上	3. 週に1回以上

資料：「厚生労働大臣が定める基準」（平成18年9月29日厚生労働省告示第543号）

第1章
第2章
第3章
第4章
第5章
第6章
基礎演習
実践演習

○**参考**

ABC-J

「異常行動チェックリスト日本語版（ABC-J）」は、薬物療法の評価尺度として国際的にその有用性が認められているものです。58項目から構成され、各項目について、「問題なし（0点）」「問題行動の程度は軽い（1点）」「問題行動の程度は中等度（2点）」「問題行動の程度は著しい（3点）」の4段階で評定します。下位尺度は、興奮性（15項目）、無気力（16項目）、常同行動（7項目）、多動（16項目）、不適切な言語（4項目）の5下位尺度から構成されており、プロフィールがわかるようになっています。

CBCL

「日本版CBCL子どもの行動調査票」（18歳まで）は、家庭での子どもの様子をよく知っている親、あるいは養育者が記入します。それぞれの項目を最近6か月の子どもの様子にあてはめ、0＝あてはまらない、1＝ややまたは時々あてはまる、2＝よくまたはしばしばあてはまる、と0－2点の3件法で評価され、「情緒的反応」「不安・抑うつ」「身体的訴え」「ひきこもり」「睡眠障害」「注意の問題」「攻撃的行動」の下位項目から情緒と問題行動を包括的に評価できます。

3 行動の機能に関する情報

前述したものは行動の種類（自傷行動か他傷行動か破壊的行動か）や程度の全体的な把握に役立つものでした。

行動の機能のアセスメントは、支援や治療にかかわる最も重要な情報です。

強度行動障害は環境的な要因によって生じていることがわかってきています。例えば「頭を叩く」という自傷行動のある人も、起きている間中行っていることはまれで、することがなく暇にしているときや、要求が聞き入れてもらえないときなど、特定の状況において生じていることがあります。同じ「頭を叩く」という自傷行動でも、それがどのような状況で生じているかは一人ひとり違っているのです。

強度行動障害への支援のためには、その問題行動がどのような場面で生じ（きっかけ）、行動の結果としてどのような環境変化がもたらされるか（結果）の記録から、その行動の機能を評価することによって、その行動の意味を理解することができます。この方法は、第6章で詳しく解説します。

4 服薬に関する情報

てんかんや内臓疾患、精神疾患、行動上の問題のために服薬している場合があります。また薬も自分で飲める人もいますし、支援が必要な人もいます。服薬の種類や量、

時間、服薬に際しての必要な支援を知っておきましょう。

5 認知・言語能力に関する情報

　言葉の理解や表出、概念や状況理解、注意の集中や持続などの認知・言語能力、手先の器用さなどの微細運動能力などは、標準化された知能検査や発達検査の数値により大まかに把握できます。知能検査は一般的には100を標準とする知能指数（IQ）で示されます。世界保健機関（WHO）が出している国際的な疾病の分類では、IQ70以下を知的障害として、IQ50〜69を軽度、IQ35〜49を中度、IQ20〜34を重度、そしてIQ20未満を最重度としています。

　ただ、知能指数は一般の人たちの知的機能の平均からどれくらい離れているかを示していることを表しているに過ぎません。

　知能指数が同じであったとしても、言葉や数の理解、概念の理解、形の認識や分類、記憶といった、個々の認知機能については一人ひとり違いがあります。これを解釈するためには各知能検査のなかに含まれる下位領域や下位検査の数値を読み取る必要があります。解釈の方法はそれぞれの検査マニュアルに記載されています。1つの検査だけでなく、複数の検査情報を総合的に活用することや、検査の数値だけでなく日常生活の観察と照らし合わせて解釈することが大切です。

　言葉の理解、表出、状況理解や作業能力という情報は、支援をするうえで必要不可欠なものです。これらのアセスメント情報を活用して、目の前の利用者にわかりやすく伝えること（例えば身振りや指差し、具体的で短い言葉かけ）によって意思の疎通もスムーズになるでしょう。本人のやりたいことが言葉で表現できなければ、具体物の選択、写真や絵カードの選択、身振り、タブレットなどの代替手段を活用することで容易になるでしょう。例えば数概念が困難であれば、10個でいっぱいになるトレイなどを用いることでスムーズになり、行動的な問題が生じるきっかけを減少させることとにつながります。

　発達検査には、間接的な質問紙式のものもありますが、ここでは省略し、直接実施する検査をあげています。

ウェクスラー式知能検査

　国際的に普及している知能検査で幼児用（WPPSI-Ⅲ）、児童用（WISC-Ⅳ）、成人用（WAIS-Ⅳ）に分けられています。同じ年齢集団の中でどれくらいの位置にあるかという偏差IQが算出され、各群指数から個人のなかの得意な能力と苦手な能力が評価できます。特徴としては、60分から90分程度の時間がかかる点、言葉の表出が困難な重度の知的障害の場合には評価困難な点があげられます。

ビネー式知能検査

　改訂版鈴木ビネー知能検査と田中ビネー知能検査Ⅴがあります。ウェクスラー式と比較して短い時間での実施が可能ですが、個人内の知的能力差（得意／不得意）を評価するには向いていないという特徴があります。

新版K式発達検査

　わが国で開発された発達検査で、「姿勢・運動」、「認知・適応」、「言語・社会」の３領域について評価します。３歳以上では「認知・適応」面、「言語・社会」面に重点化され、認知・言語の発達検査として用いられています。系列化された下位検査の通過／不通過の境目を測定し、発達指数を算出します。乳幼児の評価によく使用される検査で、熟練すれば短い時間で実施可能です。

絵画語彙発達検査

　PVT-Rは、話し言葉の困難な子ども（３歳０か月から12歳３か月）に実施可能な検査で知能検査の代替として用いられます。特定の図版を提示し、子どもは教示された絵を指差したり、特定することで「理解語彙」を測定し、語彙年齢を算出します。

6 生活能力・適応能力に関する情報

　食事や排泄、着替えや入浴、移動、健康管理、金銭管理など生活の自立がどれくらいできるかを知るためにさまざまなチェックリストや検査が開発されています。多くは観察や聞き取りによって評価するものです。生活面での支援を行う場合だけでなく、生活スキルの指導目標を立てる場合にも活用できます。

○参考

Vineland-II（ヴァインランド・ツー）適応行動尺度

　０歳から92歳まで幅広い年齢に対応し、コミュニケーション、日常生活スキル、社会性、運動スキル、不適応行動の各領域について、保護者や本人をよく知る人からのインタビューによって評定します。国際的に使用されている尺度です。

新版S-M社会生活能力検査

　乳幼児から中学生までの子どもについて、身辺自立、移動、作業、意志交換、集団参加、自己統制の各領域について、領域別のプロフィールを把握することができます。また社会生活年齢（SA）と社会生活指数（SQ）を算出することができます。

ASA旭出式社会適応スキル検査

　わが国で開発された検査で、生活面での評価や指導目標の選定に有用です。幼児から高校生までの子どもについて、言語スキル、日常生活スキル、社会生活スキル、対人関係スキルの各領域について、領域別のプロフィールを把握することができます。

7 興味関心・苦手なものや刺激に関する情報

　強度行動障害は、何をしてよいかわからない状態や、何もすることがなく手持ちぶさたな状態で生じやすくなります。逆に好みの活動に没頭しているときは生じにくくなります。本人の興味・関心を知っておくことは、一定時間、安心な状態で過ごしてもらうための参考になる情報です。

　また、強度行動障害のある人は特有の感覚上の困難をもっていることがあります。大きな音が苦手、明るさが苦手、触れられるのが苦手、においや色が苦手など、感覚の過敏性を知り配慮することで、利用者を不要な苦痛から守ることができます。これらの項目は保護者や全担当者からの聞き取りや確認を行う必要があります。

○参考

感覚プロファイル

　近年注目されている自閉スペクトラム症をはじめとした感覚の過敏さ／鈍さからもたらされる困難性について、複数の感覚領域にわたり包括的に把握することができます。聴覚、視覚、触覚、口腔感覚など、感覚に関する125項目で構成され、日常生活での困難状況を把握し、共通理解を深め、感覚過敏への対処法などの支援に活かすことができます。

8 家族や生活環境・生育歴などに関する情報

　支援を行っていくうえで家族とのコミュニケーションは欠かせません。また、家族のニーズや不安に対応していくことは、本人のケアを進めていくうえで大切です。

　利用者の行動は、環境によって変わってきます。生活リズムに関する情報は普段どのような生活環境でどのように過ごしているのか、行動上の問題がある場合はどのような時間帯のどのような活動をしているときが多いのかを把握するのにも役立ちます。また、事業所での環境づくりや活動スケジュールの立案にも参考になります（表

5-3・表5-4）。

利用者によっては虐待歴や入院歴があり、環境やかかわり方に特別な支援や配慮が求められる場合があります。大まかな生育歴についても知っておいたほうがよいでしょう。

表5-3 生活リズム（1週間）
（対象者名　　　　　　　　）　（記録日時　　月　　日〜　　月　　日）　（記録者　　　　　　　　）

	月	火	水	木	金	土	日
6：00							
9：00							
12：00							
3：00							
6：00							
9：00							

表5-4 生活リズム（平日・休日）

時間	活動内容	場所	一緒に活動した人
6：00			
9：00			
12：00			
3：00			
6：00			
9：00			

　個人の総合的な理解のためには1つの情報だけではなく、複数の情報を総合して活用することが必要となります。またそれぞれのアセスメントは、特性を理解し、対象となる人のニーズに応じて使い分けること、優先順位の高い情報や得やすい情報から収集することが必要です。

　アセスメント情報は、すべてが必要なわけではありません。支援の形態に合わせて必要な情報や優先度は変わってきます。数時間の見守りや支援において必要なのは、コミュニケーションの方法や、興味関心、苦手なこと、水分摂取や排泄に関する事項が最低限の情報です。日中であればこれに食事や移動などのアセスメント情報が、ショートステイやグループホームなどでは、入浴や睡眠、服薬などのアセスメント情報が加わるでしょう。

　アセスメント情報の共有は、多職種で連携していく際にも重要です。主観的な印象ではなく、標準化されたアセスメントによるデータは多職種の共通言語となるでしょう。

　アセスメント情報には重要な個人情報が含まれます。**111頁**で述べたように他の支援者と共有する場合には、必ず本人や保護者の了承が必要となります。その際は、「何のために」「誰が」「どのような情報」を「どのように」共有するのかについて、丁寧に説明し、理解してもらったうえで共有することが重要です。情報共有の一般的な方法は、個別の支援計画やサポートファイルのように情報を集約してまとめ、家庭や利用している機関で同じものをつくっておき、共有する方法です。

CHECK POINTS

①強度行動障害のある人を支援していくうえでは、さまざまなアセスメント方法を活用することが役に立ちます。

②アセスメントは、対象となる人の特性やニーズに応じて使い分けること、優先順位の高い情報や得やすい情報から収集することが必要です。

1　インフォーマルアセスメントとは

　ここでは本章第1節（110頁参照)に記載があるインフォーマルアセスメントについて詳しくみていきます。

　インフォーマルアセスメントとは、インタビューや日常的な行動観察からその人の「興味関心」「得意なこと、苦手なこと」「生活習慣」などの情報を得ることを指します。観察できる項目が決まっているフォーマルアセスメント（標準化された各種検査様式）と違い、その人の生活や日常の行動を観察しアセスメントをするので、より生活に即した情報が得られるのが特徴です。その反面、決まった場面設定や観察のマニュアルがないため、観察者には障害特性をよく理解し行動を観察するスキルが求められます。

　インフォーマルアセスメントでは日常生活に即した情報を集めやすいので、実際の支援に応用できる情報も多く、支援を組み立てるときにも役立ちます。

　具体的な場面を想定して考えていきましょう。「自動販売機でジュースを買う」場面を思い浮かべてみてください。「自動販売機でジュースを買う」と言葉にすれば1つの行動ですが、実際の動きを細かくみていくと、「財布から硬貨を取り出す」「買いたい物を選んでボタンを押す」「出てきた飲み物などを取り出す」などのいくつかの項目に細分化することができます（表5-5）。

　インフォーマルアセスメントでは行動を細分化し、じっくり観察することで、身体や指先などの動きや使い方、文字やお金、数字などの認識、道具を使うなどのスキルを知ることができます。ま

表5-5　インフォーマルアセスメント

行動	項目	アセスメントできること
自動販売機でジュースを買う	財布から硬貨を取り出す	指先の動きなど
	硬貨を認識し、お金を入れる	硬貨の認識や理解
	買いたい物を選んでボタンを押す	好きなものの選択ができるかどうか
	出てきた飲み物やお釣りを回収する	しゃがむなど粗大運動、お釣りなどの理解

た、自閉スペクトラム症の人は目で見て情報を得ていることも多いので、目線の先などを見るとその人がどこから情報（手がかり）を得ているかを知ることもできます。

　活動の全体を通して、自閉スペクトラム症の特性を意識しながら観察することで、社会性やコミュニケーションの方法、人とのかかわり方、見通しのもち方、感覚の特性なども知ることができます。そのため、支援者は事前に自閉スペクトラム症の特性を学んでおくとよいでしょう（**表5-6**）。

表5-6　行動全体の観察

1. 行動の意味や目的を理解しているか （例：自動販売機でジュースを買うことが目的）
2. 自発的に活動しているか、受動的に活動しているか （例：支援者が指示しないと次の行動に移らない）
3. 支援者など他者とのかかわり方 （例：支援者の声かけに応じられるかなど）
4. 衝動性や刺激への反応 （例：自動販売機を見たら走っていくなど）
5. 社会的なルールの理解 （例：自動販売機を叩いたりしない、複数で購入する場合は順番を守るなど）
6. 始まりと終わりの理解 （例：支援者がうながさなくても行動を始め、終わったら次の行動に移る）

　行動観察時のポイントとしては、まず、どの行動や場面をアセスメントするのかを決め、観察する準備を整えましょう。支援現場では一人の支援者で複数の利用者支援を担当する場面も多いと思います。こうした状況ですとあちこちに目を配らなければならないため集中して観察できません。行動観察の場面では観察できる体制を整えてから行うほうが効果的です。

　また、支援者のかかわり方が利用者の行動に大きく影響を与えることもあります。日頃から支援している支援者だと、気づかないうちに利用者に指示をしたり手助けしている場面も多くなりがちです。例えば、自動販売機の前に着くと「ジュースを買いますよ」と声かけしたり、支援者が持っていたお金を渡したりしています。そうすると、利用者が「自動販売機でジュースを買う行動」を自主的に取り組んだのか、それとも支援者にうながされたから取り組んだのか、わかりにくくなります。このように支援者の行動が利用者にどのような影響を与えているか把握しておくことが重要です。こうした支援者が示す手がかりを「プロンプト」と呼びます。プロンプトにはいくつか種類があり、一番手がかりの少ないのが声かけ、手がかりの多いのが手を引くなど身体的な指示だといわれています。

観察の場面では、少ない手がかりで始めておいて徐々に手がかりを増やしていくと、その人がどのような手がかりを参考にして行動しているか観察できます。

具体的には、「ジュースを買ってください」と言葉だけで伝えてみて、反応がなければ指差しなどのジェスチャーでうながしてみることや、手を引くなど直接身体に触れてうながしてみるなど段階的に試していきましょう。段階的にアセスメントしていくことで、その人にあった伝え方をアセスメントできるでしょう。

次に日課や行動のパターンの影響を把握しておくことが重要です。自動販売機でジュースを買う際に、支援者が手助けしなくても必要な金額の硬貨を出せた場合を考えてみましょう。その場面だけでは、「お金の認識があり正しく金額を計算できた」のか、あるいは「金額の計算はできないがこれまでの記憶を頼りに硬貨を選んだ」のかわかりにくいときがあります。特に自閉スペクトラム症の人は、記憶力がよく日々の日課や行動パターンを記憶している人も多いので、適切な行動を理解しているのか、日課に沿ってパターン的に行動しているのか観察していくことが必要です。

どちらかわかりにくいときには日常と違う場面で観察してみるとよいでしょう。例えば、いつもの自動販売機でなく、コンビニエンスストアで買い物をしたときにお金が支払えるかどうか観察するなど、場面を変えることで日々のパターンでない利用者の特徴が観察できるでしょう。

強度行動障害の状態にある人のなかには刺激や変化が苦手で、こちらが行動観察のために普段と違う場面を設定することや、支援者のかかわり方が普段と違うことで混乱してしまう人もいます。そうしたストレスや負担も考え、その人にとって負担の少ない場面から観察することが大切です。

次にインフォーマルアセスメントを積極的に活用して支援に役立つ情報を集める方法について事例をもとに考えていきたいと思います。

2 事例で考える インフォーマルアセスメント

事例：重度知的障害を伴う自閉スペクトラム症のAさんの場合

　Aさんには、重度知的障害を伴う自閉スペクトラム症があります。日中は生活介護事業所に通っています。Aさんはドライブの活動を楽しみにしていますが、ドライブがない日には、「ドライブ」と何度も支援者に訴え、支援者もその都度「今日はありません」と伝えていますが理解できない様子です。最後はイライラして自分の頭を叩く自傷行為もみられます。

　こうしたAさんの行動の背景を氷山モデルの考え方などを参考に分析していくと、Aさんに合った「見通し」を伝えていくことが必要だと考えられました。しかし、絵や写真などどのような方法で伝えたら効果的なのかがわからないため、アセスメントを実施することになりました。アセスメント実施の流れは、**表5-7**のとおりです。

　利用者Aさんへの見通しを伝えるツールについて事前の情報収集をしたところ、絵本などを見ることが好きでよく眺めていることや、車の絵を指差して、「おでかけ」と言っていたことがわかりました。また、家族から簡単な文字であれば読むことができるという情報を得ました。

　そのため、「文字の理解」「絵の理解」をポイントに観察場面を設定することにしました。事業所の一室を準備し、Aさんと直接やりとりする支援者と観察して記録を取る支援者の2名で対応することにしました。準備物として、Aさんが日常的に使用している「リュックサック」「えんぴつ」「帽子」の絵カードをそれぞれ2枚準備しました。また、平仮名で「あ～お」までそれぞれ1文字書かれたカードと、絵カードの内容を文字で示したカードを準備しました。

表5-7　アセスメント実施の流れとポイント

事前の情報収集 ・支援内容、自宅での様子など家族や支援者への聞き取りから支援に活用できそうな情報を集める。 ・興味のあること、絵や文字、色、数字、時計の理解など。 ・これまでの支援で有効だったことや、うまくいかなかったこと。
観察場面の設定
事前準備 ・情報収集に基づき、観察したい内容を決める。 ・観察に使う物を準備する。 ・支援者はなるべく2人以上で対応し、直接やりとりする係と、観察して記録をつける係で対応する。 ・本人にとって気になる刺激が少なく集中しやすい場所を用意する。
行動の観察 ・本人に移動することを伝え、事前に準備した場所に移動する。本人の普段の様子が観察できるように落ち着いて活動に取り組めるタイミングが望ましい。 ・本人に取り組む内容を伝え、観察したい項目に取り組んでもらう。 　例：絵や写真、具体物を本人に示し反応をみたり内容について質問したりする。 　　　設定した活動を提示し取り組めるかを観察する。 ・支援者が出す指示を意識する。 ・本人に不安な様子や緊張が強くなれば中止するなどストレスがかかりすぎないように配慮する。
振り返り ・観察の様子を振り返り、理解力や障害特性を確認する。 ・十分に観察できなかったことがあれば再度観察場面を設定して観察する。 ・観察できた項目はチームで共有し個別支援計画や支援手順書に反映させながら支援に取り入れる。

　行動観察の当日はAさんに、「部屋で勉強します」と伝えるとスムーズに移動できました。テーブルを挟んで支援者とAさんで向かい合わせに座り、準備した絵カードを見せ、支援者が指差しすると、差されたカードの名称を答えることができました。示したカードの上に同じカードを合わせる「マッチング」もスムーズでした。

　次に「あ」「い」「う」「え」「お」と書かれたカードを読んでもらったところ、すべて読むことができました。次に「えんぴつ」「ぼうし」「りゅっくさっく」とひらがなで書いた文字カードを読んでもらうと、「えんぴつ」「ぼうし」は読むことができましたが「りゅっくさっく」はたどたどしい読み方でした。次に文字の意味がわかるかを確認するため、「帽子」「えんぴつ」「リュックサック」の絵カードの上に、ひらがな文字のカードを置くようにうながしましたが、うまく置くことができませんでした。Aさんは、文字を読むことができるが、意味の理解は難しい様子でした。

以上の観察の結果、絵カードがよく理解できていること、同じ絵カードを合わせるマッチングができることがわかりました。そのスキルを活用して、絵カードを使った予定表を提示し、ドライブのある日とない日を伝えていくことで、Aさんはドライブの活動について見通しをもって取り組めるようになりました。

　このようにインフォーマルアセスメントを丁寧に実施し、利用者の状態像を知ってから支援することで、よりその人に合った支援につながっていきます。

第1章

第2章

第3章

第4章

第5章

第6章

基礎演習

実践演習

CHECK POINTS

①インフォーマルアセスメントとは、インタビューや日常的な行動観察からその人の「興味関心」「得意なこと、苦手なこと」「生活習慣」などの情報を得ることを指します。インフォーマルアセスメントでは、生活に即した情報を得ることができます。

②支援者は自閉スペクトラム症の特性を理解し、活動場面を細分化して観察するスキルが求められます。活動場面で支援者の指示（プロンプト）や場面設定を工夫しながら観察します。

③インフォーマルアセスメントを実施し、利用者の状態像をよく知ることで、その人に合わせた支援につながっていきます。観察したい情報を整理し、観察場面を設定することで支援に必要な情報収集を実施することができます。

発達障害者地域支援マネジャーのかかわりにより元の生活に戻ってきたタカシさん

| 名前 | タカシさん | 年齢 | 44歳 | 性別 | 男 |

利用している主なサービス 共同生活援助（グループホーム）、就労継続支援B型、移動支援、発達障害者地域支援マネジャー

✻ タカシさんのこと

　タカシさんは知的障害を伴う自閉スペクトラム症の男性です。養護学校を卒業後は地元の自動車洗車工場に福祉的就労で13年間働いていましたが、コミュニケーションの部分で仕事を続けることが難しくなり、退職して就労継続支援B型事業所を利用し始めました。また、同時期にグループホームへ入所しました。生活面は自立してできることが多く、通所も自分でできていました。グループホームでの暮らしも落ち着いていて、週末は実家に帰宅をし、仕事や生活面で問題がなく、「穏やかで、仕事もできる人」と周りや家族からも思われていました。

✻ タカシさんのこれまで

　数年前にタカシさんの父親が亡くなってから、タカシさんの生活が一変します。タカシさんの母親は父親が亡くなる前から「お父さんが亡くなったら、実家では生活できないよ」とタカシさんに伝えていました。また、父親が亡くなってから2か月後にグループホームが老朽化したために引っ越しをしなくてはならなくなりました。

　引っ越し直後からタカシさんは自分の荷物を実家に全部持って行ったり、逆に実家の荷物をグループホームに運んだりし始め

ました。しばらくすると、紙袋に大量の自分の持ち物を詰めて常に持ち歩くようになり、洋服を着替えずに同じ服を着続けたり、入浴を拒否する等困った行動が増えてきました。結局、就労継続支援B型事業所には通えなくなり、早朝に実家に行き家の様子を確認するとグループホームに戻り、1日中何もしないで過ごすようになってしまいました。食事はとるものの、入浴や着替えは全くしなくなってしまいました。

　グループホームを運営している法人では、少数のスタッフでグループホームでの生活を支えているため、日中にタカシさんがいることでスタッフを配置しなければならないという問題と、タカシさんに生活上の注意をすると「僕は死んでもいいです」と言ったり、「警察行きます」等の発言があり、鋏を自身に向けたり、自傷行為をしたりするなど、タカシさんの不穏な様子に心身ともにスタッフが疲弊しきってしまうという現実に直面しました。

　その頃、Y市では強度行動障害支援者養成研修を受講後、事業所に対して実践現場でコンサルテーションを行うことで、行動障害のある人の地域生活を支えることを目的に、発達障害者支援センターに発達障害者地域支援マネジャー（以下、支援マネジャー）が配置されていました。グループホームの管理者から支援マネジャーにコン

サルテーションの依頼が来たのは、タカシさんがグループホームで1日を過ごすようになってから半年近くが経過した頃でした。

支援マネジャーが訪問すると、これまでどおり、グループホームと実家を行き来する以外は1日中何もせず、入浴や着替えもしないので衛生状態や健康面も心配される状況でした。グループホームのスタッフからは「着替えをしてほしい」「お風呂に入ってほしい」「爪を切ってほしい」等の思いや、「最終的には通所をしてほしい」という強い願いがありましたが、どこから手をつけてよいのかと思いあぐねていました。

支援マネジャーとしては通常コンサルテーションの方法として、「障害特性」「アセスメント」「構造化」「問題行動のアセスメント」の研修を行い、必要に応じてフォーマルなアセスメント検査等を実施します。その後、記録をもとに評価、支援計画、実施、振り返りを現場のスタッフに寄り添いながらOJTを行います。このケースにおいては、県で行われている強度行動障害支援者養成研修を管理者を含め複数名が受講していましたので、支援マネジャーとしての研修は行いませんでした。支援マネジャーとしてのアセスメントや記録シート等は強度行動障害支援者養成研修で使用するものと同一のものを使用し、研修後のフォローアップとして機能するようになっていました。研修を受けていたため、基礎的な知識はありそれだけ早く実施に移せました。

まず、就労継続支援B型事業所も含め、関係者全員で本人の状態像を把握するため

のケース会議を開催し、実際の行動を記録したものからアセスメントを行いました。その結果、タカシさんはコミュニケーションや見通しに非常に困難さを抱えていることがわかりました。「（話し）言葉がわかっている」ことや「見通しをもって過ごせている」という支援者の見立ては、タカシさんがルーティンで行っていた行動を事後的に評価したもので、新しい経験や新しい状況にタカシさんが対応できるような手がかりやコミュニケーションは未学習なので、タカシさんの能力を「過大評価」しているのではないかという結論に至りました。

アセスメントの結果をもとに本人が唯一行えている、自宅への訪問と食事場面に写真と文字を使用したカードと、タイマーによるうながしでコミュニケーションについてタカシさんにわかりやすい手がかりを導入するところから始めました。結果としてカードを使用した行動のうながしはすぐに定着しました。そこから新しい活動「お風呂」や「着替え」に般化させていくという方針です。当初は「お風呂」はうまくいかず、なかなか支援の見通しがもてないなか、グループホームの職員が疲弊してしまい、支援の継続が危ぶまれたこともありました。そんななかでも、実施した記録をもとに改善して次の支援に臨むという、実直な支援が実を結び、「お風呂」と「着替え」ができるようになったのは、支援開始後半年が経過してからでした。

複数の写真カードを組み合わせて、近隣の地域活動支援センターへ行き、入浴後、グループホームでご飯を食べるという活動

をタカシさんが行ってくれたのです。支援マネジャーにはグループホームのスタッフからの喜びのメールをもらい一緒に喜びました。疲弊していたチームも成功体験と支援の見通しが立ったことで、次なる目標「通所再開」に向けて新たなスタートを始めています。

✳ タカシさんの今

それから約半年後、タカシさんは見事、就労継続支援B型事業所への通所を再開しました。一時は生活介護の利用を検討したりしましたが、長年続けてきた仕事に復帰

することができたのです。コミュニケーションや見通しの問題を事前に写真カードで伝えること、人を手がかりにするのではなく、視覚的な手がかりをきちんと使いこなすこと、自分で始めて、自分で行い、次は何をするのかが本人にわかりやすく行える環境を設定すること。このような基本的な取組みをチームで継続的に実直に行った成果です。

支援マネジャーはアセスメントや支援計画を専門的な見地からアドバイスし、チームに寄り添い伴走することで、時に落ち込み、時に喜ぶことを一緒に体験しながら進んできました。

強度行動障害支援者養成研修や各地で行われているアドバンス研修やフォローアップ研修等、支援者が学ぶ機会は増えてきています。学んだことを実践で活かすために、一緒に悩み一緒に歩んでいく支援マネジャーというサービスが各地に広がっていくことを期待します。

事前準備と環境の微調整で
生活の幅が広がってきたコウジさん

事例 9

| 名前 | コウジさん | 年齢 | 30歳 | 性別 | 男性 |

利用している主なサービス 共同生活援助（グループホーム）

❈ コウジさんのこと

　コウジさんは自閉スペクトラム症と重い知的障害のある男性です。有用な言語はなく、自分の思いをうまく伝えることができません。感覚の特徴もあり、髭剃りなどの振動や濡れた感覚、突然の物音、予測できないできごとなどがあると苦しくなります。また先の見通しがもてなかったり、意味のわからない状況、意図しない介助介入は同様にストレスがたまってしまいます。苦しいときの表現として、他傷、破壊、噛みつき等の行動がみられます。

　一方で粘土遊びやテレビ、新聞のテレビ欄を見ること、絵本を見ることを好みます。飲み物は決まってコーラを選びます。

❈ コウジさんがグループホームに入居するまで

　両親は小さい頃より歩行や言葉の遅れなどを心配し、いろいろな機関に相談し、専門家の指示のもと子育てをしてきました。要求が周囲に伝わらない、自分が何を期待されているかわからない、見通しがもてないなどの状況では、かんしゃくを起こしてしまうことも多くあったようです。そして、自宅から学校に通う生活は、次第に困難となっていきました。

　親元を離れた寄宿舎からの学校生活で

は、コウジさんの個性（特性）に合わせ、写真と文字のスケジュールや、目的をもった時間の過ごし方、終わりの理解、要求の手立てなど、視覚的に伝わるよう丁寧に環境側の配慮がなされていました。しかしながら、それでも時折不安な様子がみられたり、ストレスがたまったりして、他傷、破壊、噛みつき等不適切な行動がみられました。

❈ コウジさんがグループホームに入居してから

　コウジさんが入居するグループホームでは、通常はまず施設入所サービスを利用することで日常生活のアセスメント（評価）をした後にグループホームへ入居する流れなのですが、コウジさんの場合、他者刺激の多い環境ではストレスがたまり、本来もっているスキルが発揮できない、あるいは行動上の問題をよりエスカレートさせてしまうことが予想されたため、学校卒業後は、直接グループホームに入居することになりました。

　もともと用意されていたスケジュールなどの視覚支援のアイテムを使用しながら生活が始まりました。余暇時間の過ごし方や食事・入浴・排泄など、支援者の介助介入を必要最小限にできるよう、また一つひとつの活動の始まりと終わりを自身で判断で

きるよう、支援する側としては事前の準備に多くの時間を費やしました。

　生活の場所やスタイルが大きく変わったこともあり、入居当初は緊張が強い様子で、意識が過剰に人や特定の物に向くなど混乱する場面もみられましたが、その都度問題の背景を探り、環境を微調整して対応しました。

✳ コウジさんの今

　日中は生活介護事業所へ通い、夜はグループホームで暮らしています。部屋にはスケジュールやカームダウンスペース（押し入れの下のような外的な刺激を遮断できる小さなスペース）を用意しています。不安定な様子がある際は、自分からカームダウンスペースに入り過ごすこともしばしば

みられます。

　「楽しみ」としては、定期的な自宅への帰省や、一泊旅行、毎月の外出では好きな本を買うこともあります。以前は、本屋さんへ行くと目に入ったものを十数冊抱え込むようにしてレジへ持っていくことがありました。現在では3～4冊を選んで購入できるよう、あらかじめ台紙に付箋を3～4枚貼ったものを持参し、購入したい本に付箋を1対1で貼り、台紙に付箋がなくなったらレジへ行く流れを組んでいます。そうすることで、不必要な介入をすることなく、自身で気に入った本を付箋の枚数分選ぶことができるようになりました。帰省の際も同様に対応してくれています。

　また、外食では、事前に行くレストラン等の予定を視覚的に伝えること、人混みを避ける時間帯に食事ができるようにすることで、写真つきのメニューから好きなものを指を差して選ぶこともできるようになりました。

　時々、生活のなかで予測できないこと（例えばテレビ画面に地震速報のテロップが流れる等）があると混乱してしまうこともありますが、コウジさんのもっている力でより安心、より豊かな生活ができるよう今後も支援していきたいと考えています。

障がい者地域生活・行動支援センターか〜むの取組み

障がい者地域生活・行動支援センターか〜む設立までの経緯

福岡市では県内の入所施設で起きた大きな虐待事件をきっかけに、2006（平成18）年から福岡市強度行動障がい者支援調査研究会（以下、調査研究会）を発足して、強度行動障害の人に対する支援方法やその広げ方等について研究活動を行ってきました。調査研究会の検討を経て、2006（平成18）年度には「強度行動障がい支援研修会」、2009（平成21）年度には強度行動障害の人に対して複数の事業所の支援者が共同で支援を行う「共同支援事業」が事業化されました。さらに行動障害のある人を一定期間集中的に支援し、適切な支援方法の検討や支援者のスキル向上、地域での受入れ事業所を広げていく取組みの必要性が議論されました。その結果、2015（平成27）年度に「強度行動障がい者集中支援モデル事業」を障がい者地域生活・行動支援センターか〜む（以下、か〜む）で実施することになりました（図1）。

か〜むでは、強度行動障害のある人に対して支援拠点を中心に集中的に支援を行い、行動問題の軽減を図るとともに個々の障害特性に応じた支援方法を検討・実施し、地域にある障害福祉サービスへの利用につなげることで、地域での安定した生活を目指すことを目的としています。

か〜むの運営や生活環境

か〜むは、共同生活援助（グループホーム）の制度と福岡市からの委託費で運営しています。利用定員は2名、職員は日勤と夜勤の2交代制で、24時間マンツーマン体制で支援を行います。

か〜むでの生活環境ですが、一人ひとりの居室は個室になっており、その壁には衝撃吸収や防音のためのマットが使用されて

図1　福岡市における強度行動障害への取組み

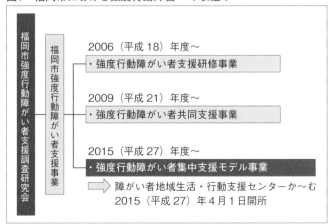

いるなど特別な環境を整備しています。また、トイレは1人1か所、お風呂は2人で1か所使える環境です。さらに、日中活動の支援が行えるような個別の部屋も用意しています。職員の配置や生活空間等、個別支援ができる環境を整えているのが特徴です。

か〜むの取組み

か〜むの主な事業内容は「集中支援」と「移行支援」です（図2）。

集中支援の利用期間は原則3か月です。取組み状況によっては、福岡市と協議のうえで利用延長する場合もあります。

1か月目は、1日の生活を通して行動観察を行い、行動問題が起きた場面やその背景、傾向について詳細に記録していきます。また、本人の特性や生活上の課題を整理するためのアセスメントを行い、具体的な支援計画を作成します。

2か月目は、支援計画を具体的に実施し

ます。その際、支援の結果を記録し、支援の効果を確認していきます。行動問題の改善がみられなければ、記録に基づいて行動問題が起きる背景（理由）を見直し、再度支援を実施します。つまり、計画実施→評価→計画の見直し→計画実施のサイクルをくり返すのです。

その結果、行動問題が軽減され生活が安定していくと、地域の福祉サービスを利用する「移行支援」に取り組みます。か〜むの利用を開始してから3か月目あたりを目標にしています。最初に、日中活動を地域の事業所へ移行します。主たる移行先は生活介護事業所が多くなっています。

受入れ先が決まると移行支援会議を行い、移行方法やスケジュール等について打ち合わせます。移行にあたっては、か〜むの取組みで得た有効な支援方法と受入れ先事業所の状況を考えて、受入れ先の職員と話し合いながら一緒に受入れ環境等を整えます。また、必要に応じてか〜む職員が受

図2　集中支援から移行支援、地域生活へのイメージ

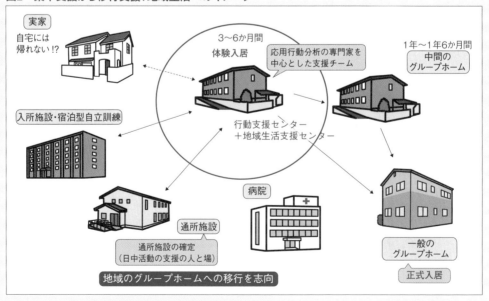

図3　か～むの運営体制と標準的な利用スケジュール

運営体制

・制度：グループホーム
　　　　（＋委託費）

・定員：2名

・利用期間：3か月

・24時間支援

・マンツーマン対応

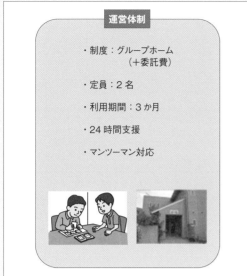

標準的なスケジュール

1か月目
➢行動観察、アセスメント

2か月目
➢行動問題へのアプローチ
➢生活リズムの確立

3か月目
➢社会資源の活用、QOLの向上
➢地域の福祉サービスへの移行

地域移行 ➡ 利用終了
※利用終了後、経過観察の会議等を実施し、定着をサポート

集中支援

移行支援

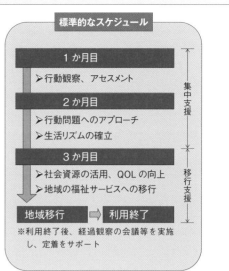

入れ先事業所を訪問して、直接支援を行い引き継ぐこともあります。

　日中活動は地域の福祉サービス事業所、夜間はか～むでの生活が安定してくると、次は住まいの場を地域の事業所へ移行する取組みを行います。移行方法は日中活動を移行するときと同じ手続きです。日中も夜間も地域の福祉サービス事業所へ移行した時点でか～むの直接支援は終了します。あとは定期的に経過観察の会議を実施し、受入れ先事業所からの相談に応じながら利用の定着をサポートします（図3）。

取組みの成果

2015（平成27）年度から2019（令和元）年度の5年間でか～むを利用した人は13名でした。そのうち8名が地域にある生活介護事業所の利用につながり、6名が地域のグループホームや施設入所支援のサービスにつながりました。

　1日を通して行動問題が起きる状況を中心につぶさに観察し、行動問題を起こす背景（理由）について理解を深め、その背景に基づいて支援を行うこと、また本人の障害特性にあった支援を、個別的かつ集中的に行うことは行動問題の軽減に効果的であると感じています。

森口　哲也（社会福祉法人福岡市社会福祉事業団　障がい者地域生活・行動支援センターか～む）

第6章 行動の生じる理由と対応

1 強度行動障害と環境要因

第5章で学んだ知能検査や適応行動の評価など、既存の評価基準や尺度の多くは、対象者の能力というものを定型発達の一般の人たちと比較したり、個人内で評価したりするものでした。

これに対してWHOによって2001（平成13）年に採択されたICF（International Classification of Functioning, Disability and Health：国際生活機能分類）では「障害」の背景因子について、個人因子と環境因子という観点から説明しています。ICFにおける環境因子とは、「物的環境や社会的環境，人々の社会的な態度による環境の特徴がもつ促進的あるいは阻害的な影響力」とされ、その肯定的側面と否定的側面はそれぞれ促進因子と阻害因子に分けられています（**17頁参照**）。

例えば、タケオさんは、ユニットでの食事場面では奇声が出ませんが、合同の食堂での食事場面では奇声が出てしまうとします。タケオさんの奇声は、2つの食事場面の環境の違い、つまり環境因子によって生じていると考えられます。タケオさんが奇声を出さずにすむためには、奇声を出さずに食事ができるユニットでの食事場面の要素（例えば「自分の食器を使用する」「気になる音がない」「座席が隅にある」など）を合同の食堂場面に積極的に導入することで解決することもあります。

自閉スペクトラム症や知的障害の「重篤さ」という個人因子だけではなく、どのような環境のもとで問題となる行動が生じているのかという環境因子を評価していくことが大切です。

2 強度行動障害と学習

行動はそれだけが突然に生じるのではなく、個人因子と環境因子のかかわりのなかで生じています。

> ハナコさんとタロウさん
>
> 感覚過敏のあるハナコさんは、あるとき「スーパーマーケットのたくさんの人混みの中の音」によって、叫び声をあげ泣き出してしまいました。ハナコさんはそれ以来、スーパーマーケットの駐車場に止まっただけで叫び声をあげて泣き出してしまうようになりました。そればかりか他の大きな建物にも入れなくなってしまいました。
>
> タロウさんは、一人ぼっちでいるときに、よく叫び声をあげて泣き出す行動がみられます。とても大きな声なのでびっくりして職員が駆け寄り声をかけると、叫び声や泣き声は収まり、笑顔が戻ります。

　この場合、ハナコさんの最初の場面での行動、つまり「叫び声をあげて泣き出す」という行動は、スーパーマーケットのたくさんの人混みの中の音、つまり行動の前に与えられた刺激によって引き起こされたものです。レスポンデント条件づけによる学習は、その行動を引き起こした刺激の前、もしくは同時に存在するさまざまな刺激、つまり建物や大勢の人、駐車場などの刺激に対しても、同様な行動を引き起こすようになるのです。これに対してタロウさんの「叫び声をあげて泣き出す行動」は、職員が来て声かけをしてくれるという行動の後の結果を得るために起きていると考えることができます。この2つの事例を比べてみると、同じ「叫び声をあげて泣き出す行動」という行動でも、その行動の成り立ちは異なっていることがわかります。

　自傷行動や他傷行動、破壊的な行動なども生まれながらにもっていた行動ではなく、環境の中で学習した行動なのです。一方で、これらの行動の多くが学習された行動であれば、適切な行動を学んでいくことで改善していくことが可能であると考えられます。しかしそのためには、目の前の行動だけに注目するのではなく、行動の前後に何があったかを知ることが必要になります。

3 行動に対する機能的なアセスメント

　強度行動障害に対して治療的な対応を行う場合の必要なアセスメントは、その行動がどのような状況で生じ、どのような原因で続いているのかという、行動の機能に関するアセスメントです。

　機能分析とは、ある行動について、そのきっかけとなる「A：行動の前の刺激やできごと（Antecedents）」「B：行動（Behavior）」「C：行動の結果（Consequences）」の3つの要素から考え、その行動の機能（目的）を分析するという方法です。その頭文字をとって**ABC分析**ともいいます（以下、「ABC分析」と表記します）。

　ここでは、いくつかの事例をもとにABC分析をしてみましょう。ここで取り上げる

行動は、「頭を叩く」という形としては同じ行動です。その行動は、どんな状況で生じ（「A：行動の前の刺激やできごと」）、それをすることでどのような結果（「C：行動の結果」）がもたらされているかによって、機能が異なることに着目してください。

1 コミュニケーションの機能

　困った行動の多くは**コミュニケーションの機能**をもつといわれています。まずは、次のようなケースを考えてみましょう。

> ジロウさん
> 自閉スペクトラム症のあるジロウさんは、お母さんが食事の準備を始めると、大きな音がしてしまうほど自分の頭を叩く自傷行動をしてしまいます。お母さんは大きな音と奇声でびっくりして駆け寄り、ジロウさんに声をかけます。ジロウさんは声をかけられ、かかわってもらえると自傷行動をやめることができますが、お母さんがいなくなると、また始めてしまいます。

　この事例をABC分析すると次のようになります。

A（行動の前の刺激やできごと）　　　B（行動）　　　C（行動の結果）

お母さんが食事の準備をしている（お母さんの注目なし）　→　頭を叩く　→　お母さんが来てかかわる（お母さんの注目あり）

　このケースでは、ジロウさんの自傷行動の後のお母さんからのかかわりが、ジロウさんの行動を強める結果となっていることが考えられます。このような場合の「頭を叩く」という行動の機能は、お母さんからの「注目」を求める行動、つまり「**注目要求の機能**」をもつといいます。

　「頭を叩く」という見た目は同じ行動であっても、異なる機能をもつ場合もあります。例えば、次の例をみてみましょう。

> サブロウさん
> 自閉スペクトラム症のあるサブロウさんは、いやな作業をするように言われると、大きな音がしてしまうほど自分の頭を叩く自傷行動をしてしまいます。職員はこの行動をされるとさすがにひるんでしまい、作業をしなくてよくなることが多いようです。作業をしなくてよくなると、サブロウさんの自傷行動は止まりますが、再び作業をさせようとするとまた生じてしまいます。

　これをABC分析すると次のようになるでしょう。

A（行動の前の刺激やできごと）　B（行動）　C（行動の結果）

いやな作業をさせられる
（いやな作業あり）　→　頭を叩く　→　いやな作業をしなくてすむ
（いやな作業なし）

　このケースでは、いやな作業をさせられそうになった場合、頭を叩くことで、その作業をしなくてすむという、サブロウさんにとっていやな刺激や状況を回避することになっています。この場合、「頭を叩く」という行動は**「回避や逃避の機能」**をもつといいます。

　また、さらに違う機能をもつ「頭を叩く」という例をみてみましょう。

ゴロウさん

自閉スペクトラム症のあるゴロウさんは、ドライブが大好きです。ある日職員がドライブに連れていき、「ゴロウさん、ドライブはおしまいです。降りてください」と言ったとたん、大きな音がしてしまうほど自分の頭を叩く自傷行動をしてしまいました。職員が再び車を走らせると、ゴロウさんの自傷行動は止まりましたが、満足するまでの時間はどんどん延びてしまいます。

　これをABC分析すると次のようになります。

A（行動の前の刺激やできごと）　B（行動）　C（行動の結果）

車から降りるようにうながされる
（ドライブなし）　→　頭を叩く　→　ドライブに行ける
（ドライブあり）

　このケースでは、ドライブをもっと続けてほしいときに、頭を叩くことで、ドライブをしてもらえるという、ゴロウさんにとっての要求の手段となっています。この場合、「頭を叩く」という行動は**「物や活動の要求機能」**をもつといいます。

　このように困った行動は、本人のコミュニケーションとしての機能をもつことがあります。主な機能としては先の例であげたように、**「注目要求の機能」「回避や逃避の機能」「物や活動の要求機能」**などがあります。機能の分類の仕方はさまざまですし、これらはいくつかが複合していることも多いので厳密に分類することにこだわる必要はありません。

　しかし、ABC分析を行う最大のメリットは、このように目には見えない行動の機能に気づくことができるということです。上にあげたどの行動もコミュニケーションの機能をもっています。困った行動がどのようなコミュニケーションの機能をもっているかということがわかると、対応策を考えるうえで大きなヒントが得られます。

　その対応策の1つとして**「同じ機能をもつ適切なコミュニケーション行動を教える」**

ということがあげられます。例えば、「注目要求の機能」の場合は、「頭を叩く」という困った行動の代わりとして、「ママ」「見て」といった呼びかけの言葉、絵（または写真や文字）カード、ジェスチャーなどを教えることが考えられます。また「回避や逃避の機能」をもつ場合は、同じように「やめて」という言葉や絵カード、ジェスチャーなどを教えることが考えられるでしょう。

2 自動強化の機能

　自動強化の機能とは、その行動自体が行動を強めるはたらきをする場合を指します。自閉症のある人のなかには、流れる水や回転するプロペラやタイヤや車輪などに強い興味を示す人もいます。手をひらひらさせたり、自分自身がくるくる回転したり、ピョンピョン跳び続けたりといった自己刺激的な行動に没頭する人もいます。これらの行動は行動自体が生み出す感覚刺激がその行動を強めるはたらきをしていると考えられます。これを自動強化の機能といいます。

> **ヨシオさん**
> 自閉スペクトラム症のあるヨシオさんは、することがないときや長時間1人でいるときに自分の頭を叩く自傷行動をし続けてしまいます。職員が手を押さえているときは止まりますが、手を押さえていても頭を物や壁にぶつける行動をくり返してしまうことがあります。しかし、ヨシオさんは、自分の好きなビデオを見ているときやおやつを食べているときは、1人でいても自傷行動をしてしまうことはありません。

　これをABC分析すると次のようになります。

　自閉スペクトラム症のある人の場合、感覚に対する過敏性だけでなく、痛みに対する鈍さなどの特異性がある場合があります。ヨシオさんの場合、ほかに好きな活動がある場合はしませんが、何もすることがない状態では頭を叩くという行動から得られる感覚刺激を求めているようです。自動強化の場合は、いったんやめさせてもしばらくするとまた始まってしまうことが多く、ほかに楽しめる余暇活動などを広げることで置き換えていきます。

4 行動の機能のアセスメント

1 具体化と行動観察記録

困った行動を変えるためには、まずその行動をできるだけ具体的にしてみることです。例えば、「多動で目が離せない」というだけでは、漠然としすぎていて、具体的にどのような行動が問題となっているのかがわかりません。

行動に介入する際には記録を取ることが重要となりますが、どのような行動を記録するのかを明確にしておかなければ正確な記録ができません。具体的な指導の手立てを考える際にも、現在問題となっている行動を、正確な言葉で記述することが必要です。また、複数のスタッフや機関で連携をとる場合も、どの行動に対応するのかを共通理解することが大切です。誰が見ても判断できるよう、できるだけ具体的に記述する練習をしてみましょう。以下のような例を考えてみます。

多動で目が離せない ⟶
┌──────────────────────────────┐
具体的な記述
「家から飛び出す」
「外出した際に、つないだ手を振りほどいてどこかに走り出す」
「病院の待ち時間に待合室で走り回る」
└──────────────────────────────┘

具体的にする場合、「〜しない」という否定形の表現もよくありません。下の例のように否定形の表現では、朝の支度をしないでどうしているのかがわからないからです。「支度をしないで」何をしているのかを含んで記述します。

朝の支度をしない ⟶
┌──────────────────────────────┐
具体的な記述
「朝の支度をしないでゲームで遊び続ける」
「朝の支度をしないで30分以上かけて服を選んでいる」
└──────────────────────────────┘

次に、具体化した困った行動が、いつ、どこで、誰と、何をしているときに生じ、どのような結果がもたらされているのかを記録します。これは、困った行動の機能を把握するために、また、その後にとった介入や対処が適切であったかを判断するために必要な手順です。支援がうまく進んでいるかどうかは、行動の増減を観察し、記録していくことでわかります。

2　行動観察記録からの読み取り

　行動観察記録からの読み取りを行います。行動観察シート（**表6-1**）で観察された具体化された行動のなかから1つの行動を取り上げてみましょう。まず、行動が生じやすいお決まりの場所や時間帯、活動はないかを探します。例えば、「他の利用者に噛みつく」という行動が、朝食時の配ぜんを待っている時間に頻発しているのであれば、その時間帯に心の準備や環境調整などの対策も立てられます。また、人的支援をその時間帯だけ集中することができます。

　スキャッター・プロット（散布図：**表6-2**）は、1日の時間間隔にわたる問題行動の生起を、観察により記録する方法です。記録用紙は30分ごとに区分けしたマス目から構成されており、行動が生じなかった場合は空欄とし、特定の行動が生じた場合はチェックを入れていきます。これによって、問題行動の生じやすい時間や状況の予測がしやすくなります。

○参考

行動動機づけ評価尺度

　行動動機づけ評価尺度（MAS：Motivation Assessment Scale）は、ある行動についてチェックしていくことで行動の機能を推定できるツールです（Durand 1990）。16問の質問に答えていき、該当の質問項目の得点を4種類の機能別に合計していくことで、行動の機能を推定することができます。

表6-1　行動観察シートの例

行 動 観 察 シ ー ト

　　　月　　日（　　）　　　　　　　　No.＿＿＿＿＿＿＿＿＿＿＿＿

対象者名 ＿＿＿＿＿＿＿＿＿＿＿　　　　**観察者名** ＿＿＿＿＿＿＿＿＿＿＿

時間	状況・きっかけ いつ？ 誰といるとき？ 何をしているとき？ どこにいるとき？	行動 （具体的に）	どう対処したか	行動はどうなったか
7：00	朝食時、食堂でみんなですわって配ぜんを待っているとき、隣の利用者さんが大声を出す。	隣の利用者さんに噛みつく。	職員が間に入って2人を離した。	すぐに落ち着いた。

©Masahiko Inoue

表6-2　スキャッター・プロット

<観察する行動>

近くの利用者を叩く

日付	5／1	5／2	5／3	5／4	5／5	5／6	5／7	5／8	5／9	5／10
5時										
6時										
7時	✓		✓✓	✓✓		✓✓	✓✓	✓		✓
8時										
9時				✓					✓✓	
10時	✓						✓			
11時										
12時	✓✓	✓		✓		✓✓		✓		✓✓
1時										
2時										
3時										
4時										

✓…あり　　✓✓…複数あり

CHECK POINTS

①自傷行動や他傷行動、破壊的な行動などは生まれながらにもっていた行動ではなく、環境の中で学習した行動です。

②学習された不適切な行動は、環境調整と適切な行動を学んでいくことで改善することができます。

③行動を改善していくためには、目の前の行動だけに注目するのではなく、行動の前後に何があったかを知り、その行動の目的（機能）を分析して対応を考えることが大切です。

1 なぜ困った行動が生じるのか

　困った行動の大部分は先に述べたように、行動の後の結果によって維持されています。つまり以下のように、頭を叩くという行動は、注目というその後の結果によって強められているのです。

A（行動の前の刺激やできごと）	B（行動）	C（行動の結果）
お母さんが食事の準備をしている（お母さんの注目なし）	頭を叩く	お母さんが来てかかわる（お母さんの注目あり）

　この例では、行動の後に注目されるという好ましい結果がもたらされることで、その行動の回数（頻度）が増えたり、激しさ（強度）がましたりしています。このように行動を強める操作を「**強化**」といい、行動を強めるものや活動のことを「**強化子**」といいます。逆に行動を減らしたり、弱めたりする操作を「**弱化**」といいます。

　私たちが日常的に行っている多くの行動は、行動の後にもたらされる「結果」によって、その行動が次に起こりやすくなるのか、それとも起こりにくくなるのかが決まります（**強化の原理**）。

　一方、行動を強化している強化子がなくなれば、その行動は徐々に弱まっていきます。このように強化を停止することを「**消去**」といいます。消去は行動の原理に沿った、行動を弱めるための確かな方法です。しかし、行動の消去を試みると、最初の段階ではその行動がより増加したり強まったりすることがあります。これを「**消去バースト**」と呼んでいます。

> **ジロウさん**
> お母さんはジロウさんの自分の頭を叩くという行動の強化子が自分の注目であることがわかりました。お母さんはジロウさんの自傷行動をやめてほしくて、自傷行動をしても注目しないようにしました。しかしジロウさんの自傷行動はますます強くなっていき、大きな声と頭を叩く音は、ますます響きわたります。お母さんは耐えられなくなり、声をかけてしまいました。このような消去手続きを何度か試みましたが、その都度失敗してしまいました。するとそれ以来、自傷行動は以前にましてひどくなってきたようです。

これをABC分析すると次のように示すことができます。

A（行動の前の刺激やできごと）　B（行動）　C（行動の結果）

| お母さんが食事の準備をしている（お母さんの注目なし） | → | 頭を叩く | → | お母さんが無視する（お母さんの注目なし） |

| | ますます激しく頭を叩く | → | お母さんが来てかかわる（お母さんの注目あり） |

消去バースト

激しく頭を叩く行動が強められる

　この例で説明すると、ジロウさんが頭を叩いても、注目が得られないということが消去手続きになります。最終的に消去を続けていくと、頭を叩いてもお母さんからの注目という強化子が得られないのですから、「頭を叩く」行動は徐々に弱まっていくはずです。

　しかし、ジロウさんからすると、この消去手続きは「いつもは頭を叩けば注目してもらえたのに、今回はなぜ？」という状況に他なりません。すると、ジロウさんは何とかして強化子（注目）を得るために、今まで強化されてきた「頭を叩く」という行動をより強めてくるというわけです。これが消去バーストです。

　消去バーストによって行動がエスカレートしているときに「こんなに強く叩いてけがでもしたら……」と心配になり、「かかわって注目してしまう」（強化する）とどうなるでしょう。ジロウさんは結果的に「より強く頭を叩けば願いは叶う」ということを学習したことになってしまいます。そうなると、今後同じような注目要求場面で、このときと同じくらい激しく頭を叩く可能性が高まります。消去バーストによって激しさの増した行動を強化してしまうと、次も同じレベルの強さでその行動を行うようになるのです。

　しかし、消去バーストによって一時的に強まった行動も、消去を続けていくと、時間をかけて収まっていきます。しかし、この消去バーストは今まで強化されてきた歴史が長ければ、なくなるまでにかなり長い時間を要することもあります。

　このケースのように行動があまりに激しくてけがの心配が生じたり、年齢が高い子で力が強かったり、周囲からの視線や周囲への迷惑があったりするため、消去バーストが生じた場合に、その行動を一貫して消去しようと思っても、それを完璧に行うことはなかなか難しいものです。そこで、次項では行動を弱化するために、消去とほか

の方法を組み合わせた支援について考えてみましょう。

2 強度行動障害に対応するために

1 環境を整備する

　第3章で取り上げられた「環境を整備すること」が対応の基本になります。消去バーストが起こる可能性を考慮すると、激しい自傷行動や破壊的行動、他傷行動などでは「消去」だけで対応することは難しいからです。

　まず困った行動が出現しにくい状況をつくることを考えましょう。環境の整備には第3章で取り上げられたように物理的構造化、スケジュール、ワークシステム、視覚的構造化があげられます。その他に、本人の活動選択の場をつくること、クールダウンのためのスペース（カームダウンスペースなど）の設置、事前に約束し守れたら強化される行動契約などが考えられます。

2 適切な行動に置き換える

　2つめの視点として「適切な行動に置き換える」というものがあります。置き換える行動には大きく分けて「**コミュニケーション行動**」「**余暇活動**」「**指示に従う行動**」の3つがあります。

　例えば、「コミュニケーション行動」への置き換えでは、言葉やジェスチャーなど適切なコミュニケーション手段を使って置き換えていきます。これをABC分析で示したものが次頁の図です。「コミュニケーション行動」は、行動の機能と一人ひとりの利用者のコミュニケーションの特性に合わせたものにします。言葉の表出の可能な人であれば「お母さん」などの言葉で表出できるようにし、言葉の表出が困難な人であれば「クレーン行動」「発声」などを用います。

　「余暇活動」に置き換える場合は、その人の好きな遊び、例えば「CDを聴く」「動画を見る」「写真集を見る」「水遊び」「ドライブ」「散歩」などに取り組めるようにします。その際には2つ以上の活動をカードなどで選択肢として用意し、本人に選んでもらってもよいでしょう。

　「指示に従う行動」に置き換える場合は、ここでは一定時間、母親を呼ばずに過ごすことを約束してもらいます。最初は短い時間から始め、少しずつ時間を延ばしていき

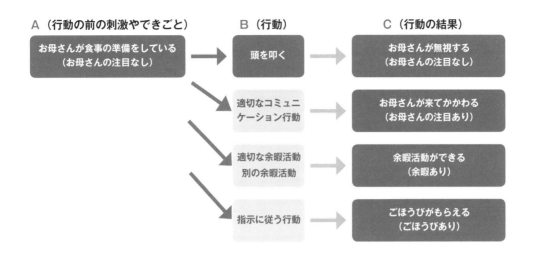

ます。目標時間が視覚的にもわかりやすいようにタイマーや砂時計などを使用すると
よいでしょう。「余暇活動」と組み合わせて行ってもよいでしょう。

　不適応行動に代わる適切な行動が可能になるよう支援するということは、強度行動
障害のある人に意思表明や余暇を楽しむこと、働くことなどの機会と権利を保障する
ことです。どのような適応行動が必要なのか、機能分析によって彼らの示す行動から
本人のニーズを知り、生活の質が向上するよう熟慮することが必要です。置き換えが
うまくいかない場合、本人のニーズに合っていないか、自発のための環境や機会が十
分でない可能性があります。

　適切な行動に置き換える支援を行う場合、置き換える適切な行動が難しすぎると置
き換えることが困難になります。最初はスモールステップで簡単な目標から始めると
よいでしょう。

CHECK POINTS

①行動を強める操作を「強化」といい、行動を強めるものや活動のことを「強
　化子」といいます。

②強度行動障害への対応として、「環境を整備する」「適切な行動に置き換え
　る」という2つの視点が大切です。

見通しがもてたことで支援員への
こだわりがなくなったタカヒロさん

名前 タカヒロさん　　年齢 31歳　　性別 男性

利用している主なサービス 施設入所支援

✳ タカヒロさんのこと

　タカヒロさんは、自閉スペクトラム症と重い知的障害のある男性で、ほっそりした面立ちの好青年です。床を指でなぞったり、下駄箱の靴を何度も置き直すようなこだわりの行動が多くあり、「朝食はこの支援員が介助」というように、それぞれの場面でかかわる支援員を自分で決めていたりもします。こうしたこだわりの行動が止められたり、うまくできないとイライラして物を壊したり、他の人を叩いてしまったりすることもあります。

　現在は、入所施設で生活しながら、週末には自宅に帰省する生活を送っています。

✳ タカヒロさんのこれまで

　タカヒロさんは、2歳くらいのときに自閉スペクトラム症と知的障害の診断を受けました。診断当時は、多動や大声を出すことも多く、子育ても大変だったそうです。

　その頃から、遊びを通じた療育などを受けるとともに、地域の幼稚園、小学校に通っていました。中学校では、自閉スペクトラム症の特性に合わせた教育や支援を受けることができ、こだわりの行動もありましたが、1人で通学できるなど、楽しく生活を送ることができていました。高校は特別支援学校の高等部に通いましたが、この

頃からだんだんと、こだわりの行動やイライラして落ち着かないなどさまざまな課題が増えていきました。卒業後は地域の作業所に通っていましたが、物を壊すことや、家族を叩いてしまうことも増え、自宅で生活することが困難となり、入所施設に入所することとなりました。

　入所した当初は受け身でおとなしい印象でしたが、徐々にこだわりの行動がみられるようになり、その行動を止められるとイライラして物を壊すことが増えてきました。また、特定の男性支援員のうながしには応じるのですが、その他の支援員がうながすと激しく拒否し、物を壊すこともありました。

　そうするうちに、食事をうながしても拒否して食べないことが増え、特定の支援員がうながさないと入浴できず、その支援員が不在だと、タカヒロさんも風呂に入れない状態となってしまいました。

　そこで、まずは食事について、支援員がタカヒロさんの食べたもの、食べなかったものを記録し、1か月ごとに内容を振り返りました。そうすると、メニューに果物のオレンジが付いている日は食事を食べていることがわかったので、メニューにオレンジを増やすと食事を食べることができるようになっていきました。

　また、入浴については、家族から絵で表

したものは理解できることを教えてもらったので、絵カードのスケジュールをつくり、2枚の絵カードを使用して、入浴の後はタカヒロさんの好きなドライブに行くことを伝えていきました。風呂の後は大好きなドライブに行けることが伝わると、機嫌よく風呂に入れるようになりました。

こうした取組みの初期は、タカヒロさんがうながしに応じる支援員からスタートし、徐々に違う支援員でもうながしていきました。タカヒロさんも、風呂の後に大好きなドライブに行くことができると思うと、いろいろな支援員のうながしに応じて風呂に入れるようになりました。

自閉スペクトラム症であるタカヒロさんの立場になってみれば、見通しのもてない不安さから、特定の支援員にこだわってしまうことは当然のことといえます。しかし、スケジュールで活動の見通しをもち、大好きな活動も一緒に伝えることで、タカヒロさんも安心でき、特定の支援員にこだわることなく入浴できるようになってきたのだと思います。

❋ タカヒロさんの今

自閉スペクトラム症の特性に合わせた支援があることで、いろいろな日課に取り組むことができるようになったタカヒロさんですが、決して自閉スペクトラム症の特性がなくなったわけではありません。

現在も、季節の変化や日課の変更などで不安になりその場から動けなくなることや、こだわりの行動を止められてイライラする場面もあります。

そのため、食事や排泄、睡眠などの生活リズムや入浴など日課の様子を、支援員が日々記録し、その記録をもとに支援員間でタカヒロさんの状態を共有しながら支援を行っています。タカヒロさんのこだわりの行動も変化することがあり、支援員が知らずに対応すると、タカヒロさんを不安にさせてしまうこともあります。タカヒロさんのことを支援員がしっかりと理解して支援することが安心につながっていくと思います。

最近の課題としては、浴室でタイルをなぞることや物の位置にこだわって次の活動に移れないということがあげられます。こうした部分に関しても、タカヒロさんの自閉スペクトラム症の特性とこれまで行ってきた対応を振り返りながら支援を検討し、タカヒロさんがより安心して生活できるように支援を続けていきたいと考えています。

見通しのできる生活で透析治療を続けるアキラさん

名前 **アキラさん** 年齢 **52歳** 性別 **男性**

利用している主なサービス **施設入所支援・生活介護**

✳ アキラさんのこと

アキラさんは重度の知的障害と自閉スペクトラム症のある男性です。日常会話など簡単な言葉のやりとりは可能ですが、本人の予定はもちろん、他の利用者の予定や職員配置なども気になり、見通しがもてないとパニックを起こします。パニックを起こすと、大声で泣き叫び、頭を手で叩いたり、床に頭を打ち付けたり、時には他者に手を出したりしてしまうことがあります。

✳ アキラさんのこれまで

アキラさんは小学生の頃より、血液検査で腎臓に関する数値が悪く、施設に入所した時には、ゆくゆくは透析が必要になる可能性がありました。

アキラさんの腎臓に関する数値は年を追うごとに悪くなり、とうとう透析が必要になりました。ケースワーカーを通し、腎臓移植なども勧められたのですが、父親がアキラさんと同じように腎臓に不安があり、母親からの腎臓移植を行うと母親の体力に不安が生じて、アキラさんと父親の介護が難しくなる可能性があるため、アキラさんには移植ではなく、透析を受けさせたいというのが両親の考えでした。それを受け、施設では「今後もこの施設でアキラさんが生活を送っていけるように、透析を受ける

ために必要な支援を行う」という決断をし、環境や人員の体制を整えていきました。この先、同じようなケースが出てきたら、できないかもしれません。しかし、今できることを大切にし、支援していく決断をしました。

その後、数か所の病院へアキラさんの透析の受入れを相談しました。しかし、ほとんどの病院が知的障害のある人が透析を受けた前例がないために、受入れに難色を示しました。そのようななか、施設の協力医療機関がアキラさんの受け入れを快諾してくれました。私たち施設職員も透析治療について必死に勉強しました。病院側からも、看護師長などの主力のスタッフが施設に出向いてくれ、アキラさんに親身になって対応してくれました。こうしてアキラさんの透析治療が実現していきました。

アキラさんの透析が始まり、最初の頃はパニックを起こし、透析の途中で中止することや、パニックまではいかないまでも情緒が乱れてしまうことも多くありました。病院スタッフとその都度相談し、問題解決が難しければカンファレンスを設け、話し合いを重ねました。緊急時を想定し、病院スタッフが多くいるフロアで透析を受けたり、周りが気にならないようにパーテーションを使ったり、アキラさんが落ち着い

て透析を受けられると思う方法を試していきました。私たちは透析場面の支援や動線の修正、構造化などを行ってみましたが、どれもうまくはいきませんでした。なぜなら、アキラさんの情緒が乱れる原因は、日常生活にあったからです。

その頃のアキラさんは気になる予定や職員配置などの確認がうまくできず、見通しがもてていなかったのです。そこで職員配置の不安解消として、アキラさんのロッカーにホワイトボードを設置し、火・木・土曜日の透析時の付き添い職員を掲示しました。その結果、毎週土曜日の透析が終わると、アキラさんが自らホワイトボードを持って来て、次週の掲示への変更を催促する習慣が定着しました。

この他に、アキラさんの気になる予定に帰宅などがあります。アキラさんが気になる予定を1か月ごとにカレンダーに記入し、月初めに渡すようにしました。アキラさんはそのカレンダーをとても大事にしていて、使用済みのカレンダーを自宅に持ち帰り、保管していると両親より報告してもらったことがあります。

このように、私たちは新しく取り入れた「透析」にばかり目が行ってしまい、基盤となるアキラさんの日常生活を見過ごしていました。土台を安定させたうえで新しいことを積み上げていかなければ、新しいことの問題点などを見つけることは難しいということを再認識しました。

✳ アキラさんの今

アキラさんの見通しはよくなったようで、現在は透析も落ち着いて行えていま

す。アキラさんが透析を受け始めた後から、他の患者からも要望がありテレビを設置してもらえ、病院が環境を整えてくれました。透析中、アキラさんは好きな日経新聞と導入されたテレビ鑑賞を時間で区切り、透析中のパターンとして確立できました。しかし、4時間という長時間にわたり透析を受けなければならず、残り30分を過ぎ、アキラさんより先に始めた人の終了メロディーが流れるとソワソワし始め、情緒が乱れるときもあり、今後の課題となっています。

私の施設では、アキラさんが透析を受けることを決断することができました。その背景として、アキラさんが4時間の透析に耐えられる可能性があることが第一の要因でした。この他にも本人はもちろん、両親、病院、施設が同じ方向を向いて進めたことが透析導入に向けての大きな要因でした。しかし、透析を導入してからもいろいろな課題が見つかりました。アキラさんの日中活動の内容や、水分・食事の管理、シャントへの配慮など、今まで他の利用者と同じように過ごせていたのが、アキラさんのための配慮や管理を行わなくてはならなくなりました。この他にも透析へ職員が付き添うことで、人手がそこに取られてしまい、施設で支援できる職員が減ってしまっている現実もあります。

アキラさんのように、透析を受けなければならないケースを抱える施設等もあると思います。答えを導き出すことは難しいと思いますが、アキラさんの事例がよりよい決断の助けになれば幸いです。

第7章 チームプレイの基本

1　チームで支援する必要性

第7章では、強度行動障害のある人を地域で支えるために必要なチームプレイについて考えていきたいと思います。

まず、みなさんが所属している事業所を思い浮かべてください。支援者が一人だけ勤務している場合もありますが、多くの事業所では複数の支援者がいて、交代しながら利用者とかかわったり、役割分担したりしながら利用者支援に取り組んでいる場合がほとんどでしょう。また、支援者だけでなく、看護師や管理栄養士、作業療法士といった職種とも協力しながら支援に取り組んでいたりします。このように支援現場では複数の支援者がチームを組みながら支援しています（**図7-1**）。

図7-1　サービス事業所での関係

1　1日の生活でとらえる

利用者の1日の生活を考えてみましょう。朝や夜は自宅で過ごし、日中は通所先に通っている人や、週末はガイドヘルパーのサービスを利用している人もいるでしょう。児童期であれば、学校に通っていたり、放課後等デイサービスを利用したりする子どもも多いでしょう（**図7-2**）。このように、利用者の多くは生活のなかで、1つの事業所だけでなく、複数の事業所を利用しています。

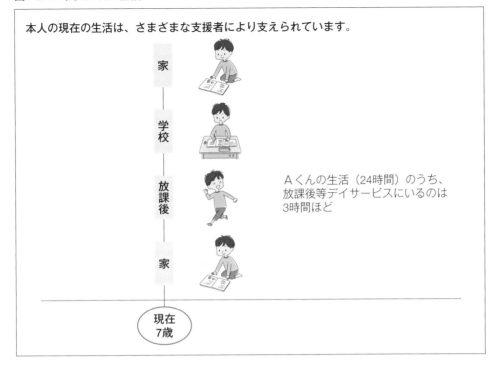

図7-2　Aくんの1日の生活

本人の現在の生活は、さまざまな支援者により支えられています。

家

学校

放課後

家

Aくんの生活（24時間）のうち、
放課後等デイサービスにいるのは
3時間ほど

現在
7歳

第7章

第8章

第9章

第10章

第11章

第12章

基礎演習

実践演習

　一人の利用者は、1つの事業所で複数の支援者とかかわり、さらにいくつかの事業所を利用すると、そのなかでまた別の支援者とかかわるなど非常に多くの支援者とかかわっている場合があります。こうした状況で、事業所や支援者によって対応や支援方針がバラバラだと、混乱したり不安を感じたりする場合も多いと思います。ましてや、見通しをもつことや他者とのコミュニケーションが苦手で環境の変化に敏感な強度行動障害のある人なら、なおさらに負担は大きなものになるでしょう。そのため、支援者対応が統一されていないことが強度行動障害の引き金になっているケースも多く見受けられます。支援者間、事業所間で情報を共有し支援の方針を統一して対応することはとても大切になります。

2 ライフステージでとらえる

　次に視点を広げて、利用者のライフステージについて考えてみましょう。人は生まれてから成長し大人になって年齢を重ねていく過程で児童期、成人期といった段階があり、それぞれの段階をライフステージと呼びます（図7-3）。

　生まれて間もない乳幼児期は母親や家族と過ごすことが多い時期です。成長すると、幼稚園や保育所に通う、場合によっては知的障害や自閉スペクトラム症の診断を受け療育機関に通う人もいるでしょう。児童期は家庭とあわせて学校で過ごす時間が

図7-3　Aくんのライフステージ

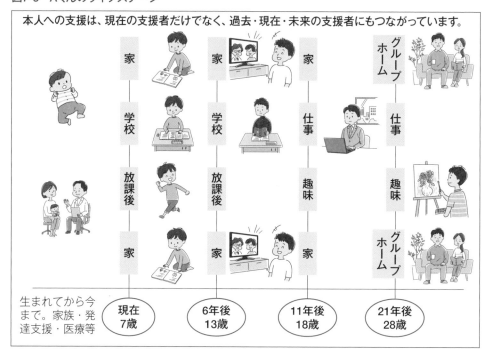

本人への支援は、現在の支援者だけでなく、過去・現在・未来の支援者にもつながっています。

	家		家		家		グループホーム	
	学校		学校		仕事		仕事	
	放課後		放課後		趣味		趣味	
	家		家		家		グループホーム	

生まれてから今まで。家族・発達支援・医療等

| 現在 7歳 | 6年後 13歳 | 11年後 18歳 | 21年後 28歳 |

増えますし、卒業後は仕事や日中活動の場所に通う人も多いと思います。老年期は身体の変化にあわせて、介護が必要になったり健康に関する支援が必要になったりするでしょう。

　このようにライフステージの視点から見ていくと、それぞれのステージに応じて支援者を含む関係者や支援機関が変化することが多くあります。小学校から中学校に切り替わることや、自宅での生活からグループホームに入居する場合もあります。この切り替わりの時期に利用者の情報がしっかりと引き継がれていくことが大切です。引き継ぎがなされないことで、これまで積み上げてきた支援情報が共有されずに支援が受けられないことや支援の質の低下につながっていくこともあります。

　特に重度知的障害を伴う自閉スペクトラム症の人は、その特性上、外見だけでどのような支援が必要かわかりにくいことに加え、コミュニケーションが苦手で自分から必要な支援を求めることが難しいため、支援者がその人の特性や支援情報を次の支援者に引き継がなければ、必要な支援が受けられず本人が混乱し強度行動障害の引き金になることもあります。

　強度行動障害のある人が地域で安心して暮らしていくためには、それぞれの場面やライフステージにおける関係者が本人を支えるメンバーとして、本人の特性や必要な支援について共通認識をもち同じ方針に沿って統一した支援をしていくことが大切です。

3 支援チームをつくる

　こうした地域でのライフステージを通じた支援チームづくりにおいて大きな役割を果たすのが、相談支援事業所になります（**図7-4**）。相談支援専門員は相談支援やサービス等利用計画の作成を通じて、本人や家族のニーズを聞き取り、地域の支援機関のコーディネート役を果たします。必要に応じてケース会議等の個別の支援会議を招集するなど、関係機関間の調整や情報の橋渡しを行います。

　支援機関同士を「つなぐ機能」は細やかな調整が必要とされ、目に見えにくい部分もありますが、地域で強度行動障害の状態にある人を支える体制をつくるうえで重要な機能になっていきます。

　強度行動障害のある人が地域で暮らしていくためには、個々のアセスメントに基づく支援情報を地域で細やかに共有していく体制づくりが重要です。しかし、現状では強度行動障害のある人を地域で支えるのではなく、家族だけで、特定の支援機関だけで支えているような状況も見受けられます。強度行動障害のある人はきめ細やかで手厚い支援が必要な場合も多いので、家族や特定の事業所に負担が集中して疲弊し、地域生活が脅かされる状況につながっています。また、障害の特性にあわせた支援が提

図7-4　支援チームづくりのカギとなるのが相談支援

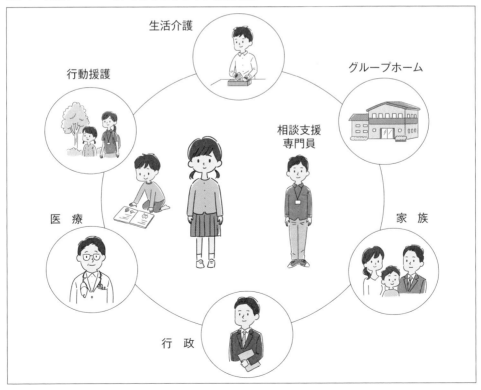

第7章

第8章

第9章

第10章

第11章

第12章

基礎演習

実践演習

供できないことを理由に強度行動障害のある人がサービス利用を断られるような事態も起こっています。

このような状況にならないためにも、相談支援事業所を中心とした地域での支援体制づくりにあわせて、強度行動障害のある人の特性にあわせた支援ができる支援者を育てていくことが重要です。

強度行動障害支援者養成研修では、強度行動障害のある人を支援するうえで必要な考え方が学べます。この研修で学んだことをベースに地域の支援者がチームをつくっていくことで、よりレベルの高い支援体制ができていきます。強度行動障害のある人が地域で安心して暮らしていくために、私たち支援者のさらなるレベルアップも必要ではないでしょうか。

2 統一した支援をするために

事業所やチームで統一した支援を行うためには情報共有や連携が欠かせません。そのために以下の方法が考えられるでしょう。

1 日頃からお互いに頻繁なやりとり(情報共有)をする

個々の利用者の様子は日々変化していきます。安心して活動に取り組める日もあれば体調が悪い日もありますし、行動障害が現れるときもあります。こうした日々の状況を共有していくことは非常に重要になります。

情報共有するポイントとしては、「体調」「生活リズム（睡眠や食事、排泄など）の変化」「日課などの環境の変化」「強度行動障害などの課題となる行動の有無」などがあげられます。強度行動障害の状態にある人は自身の体調について他者に伝えることが苦手な人も多いので、支援者間で体調などの状況について共有しておくことが重要です。また、体調の変化につながりやすい生活リズムの変化にも気を配り、変化があったときには共有しておくことが大切です。

また、強度行動障害のある人は変更が苦手で日課の変更に不安を感じる人も多いので、日課に中止や変更がある場合は事前に共有しておくとよいでしょう。慣れないショートステイを利用した後や学校の行事に参加した後など、日常と違う状況でストレスや疲労がたまり、行動障害が起こりやすくなる可能性もあるので、支援者間で状況を共有し対応することが必要です。

自傷や強いこだわりなど支援が必要な行動がみられた際には、行動のきっかけや要因、行動への支援者の対応やその結果を共有しておくことで、再度その行動が起こったときに対応しやすくなるでしょう。

　強度行動障害にあたるような行動が続くときには特に密な情報共有が必要です。その行動に対し、それぞれの機関が場当たり的に対応することで本人をより混乱させてしまうことがあります。

　特定のこだわり行動に関して、A事業所だと自由にできるが、B事業所だと制止される場合を例に考えてみましょう。同じ行動に対して事業所によって対応が異なるため、本人はやってよい行動なのか、やってはいけない行動なのかわからなくなってしまい、自由にできる事業所で過剰にこだわってしまったり、制限される事業所ではこだわり行動が制止されることに必要以上にストレスをためてしまったりすることも考えられます。そのため、アセスメントに基づく対応をすべての事業所で共有して実施することで、その人にとってわかりやすく安心して過ごすことにもつながっていくでしょう。そうした支援の内容を支援手順書に落とし込み、チームや地域で共有していくことで統一した支援の実施につながっていきます。

2 個別の支援会議(ケース会議)を開催する

　個別の支援会議ではその対象となる利用者にかかわっている支援機関が集まり、情報の共有や支援の方針を検討、各機関の役割分担を確認します。

　生活を支えるためにはさまざまな支援機関や専門職も支援にかかわります。毎日かかわる機関もあれば週1回や月1回しかかかわらない機関もあるので、他機関と情報共有しながら利用者の生活全体について共通認識をもち、チーム全体で共通の支援方針を立てることが重要です。

　個別の支援会議で情報共有をしてみると、支援する場所によって本人の行動や支援者の対応が違うこともよくあります。例えば日中活動の場と自宅では本人の行動が大きく違っていたり、支援者と家族では全く違う対応をしていたりします。その要因として、強度行動障害のある人は環境による影響を受けやすく、過ごす場所によって行動や反応が変わってしまうことや、支援者による特性理解に差があること、過去の生活歴や学習してきた行動による影響が大きいことなどがあげられます。こうした状況ではどの場所での対応が正しいのかが論点になりやすいですが、まずは2つの場面を見比べ、次に本人に影響を与えている環境要因を確認すること、本人への対応とその後の行動を見比べることでどういった環境や対応だと本人が安心して過ごせるのか、

第7章
第8章
第9章
第10章
第11章
第12章
基礎演習
実践演習

情報を理解しやすいのかをアセスメントする機会としてとらえていくことが大切です。

　個別の支援会議では、支援者だけでなく医師や心理士などの専門職が参加することもあります。専門職はその専門的知見からのアセスメントや意見を伝えます。支援機関によるアセスメントと専門職によるアセスメントなど、多角的な視点でアセスメントすることでよりその人にあった支援を提供することにつながるでしょう。

　また、情報共有をスムーズに行うための手段としては、サービス等利用計画や個別支援計画を積極的に共有することも大切です。詳細は次の第2節で説明しますが、これらの計画はその人のアセスメントに基づいた支援計画になりますので、共有することで将来のビジョンや各事業所の役割分担が意識しやすくなります。さらに支援手順書や利用者の記録を共有することで、具体的な支援の状況が共有しやすくなります。

　個別の支援会議は定期的に開催されます。現状や支援目標を確認することもあれば、特定のことがらに対し緊急的に実施することもあります。強度行動障害にあたるような行動が、特定の場面だけでは解決できない場合やその人の生活環境に大きな変化がある場合などは、早急に個別の支援会議を招集し、現状の確認や支援機関で役割分担を検討する必要があります。関係機関が情報を持ち寄り、氷山モデルなどのツールを活用して行動の背景を分析しアプローチしていくことが求められます。また、家族が病気等で入院し家庭での生活が難しくなった場合などは、行政を交えて会議を開催し、緊急の受け入れ先を探すなどの対応が求められます。こうした緊急の対応を迫られる場面でも、日頃から各機関の情報共有が密であり、利用者のアセスメントができていれば対策も立てやすくなります。特に強度行動障害のある人の支援においては地域での継続的なサポートも必要な場合も多いため、定期的に個別の支援会議を開催し、関係機関で情報共有をしておくことが重要になります。

1 サービス等利用計画・個別支援計画・支援手順書

　ここでは、サービス等利用計画や個別支援計画、支援手順書といった強度行動障害の人を支援するうえで大切な計画の関係性についてふれていきたいと思います。まずはそれぞれの概要です。

　サービス等利用計画とは、指定特定相談支援事業者の指定を受けた相談支援事業所の相談支援専門員が作成し、障害がある人のニーズや、その人を取り巻く環境をふまえ、総合的な視点で作成される利用者の生活全般に関する相互的な支援計画書になります（図7-5）。障害者の日常生活及び社会生活を総合的に支援するための法律（障害者総合支援法）では、サービス等利用計画案は市町村がサービス支給決定を行う際に勘案する重要な計画として位置づけられ、その利用者の現在の生活と将来の生活を見通していくための重要な計画になります（児童福祉法に基づく障害児支援利用計画は、指定障害児相談支援事業所の相談支援専門員が作成します）。つまり、利用者のニーズに合わせて地域のどのような支援機関（事業所）を活用するのかをまとめた計画になります。

　個別支援計画とは、サービス等利用計画に基づき、利用者に直接サービスを提供する事業所が、その事業所の中での支援の計画をまとめたものです（図7-6）。各事業所のサービス管理責任者（児童発達支援管理責任者）が作成し、サービス等利用計画

図7-5　サービス等利用計画

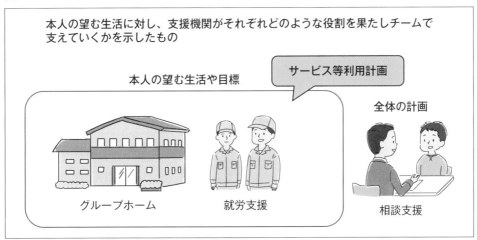

で示された方向性をふまえて、各事業所での具体的な目標や課題を整理し、個別支援計画に落とし込みます。

図7-6　個別支援計画

支援手順書とは、強度行動障害支援者養成研修の実践研修を修了した者が作成し、個別支援計画で示された具体的な目標に基づき、食事や入浴といった生活のそれぞれの場面で必要な支援や配慮について詳細に示したものになります（図7-7）。

図7-7　支援手順書

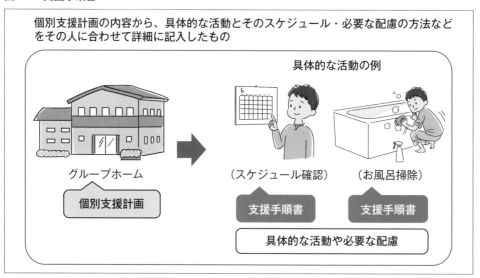

まとめると、サービス等利用計画で示された地域で暮らしていくための大枠での支援の方向性をふまえて、各事業所での支援をまとめた個別支援計画があり、個別支援計画をふまえてさまざまな生活場面での支援内容や配慮をまとめたものが支援手順書になります。そのため、その内容はだんだんと詳細で具体的になっていきます（図7-8）。

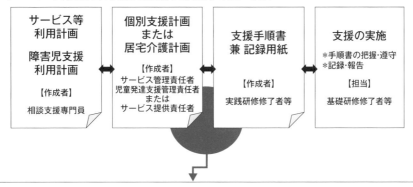

図7-8　サービス等利用計画、個別支援計画と支援手順書の関係

強度行動障害の支援においては、個別支援計画や居宅介護計画といった大まかな支援内容では、適切な支援を行うことが難しい。障害特性に配慮した留意点を整理し、日々の日課や各活動の詳細を決め、時間単位で各活動をどのような流れで行っていくかを詳細に記した「支援手順書」が必要となる。

　強度行動障害の状態にある人への支援では、個別のアセスメントに基づき環境を整えることや、支援者の対応を統一することが求められるため、大まかな計画だけでは適切な支援が難しい場面も多くあります。そのため、日々の日課や各活動の詳細を決め、時間単位で支援の詳細を示した支援手順書が必要になります。支援手順書に沿って支援を進めることが、本人の特性に合わせた支援を統一して実施していく第一歩になります。

2　支援の実施と記録

　ここでは支援の実施と記録の重要性について考えていきます。

　強度行動障害の状態にある人を支援する際には支援手順書に沿って支援を実施していくことが重要ですが、実施した際には、そのときの状況を記録に残しておくことも重要になります。

　事業所のなかでは複数の支援者がかかわることも多いので、全員で同じ場面を共有することができません。支援の結果がうまくいっているのかそうでないのか、対応した支援者や状況によって本人の行動に変化があるのかなど、記録を通じて具体的な情報を共有することが大切になっていきます。記録を通じて支援の効果を確認し、そのうえでよい支援を継続し、本人に合っていない支援は見直していくことが重要になります。こうして支援手順書を使ってチームで統一した支援を実施しながら、その結果を共有し、必要に応じて見直しをくり返しながら利用者一人ひとりに合った支援手順

図7-9 支援の実施と記録

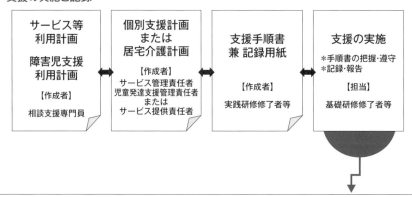

| サービス等
利用計画

障害児支援
利用計画

【作成者】

相談支援専門員 | 個別支援計画
または
居宅介護計画

【作成者】
サービス管理責任者
児童発達支援管理責任者
または
サービス提供責任者 | 支援手順書
兼 記録用紙

【作成者】

実践研修修了者等 | 支援の実施

＊手順書の把握・遵守
＊記録・報告

【担当】

基礎研修修了者等 |

実際の支援に入るときには、支援手順書に沿って支援をすること、支援時の本人の様子などを記録しておくことが大切。

書にしていくことが重要です（図7-9）。

　このように、支援の記録をとっていくことは、支援者間の情報共有に役立つだけではなく、利用者の状態像を正しくつかむことや、支援の効果を確認するために役立ちます。また、支援手順書を活用した場面だけではなく、利用者の生活リズムを把握することや支援が必要な行動の前後を記録することで、行動のきっかけや結果を知ることもできます。

　ここからは支援の記録をとっていく際のポイントについて述べたいと思います。

3 客観的な記録

　「客観的」とは特定の立場から物事をとらえるのではなく、第三者の視点から物事をとらえたり、数字や前例などから物事を考えたりする姿勢です。支援の記録にもこうした客観的な視点が求められます。客観的の反対の意味として「主観的」という言葉があげられます。主観的は自分自身の見方や感じ方を中心とした物事のとらえ方になります。

　感じ方は人それぞれに違うので支援者が主観的に判断したことばかりを記録に反映させると、あとから見た人にはわかりにくく、具体的な状況が把握しにくいこともあります。

　夜間の睡眠の記録を例にとって考えてみましょう。夜間に起きてしまうことが多く睡眠時間が不規則になりやすい利用者Aさんについて睡眠時間の記録を取ることにな

表7-1 夜間 ケース記録①

20○○年度 [利用者名] Aさん

日　付	様　子	記入者
○月1日	夜間起き出すことが多い	支援員A
○月2日	明け方、廊下をウロウロ歩いていた	支援員B
○月3日	夜間起き出すことが多い	支援員A
○月4日	よく寝ているが、明け方廊下を徘徊	支援員C
○月5日	よく寝ている	支援員D
○月6日	夜間に利用者Bさんとトイレで一緒になり、引っかかれたのか顔に傷がある	支援員B

・夜間の様子について、支援員の観察に基づき記録する記録表。
・自由に書きやすいが記入者の主観でまとめられやすい。
・具体的な記述が少ない場合、正しい状態像をつかみにくい。

りました。**表7-1**では、夜間の睡眠の様子が支援者の主観的な表現で記載されています。「よく寝ている」や「夜間起き出す」などそのときの様子が記載されていますが、あとからこの記録を振り返ってみると、実際にどのくらい睡眠時間がとれているのかよくわかりません。支援者によって感じ方・とらえ方も違ってくるので、6時間寝れば「よく寝ていた」と感じる支援者もいれば、6時間だと「あまり寝られていない」と感じる支援者もいるでしょう。

　こうした主観的な視点が多い記録だと、利用者Aさんの状況は変わっていないのに記録した支援者の見方によって誤った認識を共有してしまう可能性も出てきます。

　次に**表7-2**を見てください。これは夜間を時間順に表示し、眠っていれば色を付け、起きていれば空欄で記録しています。この記録では睡眠時間が具体的に記録され、どの支援者が見てもどのくらい睡眠をとっているのかが一目瞭然です。このように客観的な視点で記録していくことは利用者の状態像を正しく知るうえでとても重要になります。

　正しい状態像をつかんでから支援を考えることで、その人に合った支援を考えやすくなりますし、より効果的な支援につながっていきます。

　このように客観的な状況を記載していくことは非常に重要です。しかし、主観的な視点には支援者の経験に裏打ちされた考察もあるため、一律に主観的な記述に価値がないわけではありません。そのため、客観的な記録と主観的な記録を分けて記述することで、より振り返りがしやすくなるでしょう。

表7-2　夜間　ケース記録②

20○○年度　[利用者名]　Aさん

	21	22	23	24	1	2	3	4	5	6
○月1日		△							△	
○月2日									△	
○月3日		△							△	
○月4日										△
○月5日										
○月6日		△								

▨…就寝　△…トイレ

・夜間の様子について時間軸で一覧表にした記録表。
・眠っている時間は塗りつぶし、起きている時間は空白で記録している。
・眠っている時間が具体的に記録できるので詳細な状況が把握しやすい。
・△のマークでトイレに行ったタイミングも記録している。

4　仮説の検証と振り返りの重要性

　記録は現状を把握するためだけではなく、仮説を裏づけるためにも有効です。前出の利用者Aさんの支援に関して、「夜間に起きてしまうのはトイレに関係があるのでは？」という支援者の意見に対し、**表7-2**では△のマークでAさんがトイレに行った時間も記載しています。

　しばらくトイレに行く時間についても記載してから記録を振り返ると、夜間に起きた際には必ずトイレに行っていることがわかりました。そうすると夜間に起きてしまうこととトイレに関連があると考えられます。こうした関連が把握できると、夜間にゆっくり睡眠をとってもらうためには寝る前にトイレ誘導して排泄後に就寝してもらうなどの具体的な支援のアイデアにもつながってきます。

　こうして検討した支援のアイデアを実践し、その様子を記録してこれまでの様子と比較検討することで、効果的な支援ができているかを確認することができます。

　このように、記録は定期的に振り返っていくことが重要になります。しかし、ただ漠然と振り返るのではなく、仮説を立て、記録を通じて仮説が正しいかどうかを確認していくことでより効果的に振り返りができるでしょう。

5 記録の取り方

記録を取る際には客観的な記述が重要ですが、時間軸に沿って利用者の行動を逐一書き留めていく時間的な余裕は支援現場にないことは明らかです。

そのために記録のポイントを絞ることが重要です。実施している支援にかかることや、睡眠、排泄など生活リズムにかかること、仮説の検証に必要な情報収集など、いま知りたい情報にポイントを絞ることで記録がつけやすくなります。

また、記録する書式の工夫も欠かせません。記述式の記録もあれば、観察ポイントを一覧にしてチェックする形もあるでしょう。記述式であれば、記録者が比較的自由に記述できるので、その人の見立てやいつもと違う行動などが記載しやすくなります。しかし、自由度が高い反面、記録者の文章力や主観が反映されやすくなります。

それに対してチェック式の記録（表7-3）であれば観察のポイントが明確になるの

第7章
第8章
第9章
第10章
第11章
第12章
基礎編
実践編

表7-3　チェック式の記録

夜間の睡眠記録表　利用者名　Aさん

日　付	夜間の睡眠 （該当部分の□にチェック）	夜間トイレの有無 （トイレに行った際は〇を記入）	考察／備考
〇月1日	□4時間未満 □4～6時間 ☑7～9時間	〇	夜間2度トイレに行く
〇月2日	□4時間未満 □4～6時間 ☑7～9時間	〇	トイレは明け方 トイレに起きるまではぐっすり眠っている
〇月3日	□4時間未満 □4～6時間 ☑7～9時間	〇	夜間2度トイレに行く
〇月4日	□4時間未満 □4～6時間 ☑7～9時間	〇	明け方トイレに起きるまでぐっすり眠れていた

・記録するポイントをまとめた記録表。
・どの部分を観察して記録するのかわかりやすい。
・ポイントが整理されているので振り返りもしやすい。
・ポイントとして示した部分以外のことがらが書きにくいので、考察／備考欄をつくって記入できるようにしている。

で記録者によっての違いが出にくく、記録にかかる時間も短くてすむでしょう。また、ポイントが明確なので振り返りもしやすいです。しかし、ポイントが明確な分、ポイントで示したことがら以外の変化や記録が書きにくかったりします。

　こうした方法には一長一短ありますので、それぞれの支援現場の状況や、記録したい事柄によって記録の取り方を工夫していくことが重要です。

6　課題となる行動の記録

　強度行動障害の状態にある人には他者への攻撃的な行動や、自分自身を傷つけてしまう自傷行為、物を壊すなどの物損行為などの行動がみられる場合が多いです。そうした行動への支援を考えていくためにも記録による情報収集は欠かせません。

　まずは表7-4のように支援が必要となる行動をターゲットとなる行動に定め、時間軸に沿って起こったとき（活動）ごとに記録していく方法です。このように一覧表にすることで、ターゲットとなる行動がどの時間帯に起こっているのか、起こりやすい

表7-4　ターゲットとなる行動についての記録

行動記録表　利用者名　Bさん

ターゲットとなる行動：「支援員を叩く行動」
記録の仕方　　　　　：ターゲットとなる行動があれば都度〇をつける 　　　　　　　　　　　　支援者を一度に複数回叩く場合は◎をつける
記録の期間　□月1日〜□月5日

日付／時間	10	11	12	13	14	15	記入者
□月1日			○○				支援者A
□月2日			◎	○	○		支援者B
□月3日		○	○○				支援者A
□月4日							支援者A
□月5日			◎		○	○	支援者C

・ターゲットとなる行動を定め、時系列の記録表に記録。
・ターゲットとなる行動がどの時間（活動時）に起こっているのか分析する。
・上記の例だと昼食に起きることが多いので、その時間帯に行動のきっかけになるような環境要因があると考えられる。
・また、強い行動（◎の行動）があったときには、その後も続きやすいので対応に注意が必要なことなどが読み取れる。

表7-5 ターゲットとなる行動が起こった前後の記録

行動記録表　**利用者名**　Bさん

日　付	ターゲットとなる行動	事前の様子	対応／事後の様子	記入者
○月1日	12：30　支援員を叩く	食事を食べ終わっていすに座っている	作業をうながすと落ち着く	支援員A
○月4日	12：20　支援員を叩く	いすに座って食事を待っている	食事をうながすと落ち着く	支援員B
○月5日	11：30　支援員を叩く	作業が終わっていすに座っている	いったん距離を空け、食事をうながす	支援員C

・「支援員を叩く」という課題となる行動についての記録表。
・「支援員を叩く」という行動を記録のターゲットに定めて、その行動が起こった際の「事前の様子」と「対応／事後の様子」もあわせて記録している。
・事前の様子からは行動の起こるきっかけを探っていく。
・事後の行動からは、Bさんがその行動の結果、獲得したことや、支援者の対応がどう影響を与えたのか探っていく。

時間帯や場面などを知ることができます。こうして得られた情報をもとに支援計画を考えていきます。

表7-4の例だと12時頃にターゲットとなる行動が多いことがわかります。昼の12時頃なので、その時間の活動である昼食場面について、過ごし方や環境要因を詳しくみていくことで行動の起こる背景を考えやすくなるでしょう。

また、表7-5のようにターゲットとなる行動が起こった前後の様子を記録していく方法もあります。行動が起こる前の様子を記録することで行動のきっかけをつかむことにつながりますし、起こった後の様子を記録することで行動の結果その人が得たことや、支援者の対応がどのような影響を与えたか知ることができます。

表7-5の例では、活動が終わりいすに座って待っている状態で支援者を叩く行動が起こりやすいといえるでしょう。また、次の行動をうながすとスムーズに取り組めていることから、待ち時間の見通しがなくそのことで不安になっている可能性が考えられますし、支援者を叩いた結果、次の活動をうながしてもらえるという結果にもつながっています。

そのため、待ち時間の過ごし方や見通しの伝え方などが行動の改善のために必要であることが推測できます。

支援が必要な行動の記録を取る際のポイントとしては、ターゲットとなる行動を「具体的な行動」にすることが大切です。ターゲットがあいまいな記載になると、記録

第**7**章

第**8**章

第**9**章

第**10**章

第**11**章

第**12**章

を取る支援者によって基準があいまいになることがあります。例えばターゲットとなる行動を「Bさんが怒っているとき」と定めた場合を見てみましょう。「怒っている」という状態はどういった状態を指すのでしょう。大声を出した状態? もしくは沈黙してこちらの呼びかけに応じないとき? 支援者を叩くとき? などいろいろな読み取り方ができます。こうしたあいまいな表現だと、記録者によってはばらつきが出て正しく記録できないときがあるので注意が必要です。先ほどの例のように複数の状態を把握したいときには、「大声を出したとき→○」「支援者を叩く→△」というようにそれぞれの行動に対して記号を決めて記録していくとよいでしょう。

　次に、あらかじめ記録する期間を定めておくことが大切です。●●日から▲▲日までと期間を決めて記録していき、該当の期間が終われば振り返りを行います。振り返りの結果、支援計画に反映させ、再度計画を実施し、今度はその結果を記録していき支援の有効性を確認していきます。もう少し情報を集めたければ期間を延長してもよいですし、想定していた情報が得られなければ記録の取り方を再考したり、中止したりするなど検討が必要です。

　このように、ただ記録していくだけでは支援計画にはつながっていかないので、積極的に振り返りを実施しながら記録した内容を支援につなげていくことが重要です。

　上記の例だけにとどまらず、各利用者や支援現場に応じた工夫をしながら記録を活用することで、チーム内で正しい状況を共有し、利用者に合った支援を提供する手助けになっていきます。そのため、強度行動障害のある人を支えるうえで、記録は大事なツールの1つといえるでしょう。

CHECK POINTS

①強度行動障害の状態にある人を地域で支えるためには、ライフステージを通じた支援体制を構築していく必要があります。1つの事業所だけで支えるのではなく、相談支援を中心としたチームで支えることが重要です。

②サービス等利用計画、個別支援計画、支援手順書を活用することや、ケース会議等を通じて、支援情報を共有し、統一した支援を実施することが重要です。

③支援の記録を工夫して、客観的な状況を把握することで、より具体的な支援を考えることができます。記録は定期的に振り返りながら仮説の裏づけや、支援の効果を確認します。

第7章

第8章
第9章
第10章
第11章
第12章
基礎演習
実践演習

事例12 チームアプローチで自宅での生活を続けているヨシノリさん

| 名前 | ヨシノリさん | 年齢 | 24歳 | 性別 | 男性 |

利用している主なサービス 相談支援・生活介護・行動援護・短期入所

✳ ヨシノリさんのこと

ヨシノリさんは自閉スペクトラム症と知的障害のある男性です。言葉のやり取りはできません。こちらが何か伝えたいときは写真や絵カードと指差しで伝えます。本人が伝えたいときは改善してほしい物（事）を指差して「んっ」と訴えます。物の位置や変化に対してとても強い「こだわり」があり、その「こだわり」に対して常に先の方法で改善を要求します。でも伝わらなかったり叶わなかったりしたときはとても激しく粗暴になってしまいます。

そんなヨシノリさんは母親と二人暮らしです。日中はどこに通うこともなく、ずっと家にいます。母親は「毎日不安！でも慣れた！」と言いながら頑張っています。

✳ ヨシノリさんのこれまで

小さい頃は大きな問題もなく過ごしていましたが、成長とともに強いこだわりをもつようになり、要求が伝わらなかったり、自分でどうにもならなかったりするときに激しく粗暴になるようになりました。

ヨシノリさんのこだわりには、「お風呂の蒸気、雨等で窓に水滴がつくのを除去して元に戻したい」「いつも車で通る国道に石が落ちているのが気になり、車から降りてでも石を除去したい」「グレーチングや溝に挟まった小石や砂利、砂を何としても除去したい」「ゲームセンターのゲーム機に貼ってある注意書きのシールをすべて剥がしたい」などがあります。

さらに、ヨシノリさんは、学校や事業所への通所を拒否していたため、母親はとても大変な状況でした。このようなことから、母親はよりよい支援を求めて「他県に引っ越す」という一大決心に至ります。

ヨシノリさんと母親の引っ越しに備えて、受け入れ先の自治体行政、事業所A、相談支援専門員で受け入れ準備会議を開催しました。相談支援専門員は本人、母親との面談で情報収集を綿密に行い、受け入れ事業所Aではヨシノリさんが以前少しだけ利用していた他県の事業所や学校に出向き綿密な調査を行いました。

準備会議の結果、ある支援方法の案が出されましたが、その支援方法は一事業所で対応できるものではなかったので、相談支援専門員は事業所Bにも協力を依頼し事前会議に参加してもらいました。

会議で決まった支援内容は、以下のとおりです。

・写真、絵カードによるスケジュールを作成する。──見通しをもつことで安心してもらうため。

・事業所ではシンプルで低刺激環境を用意する。──穏やかでこだわりが少なく過

ごせるように。

・毎朝本人が好きなフライドポテトを購入し、ドライブしてから事業所へ行く。

　──→現在のひきこもり生活をまず改善するため、本人の好きなもので動機づけをする。

　3つめのフライドポテト支援が、事業所Aとして人員、設備が不足していたので、事業所Bに人員等（人員、車）の協力依頼を行いました。協力してくれることになった事業所Bはその趣旨を理解し、ヨシノリさんの障害特性も事業所Aと同じぐらいのレベルで理解してくれました。そこで、2事業所混合7名のチームを結成し、支援を実施することになりました。その結果、支援の開始は良好で、数週間はスムーズに事業所Aに通うことができました。

　しかし、1か月後にはまたひきこもり状態になってしまいます。そこで、再度会議を開催し、作戦を練り直しました。いくつもの支援を考えては取り組み、トライ＆エラーをくり返しました。

　そして、最後にたどりついた支援方法は、以下のとおりでした。

・家庭の環境をヨシノリさんに合わせたわかりやすい環境につくり直し、家庭でもスケジュールを利用して安心して過ごせるようにする。──→事業所Bの職員が1週間交代で家庭に入って支援する。

・再度事業所Aに通うことができるように、ヨシノリさんが楽しみにしている活動を事業所Aに導入する。──→家庭での本人の大好きな活動（インターネットで動画を観る）を事業所Aに場所と機能を引っ越す。

　その結果、ヨシノリさんは再び家から出て、事業所Aに通うことができるようになりました。

✳ ヨシノリさんの今

　ヨシノリさんは、月の3割を短期入所事業所で過ごし、それ以外の日は安心して過ごせる環境となった自宅で母親との二人暮らしを継続しています。短期入所事業所は当時の協力事業所Bです。日中は、9割は事業所Aに通ってパソコンメインの活動で過ごしています。時々通所を拒否して家で過ごしますが……。作戦成功から早4年です。そして、余暇は、事業所Cを利用して火曜日はゲームセンターでゲームをしてから、木曜日はレストランで食事をしてから、事業所Aに通います。これは当時のフライドポテト支援（動機づけ支援）の名残です。週間スケジュールとして本人に伝え、通所の動機づけとなっています。

　事業所A、事業所B、事業所C、相談支援専門員、行政、母親が事業所の枠組みを越えて、チームとして本人を支え続けており、「何かあったら、チーム集合！」が合言葉となっています。

支援会議を重ねてチームで支えているタケルさん

名前 タケルさん　　**年齢** 19歳　　**性別** 男性
利用している主なサービス 生活介護・相談支援・共同生活援助（グループホーム）・移動支援

第7章

第8章

第9章

第10章

第11章

第12章

基礎演習

実践演習

✳ タケルさんのこと

　タケルさんは自閉スペクトラム症と重い知的障害のある男性です。「ごはん」「トイレ」など日常生活によく使用する単語での意思表示ができます。周囲からの声かけも単語によって、ある程度理解しているようです。

　タケルさんは、子どもの頃は父方の祖父、両親、弟と一緒に暮らしていました。

　ドライブや公園に出かけてのブランコなどが好きで、家族に車で連れていくように要求することがありました。要求を通すために大きな声で叫んだり、家族の手を引っ張って車まで連れていこうとしたりしました。要求が通らないと家族に手が出ることもありました。

　現在は成人期を迎え、日中は生活介護、夜間は共同生活援助を利用しながら生活をしています。

✳ タケルさんのこれまで

　タケルさんは1歳6か月児健診の結果から医療機関での診断を勧められ、自閉スペクトラム症の診断を受けました。幼児期は地域の療育教室に通い、その後、特別支援学校の小学部に入学しました。

　小さい頃は体を動かす遊びが得意な男の子でした。自宅は大きな庭のある一軒家

で、敷地内にブランコや滑り台があり、それらでよく遊んでいました。特にブランコの揺れが好きで、何時間もブランコに乗っていることがありました。

　祖父はタケルさんが年少の頃は自宅敷地内での遊びの見守りなどに協力してくれていましたが、小学校に入る頃には体力的に見守りなども難しくなりました。父親は仕事が休みのときには、タケルさんと一緒にドライブに出かけたり、公園で遊んだりしていました。しかし自営業で仕事が忙しく、休みは月2日程度でした。そのため、主にタケルさんの家庭での世話をするのは母親でした。

　小学校に入るまでは、タケルさんは要求も少なく、母親を困らせることはあまりありませんでした。時折、外出の要求をして母親の手を引っ張ることなどがありましたが、体も小柄でしたので、母親が要求に応えないでいると、タケルさんがあきらめてしまうという状況でした。

　タケルさんが小学5年生になる頃に、弟が生まれました。母親は赤ちゃんの世話でタケルさんと一緒に外出などができなくなったため、市役所に申請し、相談支援専門員との相談を経て、移動支援を利用して週末にヘルパーと一緒に外出することになりました。この頃から家庭でタケルさんの食べものや外出に対する要求が多くなり、

それに家族が応えないと大きな声を出したり、家族に対して手が出ることが増えてきました。タケルさんは体も大きくなり、母親を力づくで車の前まで引っ張って行くようになりました。そのため、家族は本人の要求に応えるしかなくなり、母親が赤ちゃんを祖父に預けてタケルさんと外出したり、父親が仕事から戻って夜遅く外出するということもありました。同じ頃、学校では急に怒り出して、窓ガラスを割ってしまうということがありました。家族での外出が難しくなってきたため、週末だけでなく平日も利用するようになっていた移動支援でも、要求が通らないときはヘルパーに唾を吐きかけたり、手が出たりすることが増えていました。

このような状況について母親から再び相談を受けた相談支援専門員は、家族、学校の先生、移動支援を担当するヘルパーを集めて個別の支援会議を開催しました。まずは、本人を取り巻く人たちと現状の共有を行いました。しかし、状況は確認できたもののタケルさんの行動への適切な対処方法を見いだすことができませんでした。そこで、相談支援専門員の提案で、自閉スペク

トラム症や発達障害について専門的な評価や対応方法などについてアドバイスをしてくれる専門機関に依頼し、タケルさんの行動障害に関しての専門的な評価をしてもらうことにしました。

専門機関の専門員の評価では、タケルさんが「外出やおやつを食べることなどの予定に見通しをもてていないことを不安に感じて要求が増えているのではないか？」「無造作に本人の要求に応えることが行動をエスカレートさせている」という指摘がされました。対処方法として、どの順番でいつ外出できたりおやつを食べられるのかがわかるように絵カードなどで示すこと、家族を含めた各支援者が同じ絵カードを用いて、タケルさんへの支援方法を共通化することが提案されました。

その提案を受け、相談支援専門員が特別支援学校の先生と協力して表と絵カードを作成して、家庭、学校、移動支援で使用することにしました。絵カードで事前に予定を確認すること、本人から要求があったときに絵カードで予定を確認することで見通しをもつことができるようになり、要求がエスカレートして手が出ることが少なくなりました。

この取組みが始まって以降、家族、学校の先生、移動支援を担当するヘルパー、専門機関の専門員、相談支援専門員が2か月に1回ほど定期的に集まって、状況の確認と支援方針の共有、支援方法の微調整を重ねていきました。

✳ タケルさんの今

タケルさんは特別支援学校中学部の頃から、月に2回程度短期入所を利用して、自宅外での生活も体験するようになりました。その後も短期入所事業所のスタッフをメンバーに加えながら個別の支援会議は定期的に続けられました。

一時は、行動障害がエスカレートしたときのことを考え、障害児入所施設への入所も検討しました。しかし、定期的な個別の支援会議で本人の状況を確認し、支援の調整と共有を行うことで、完全に行動障害が解消されることはないものの、エスカレートすることはなく、児童期を家族とともに生活し続けることができました。

現在は特別支援学校高等部を卒業して、日中は生活介護に通い軽作業や創作活動に取り組み、夜間はグループホーム（共同生活援助）で生活しています。また、週末には移動支援を利用して外出したり、自宅に帰省して家族と一緒に過ごしたりすることも継続しています。

日中支援を行っている支援者と夜間の支援を行っている支援者が頻繁に情報交換しながら、将来的には就労継続支援の利用などを視野に入れ、タケルさんがより本人らしく生活できるような支援が検討されています。また、半年に1回程度、学齢期からの支援者も集まって個別の支援会議が継続して行われています。

第7章
第8章
第9章
第10章
第11章
第12章
基礎演習
実践演習

きょうだいの気持ち

「あら〜。えらいね〜。」

　幼い頃に、兄と一緒にいる私がよく大人の人にかけられた言葉です。その後、私たちから離れると「かわいそうに……」と、他の人と話している声が聞こえてくることが何度もありました。障害のある兄弟や姉妹がいる人の多くは同じような経験をしたことがあるのではないかと思います。

　私には、1つ年上の兄と年の離れた弟がいます。兄は2歳になった頃に重度の自閉症（今は自閉スペクトラム症と診断されます）と重度の知的障害の診断を受けました。障害のある人が兄弟姉妹にいる人のことを、「きょうだい」とか「きょうだい児」というそうで、私は生後2か月で「きょうだい」になったというわけです。兄は、今ではあまり急ぐということをしないどーんと構えているタイプなのですが、小さい頃は多動で目が離せない子どもだったそうです。私は一人でまだうまく歩けないときでも、おんぶされている母の背中からどこかに行っている兄を見つけると、指差したり声をかけたりして周囲に教えているような子どもだったそうです。

　「きょうだい」でなければしなくてよかった苦労もたくさんありました。小さい頃の兄は家でも園でも学校に入っても、自分の思っていることと違ったり何か気に入らないことがあったりすると、商店街のど真ん中でも駅のホームでもところかまわず奇声を上げて走り回ったり寝転がったりしてパニックになることがありました。そんな兄を必死に抱え上げて車まで連れていく母の後ろを追いかけたり、どうすることもできずに母と2人で途方に暮れてただ兄を見ていたこともありました。小学校の運動会が兄の学校と同じ日になることが多かったので、母はほとんど私の運動会には来てくれませんでした。兄のことをよく知らない同級生から、急に兄のことを馬鹿にされたこともありました。

　ですが、それ以上に「きょうだい」でなければ経験できない楽しい、おもしろい、特別な経験をすることもできました。兄が通う養護学校（今の特別支援学校）に母や弟と一緒に兄を迎えに行っていました。しょっちゅう行くので、兄の学校の先生や寄宿舎の先生には顔を覚えてもらうだけでなく、自分の学校の先生よりもかわいがってもらっていたように思います。現在、仕事でその当時の先生方にお会いすることがあるのですが、気にかけてもらえたり、それぞれの立場で同じお子さんについて話をするときなどに率直に話ができ心強いです。毎年夏になると3回も4回も療育キャンプに参加していました。そこではちょっと離れたところに住んでいる同じきょうだいの立場の友だちができたり、ボランティアで参加してくれていた大学生のお兄さんやお姉さんと仲良くなったりしました。「大学生の友だちがいる」というのは、周りの友だちにはなかなか経験できないことで特別な感じがしました。素敵な出会いや特別な経験がたくさんできていたので、小学

３年生のときに「兄ちゃんが自閉症でよかった」とつぶやいて周りの大人にびっくりされたこともあります。

きょうだいの気持ちというのは、障害の種別、障害のある人が自分より年上か年下か、同性か異性か、年齢が近いか離れているのかなどによってそれぞれ違うと思います。私が、障害のある兄の存在をポジティブに受け入れることができているのは――今でも自傷や怒ると奇声を上げながらウロウロするなどの行動障害はあるけれども――なんとか家族で対応でき、一緒にいることが苦ではないことが影響していると思います。そして、両親が兄のことをポジティブに受け入れていたこと、学校の先生やボランティアさんたちが楽しそうに兄とかかわってくれていたこと、私や弟とはもっと楽しくかかわってくれたことなど、よい人たちとの出会いに大きな影響を受けているように感じています。

障害のない人同士でも仲が良い兄弟姉妹もいれば、仲が悪い兄弟姉妹もいます。障害がある人のきょうだいだからといって、仲良くしなければいけないわけでもなく、面倒をみなければいけないということもないと思います。きょうだいは、一生きょうだいです。ずっと気になる存在で、できれば仲良く、一緒に過ごせるのであれば一緒にいたいと思っている人が多いと思います。

自閉スペクトラム症や知的障害が重い人が強度行動障害になりやすいといわれています。行動障害が大きくなることで、家族関係も壊れていきます。きょうだいの思いも変わっていきます。支援にかかわる人たちが強度行動障害の研修を受けたり、障害のある人が穏やかに過ごせるようにするにはどのように支援したらよいかを一緒に考え、行動してくださる人が一人でも増えると、家族やきょうだいが障害のある人と一緒に過ごすことの大変さだけでなく、楽しさを感じられるのではないかと思います。

吉永 菜穂子（特定非営利活動法人それいゆ）

第8章

行動障害と虐待防止

1　障害者虐待防止法成立の経緯

　2014（平成26）年1月に日本が批准した国連の「障害者の権利に関する条約」は、障害者の人権および基本的自由の享有を確保し、障害者の固有の尊厳の尊重を促進することを目的として、障害者の権利の実現のための措置等について定めています。

　2013（平成25）年6月に改正された障害者基本法の目的（第1条）には、「全ての国民が、障害の有無にかかわらず、等しく基本的人権を享有するかけがえのない個人として尊重されるものであるとの理念にのっとり、全ての国民が、障害の有無によって分け隔てられることなく、相互に人格と個性を尊重し合いながら共生する社会を実現する」ことが定められています。

　また、同年4月に施行された障害者の日常生活及び社会生活を総合的に支援するための法律（障害者総合支援法）の基本理念（第1条の2）においては、「障害者及び障害児が日常生活又は社会生活を営むための支援は、全ての国民が、障害の有無にかかわらず、等しく基本的人権を享有するかけがえのない個人として尊重されるものであるとの理念にのっとり、全ての国民が、障害の有無によって分け隔てられることなく、相互に人格と個性を尊重し合いながら共生する社会を実現するため、全ての障害者及び障害児が可能な限りその身近な場所において必要な日常生活又は社会生活を営むための支援を受けられることにより社会参加の機会が確保されること及びどこで誰と生活するかについての選択の機会が確保され、地域社会において他の人々と共生することを妨げられないこと並びに障害者及び障害児にとって日常生活又は社会生活を営む上で障壁となるような社会における事物、制度、慣行、観念その他一切のものの除去に資することを旨として、総合的かつ計画的に行わなければならない」ことが定められました。

　2016（平成28）年4月には、障害を理由とする差別の解消の推進に関する法律（障害者差別解消法）が施行され、何人も、障害者に対して、障害を理由として、差別することその他の権利利益を侵害する行為をしてはならないことや、社会的障壁の除去を怠ることによる権利侵害の防止等が定められています。

　虐待防止に関する法制度は、2000（平成12）年に施行された児童虐待の防止等に関する法律（児童虐待防止法）や2005（平成17）年に施行された高齢者虐待の防止、

高齢者の養護者に対する支援等に関する法律（高齢者虐待防止法）などが整備されてきましたが、障害者の虐待に対する法制度の検討が遅れていました。その一方で、障害者に対する虐待が家族や障害者福祉施設、あるいは障害者が働く職場等で表面化し、社会問題となっていました。そのようななか、与野党それぞれにおいて、障害者虐待防止法の立法化に向けての議論が進められ、2011（平成23）年6月17日、障害者虐待の防止、障害者の養護者に対する支援等に関する法律（障害者虐待防止法）が議員立法により可決・成立し、2012（平成24）年10月1日から施行されました。

2 障害者虐待防止法の概要

1 障害者虐待防止法の目的

この法律は、障害者に対する虐待が障害者の尊厳を害するものであり、障害者の自立および社会参加にとって障害者に対する虐待を防止することが極めて重要であること等に鑑み、障害者に対する虐待の禁止、障害者虐待の予防および早期発見その他の障害者虐待の防止等に関する国等の責務、障害者虐待を受けた障害者に対する保護および自立の支援のための措置、養護者の負担の軽減を図ること等の養護者に対する養護者による障害者虐待の防止に資する支援のための措置等を定めることにより、障害者虐待の防止、養護者に対する支援等に関する施策を促進し、もって障害者の権利利益の擁護に資することを目的としています。

2 「障害者」の定義

障害者虐待防止法では、障害者とは、障害者基本法第2条第1号に規定する障害者と定義されています。同号では、障害者とは「身体障害、知的障害、精神障害（発達障害を含む。）その他の心身の機能の障害がある者であって、障害及び社会的障壁により継続的に日常生活又は社会生活に相当な制限を受ける状態にあるもの」としており、障害者手帳を取得していない場合も含まれます。

障害者虐待防止法では、障害者虐待を「養護者による障害者虐待」「障害者福祉施設従事者等による障害者虐待」「使用者による障害者虐待」に分けて定義しています。

第7章
第8章
第9章
第10章
第11章
第12章

①養護者による障害者虐待

「養護者」とは、「障害者を現に養護する者であって障害者福祉施設従事者等及び使用者以外のもの」と定義されており（法第2条第3項）、身辺の世話や身体介助、金銭の管理等を行っている障害者の家族、親族、同居人等が該当すると考えられます。また、同居していなくても、現に身辺の世話をしている親族・知人等が養護者に該当する場合があります。

②障害者福祉施設従事者等による障害者虐待

「障害者福祉施設従事者等」とは、障害者総合支援法等に規定する「障害者福祉施設」または「障害福祉サービス事業等」にかかる業務に従事する者と定義されています（法第2条第4項）。

「障害者福祉施設」または「障害福祉サービス事業等」に該当する施設・事業は表8-1のとおりです。

表8-1　障害福祉サービス事業等に該当する施設・事業

法上の規定	事業名	具体的内容
障害者福祉施設	・障害者支援施設 ・のぞみの園	
障害福祉サービス事業等	・障害福祉サービス事業	居宅介護、重度訪問介護、同行援護、行動援護、療養介護、生活介護、短期入所、重度障害者等包括支援、自立訓練、就労移行支援、就労継続支援、就労定着支援、自立生活援助および共同生活援助
	・一般相談支援事業および特定相談支援事業 ・移動支援事業 ・地域活動支援センターを経営する事業 ・福祉ホームを経営する事業 ・障害児相談支援事業 ・障害児通所支援事業	児童発達支援、医療型児童発達支援、放課後等デイサービス、居宅訪問型児童発達支援および保育所等訪問支援

③使用者による障害者虐待

「使用者」とは、「障害者を雇用する事業主又は事業の経営担当者その他その事業の労働者に関する事項について事業主のために行為をする者」と定義されています（法第2条第5項）。この場合の事業主には、派遣労働者による役務の提供を受ける事業主等政令で定める事業主は含まれ、国および地方公共団体は含まれていません。

3 障害者福祉施設従事者等による障害者虐待

障害者虐待は「身体的虐待」「性的虐待」「心理的虐待」「放棄・放置」「経済的虐待」の5つの類型があり、養護者、障害者福祉施設従事者等、使用者ごとに細かく分類されていますが、本テキストの読者は、強度行動障害支援者養成研修の受講者であることが想定されますので、「障害者福祉施設従事者等による障害者虐待」を中心に解説します。

①身体的虐待

障害者の身体に外傷が生じ、もしくは生じるおそれのある暴行を加え、または正当な理由なく障害者の身体を拘束すること。

②性的虐待

障害者にわいせつな行為をすることまたは障害者をしてわいせつな行為をさせること。

③心理的虐待

障害者に対する著しい暴言、著しく拒絶的な対応または不当な差別的な言動その他の障害者に著しい心理的外傷を与える言動を行うこと。

④放棄・放置

障害者を衰弱させるような著しい減食または長時間の放置、他の利用者による①から③までに掲げる行為と同様の行為の放置その他の障害者を養護すべき職務上の義務を著しく怠ること。

⑤経済的虐待

障害者の財産を不当に処分することその他障害者から不当に財産上の利益を得ること。

4 障害者虐待における虐待防止法制の対象範囲

障害者虐待防止法において対象としている範囲については、次の**表8-2**のとおりです。

第7章
第8章
第9章
第10章
第11章
第12章
基礎演習
実践演習

表8-2　障害者虐待における虐待防止法制の対象範囲

所在場所／年齢	在宅（養護者・保護者）	福祉施設						企業	学校病院保育所
		障害者総合支援法		介護保険法	児童福祉法				
		障害福祉サービス事業所（入所系、日中系、訪問系、GH等含む。）	一般相談支援事業所または特定相談支援事業所	高齢者施設等（入所系、通所系、訪問系、居住系等含む。）	障害児通所支援事業所（児童発達支援、放課後等デイ等）	障害児入所施設等（注1）	障害児相談支援事業所		
18歳未満	児童虐待防止法・被虐待者支援（都道府県）※被虐待者支援は、障害者虐待防止法も適用	障害者虐待防止法・適切な権限行使（都道府県市町村）	障害者虐待防止法・適切な権限行使（都道府県市町村）		障害者虐待防止法（省令）・適切な権限行使（都道府県市町村）	児童福祉法・適切な権限行使（都道府県）	障害者虐待防止法（省令）・適切な権限行使（都道府県市町村）	障害者虐待防止法・適切な権限行使（都道府県労働局）	障害者虐待防止法・間接的防止措置（施設長）
18歳以上65歳未満	障害者虐待防止法・被虐待者支援（市町村）				【20歳まで】障害者虐待防止法（省令）・適切な権限行使（都道府県市町村）（注2）	【20歳まで】児童福祉法・適切な権限行使（都道府県）			
65歳以上	障害者虐待防止法高齢者虐待防止法・被虐待者支援（市町村）			高齢者虐待防止法（特定疾病40歳以上の若年高齢者含む。）・適切な権限行使（都道府県市町村）					

注1：里親、乳児院、児童養護施設、障害児入所施設、児童心理治療施設、児童自立支援施設
　2：放課後等デイサービスのみ

　一般的に18歳未満の児童への養護者による障害者虐待については、児童虐待防止法で対応をすることとなっていますが、放課後等デイサービスや児童発達支援、保育所等訪問支援、障害児相談支援といったサービスで発生した障害者虐待については、障害者虐待防止法での対応になります。

　また、高齢者関係施設の入所者に対する虐待については、65歳未満の障害者に対するものも含めて高齢者虐待防止法が適用され、児童福祉施設の入所者に対する虐待については、児童福祉法が適用されます。

5　障害者虐待に対する刑事罰

　障害者虐待の5つの類型は、表8-3のとおりで、その行為は行き過ぎると刑事事件に発展することがあります。法施行後も、刑事事件として報道された事案が数多くあります。支援者はこうした点についても押さえておく必要があります。

表8-3　刑事罰の例

虐待行為の類型	該当する刑法の例
身体的虐待	刑法第199条殺人罪、第204条傷害罪、第208条暴行罪、第220条逮捕監禁罪
性的虐待	刑法第176条強制わいせつ罪、第177条強制性交等罪、第178条準強制わいせつ罪、準強制性交等罪
心理的虐待	刑法第222条脅迫罪、第223条強要罪、第230条名誉毀損罪、第231条侮辱罪
放棄・放置	刑法第218条保護責任者遺棄罪
経済的虐待	刑法第235条窃盗罪、第246条詐欺罪、第249条恐喝罪、第252条横領罪

6　市町村障害者虐待防止センター

　障害者虐待防止法では、すべての市町村に対して、障害者福祉に関する事務や所管する部局に対して「市町村障害者虐待防止センター」を設置するように定めています（法第32条）。

　市町村障害者虐待防止センターが担うべき機能については、以下のとおりです。

・養護者、障害者福祉施設従事者等、使用者による障害者虐待にかかる通報または届出の受理

・養護者による障害者虐待の防止や、養護者による障害者虐待を受けた障害者の保護のための、障害者および養護者に対する相談、指導および助言

・障害者虐待の防止および養護者に対する支援に関する広報等普及啓発活動

　このセンターは、必ずしも新たに設置しなければならないものではなく、既存の市町村の障害福祉担当部門の窓口等が市町村障害者虐待防止センターの機能を担うことも可能になっていますが、法律上、障害者虐待にかかる通報や届出が適切に行われるようにすべての市町村に設置することになっています。またこの業務については適当と認められる者に対して委託をすることも可能です。

7　都道府県権利擁護センター

　すべての市町村に「市町村障害者虐待防止センター」の設置が求められていることに対して、都道府県には「都道府県障害者権利擁護センター」の設置が規定されています（法第36条）。

　都道府県障害者権利擁護センターには、次の役割が求められています。

・使用者による障害者虐待にかかる通報または届出の受理

- 市町村の間の連絡調整や情報提供、助言等の必要な援助
- 障害者虐待を受けた障害者に関する各般の問題や養護者に対する支援に関し、相談に応じる。または相談を行う機関の紹介
- 障害者虐待を受けた障害者の支援および養護者の支援のため、情報の提供、助言、関係機関との連絡調整その他の援助の実施
- 障害者虐待の防止および養護者に対する支援に関する情報収集、分析および提供
- 障害者の虐待および養護者に対する支援に関する広報その他の啓発活動
- その他障害者に対する虐待の防止等のために必要な支援

　市町村障害者虐待防止センターが一元的に障害者虐待にかかる通報または届出を受ける機能を有しているのに対して、都道府県障害者権利擁護センターは、広域的な市町村間の調整や相談、助言、情報収集・分析・提供といった後方的支援の役割があります。

8 障害者虐待を発見した場合の対応

　障害者虐待防止法では、法第3条において「何人も、障害者に対し、虐待をしてはならない」と規定しており、障害者虐待を発見した者に対して、通報の義務を課しています。さらに、福祉関係者については障害者虐待の早期発見に努めなければならないとする努力義務を課しています。

> **障害者虐待防止法　第6条第2項**
>
> 障害者福祉施設、学校、医療機関、保健所その他障害者の福祉に業務上関係のある団体並びに障害者福祉施設従事者等、学校の教職員、医師、歯科医師、保健師、弁護士その他障害者の福祉に職務上関係のある者及び使用者は、障害者虐待を発見しやすい立場にあることを自覚し、障害者虐待の早期発見に努めなければならない。

　具体的な対応としては、障害者福祉施設従事者等による障害者虐待を受けたと思われる障害者を発見した者は、速やかに、先述の市町村の障害者虐待防止担当窓口や障害者虐待防止センターに通報する義務があります。

> **障害者虐待防止法　第16条第1項**
>
> 障害者福祉施設従事者等による障害者虐待を受けたと思われる障害者を発見した者は、速やかに、これを市町村に通報しなければならない。

　「障害者虐待を受けたと思われる障害者を発見した」場合とは、障害者福祉施設従事

者等から明らかに虐待を受けた場面を目撃した場合だけでなく、虐待を受けたのではないかと疑いをもった場合も含まれ、事実が確認できなくても通報する義務があります。発見者は、障害者福祉施設等の外部、内部の人であることは問いません。いずれの場合も通報義務があります。障害者福祉施設等の管理者やサービス管理責任者等が、障害者福祉施設等の内部で起きた障害者虐待の疑いについて職員から相談を受けた場合、職員からの相談内容や虐待を受けたとされる障害者の様子等から虐待の疑いを感じた場合は、相談を受けた管理者等も市町村に通報する義務が生じます。

また、障害者福祉施設等の職員は、施設内だけの障害者虐待だけでなく、養護者による虐待を発見する可能性もあります。この場合も通報義務があります。

9 通報者の保護

先述したように、障害者虐待防止法では、障害者虐待を発見したすべての者に通報の義務を課しています。しかしそうすると、通報する場合にいわゆる「告げ口した」「仲間を売った」といった心理が働いてしまい通報を躊躇してしまうことが少なからず予想されます。しかし、いつまでも通報されずにいると、虐待行為が継続し、場合によってはますますエスカレートしてしまうこともあります。そのことによって最もつらい思いをするのは他ならぬ障害のある本人です。法律の趣旨を考えるならば、通報は必ず行うことが大変に重要です。

ちなみに、通報をした障害者福祉施設従事者等は、通報したことによって解雇その他不利益な取扱いを受けないこととされています。

障害者虐待防止法　第16条第4項

障害者福祉施設従事者等は、第1項の規定による通報をしたことを理由として、解雇その他不利益な取扱いを受けない。

さらに、障害者虐待防止法では通報や届出を受けた市町村に対して、通報者を特定させるような情報を漏らしてはならないと規定されています。

障害者虐待防止法　第18条

市町村が第16条第1項の規定による通報又は同条第2項の規定による届出を受けた場合においては、当該通報又は届出を受けた市町村の職員は、その職務上知り得た事項であって当該通報又は届出をした者を特定させるものを漏らしてはならない。〔以下略〕

第7章

第8章

第9章

第10章

第11章

第12章

基礎講習

実践講習

このような規定を設けることにより、通報者に対して不利益な対応をすることを禁止したり、通報者が特定されることがないようにしています。

10 市町村への通報の流れと対応

障害者虐待を受けたと思われる障害者を発見した者からの通報が市町村に寄せられた場合、通報を受けた市町村は、施設に出向いて事実確認を行います。具体的には、市町村の障害者虐待防止担当者が施設に出向くなどして聞き取り、事実確認を行います。虐待を受けたと思われる障害者の安全の確認、事案の実態や背景、虐待者や関係職員等への聞き取りが行われますが、隠すことなく正直に答えてもらう必要があります。

聞き取り等事実確認の結果、障害者虐待が認められた場合には、市町村は都道府県に報告をすることになります。その後、障害者総合支援法の規定により市町村長、都道府県知事が調査権限に基づいて障害者福祉施設等に対して報告徴収、立入検査が行われることになりますが、その際に質問に対して虚偽の答弁をしたり、検査を妨害したりした場合には、障害者総合支援法の規定により指定の取消し等を受けたり（第50条第1項及び第3項、第51条の29第1項および第2項）、30万円以下の罰金刑（第111条）に処されることもありますので、事実確認調査には誠実に協力するようにしましょう。

また、事業所等が調査に協力しない場合等、都道府県と市町村が共同で調査を行うべきと判断される場合や、悪質なケース等で、都道府県による迅速な権限発動が求められる場合には、速やかに市町村から都道府県に報告することがあります。

11 その他

障害者虐待防止法の適用範囲は、「養護者」「障害者福祉施設従事者等」「使用者」に限定されており、学校、保育所等、医療機関、官公署等には通報義務が課せられていません。しかしながら、学校、保育所等の長、医療機関の管理者については、職員や関係者に対する障害者の理解を深めるための研修や、普及啓発、障害者虐待に関する相談体制の整備や障害者虐待に対処するための措置、防止対策を講じることとされています（法第29条、第30条、第31条）。

1 障害者虐待対応状況調査

厚生労働省では、毎年、都道府県・市町村における障害者虐待事例への対応に関する状況について調査を実施しています。第2節では、障害者虐待の対応状況から、行動障害と虐待の関係について考えてみたいと思います。

1 養護者による障害者虐待の状況

養護者による障害者虐待の通報や相談の件数は、例年4,500件ほどで推移してきましたが、平成30年度では5,000件を大きく上回りました（**図8-1**）。相談・通報に対して、実際に障害者虐待と判断された割合は、平均すると約36%です。

図8-1　養護者による障害者虐待

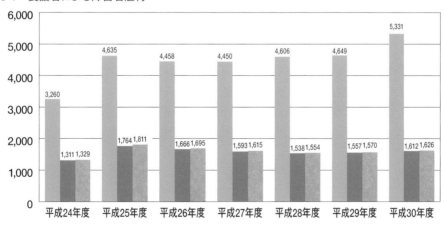

養護者	平成24年度	平成25年度	平成26年度	平成27年度	平成28年度	平成29年度	平成30年度
相談・通報件数(件)	3,260	4,635	4,458	4,450	4,606	4,649	5,331
虐待判断件数(件)	1,311	1,764	1,666	1,593	1,538	1,557	1,612
被虐待者数(人)	1,329	1,811	1,695	1,615	1,554	1,570	1,626

注：平成24年度は下半期のみのデータ
出典：厚生労働省「障害者虐待防止法に基づく対応状況等に関する調査」

図8-2 平成30年度障害者虐待対応状況調査＜養護者による障害者虐待＞

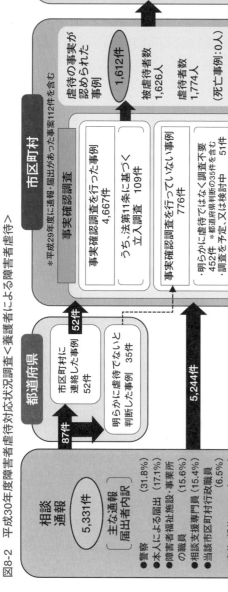

相談通報

5,331件

［主な通報・届出者内訳］
- ●警察 (31.8%)
- ●本人による届出 (17.1%)
- ●障害者福祉施設・事業所の職員 (15.6%)
- ●相談支援専門員 (15.4%)
- ●当該市区町村行政職員 (6.5%)
- ●家族・親族 (4.0%)

虐待者(1,774人)

- ●性別
  男性(62.2%)、女性(37.8%)
- ●年齢
  60歳以上(40.0%)、50～59歳(24.0%)、40～49歳(18.4%)
- ●続柄
  父(24.4%)、母(24.3%)、夫(12.6%)、兄弟(12.5%)

都道府県

市区町村に連絡した事例 52件

明らかに虐待でないと判断した事例 35件

87件

5,244件

市区町村

＊平成29年度に通報・届出があった事案112件を含む

事実確認調査

事実確認調査を行った事例 4,667件
うち、法第11条に基づく立入調査 109件

事実確認調査を行っていない事例 776件
・明らかに虐待ではなく調査不要 452件 ＊都道府県判断の35件を含む
・調査を予定、又は検討中 51件

虐待の事実が認められた事例 **1,612件**

被虐待者数 1,626人

虐待者数 1,774人

（死亡事例：0人）

虐待行為の類型（複数回答）

身体的虐待	性的虐待	心理的虐待	放棄・放置	経済的虐待
63.6%	4.0%	29.4%	14.6%	21.2%

市区町村職員が判断した虐待の発生要因や状況（複数回答）

虐待者が虐待と認識していない	45.6%
家庭における被虐待者と虐待者の人間関係	43.0%
被虐待者の介護度や支援度の高さ	25.9%
虐待者の知識や情報の不足	24.8%
虐待者の介護疲れ	22.0%
家庭における経済的困窮（経済的問題）	19.2%

虐待事例に対する措置

虐待者と分離した人数 688人
- ① 障害福祉サービスの利用 45.2%
- ② 措置入所 10.6%
- ③ ①、②以外の一時保護 14.8%
- ④ 医療機関への一時入院 15.8%
- ⑤ その他 13.5%
- ⑥ ①～⑤のうち、面会制限を行った事例 32.1%

虐待者と分離しなかった人数 709人
- ① 助言・指導 55.9%
- ② 定期的な見守りの実施 44.1%
- ③ サービス等利用計画の見直し 16.5%
- ④ 新たな障害福祉サービス利用 11.3%

現在対応中・その他 229人
介護保険サービスを利用、虐待者・被虐待者の転居、入院中等

成年後見制度の審判請求 111人
うち、市町村長申立 47人

被虐待者(1,626人)

- ●性別 男性(35.2%)、女性(64.8%)
- ●年齢 20～29歳(22.1%)、40～49歳(22.1%)、50～59歳(19.8%)
- ●障害種別（重複障害あり）

身体障害	知的障害	精神障害	発達障害	難病等
19.7%	53.0%	36.7%	3.3%	1.9%

- ●障害支援区分のある者 (55.7%)
- ●行動障害がある者 (26.7%)
- ●被虐待者と同居 (84.4%)
- ●世帯構成
  両親と兄弟姉妹(14.8%)、両親(12.8%)、配偶者(9.0%)、母(8.8%)、単身(8.7%)

資料：厚生労働省

平成30年度の対応状況調査（図8-2）の数値を見ると、虐待者の割合では、「父母」の割合が最も高く約5割を占めます。虐待行為としては身体的虐待が最も高く、6割以上を占めています。被虐待者の障害種別では知的障害者の割合が5割を超えます。行動障害のある人の割合も3割近くを占めています。

注目すべき点としては、「虐待の事実が認められた事例」1,612件のうち「虐待者と分離した人数」が688人にのぼっています。これは虐待が認められた件数に対して約43％を占めています。分離しなければならない状況というのは、被虐待者の心身に切迫した状況が迫っている、ということが想像できるので、養護者虐待については深刻な事案が多いのではないか、という指摘がされています。

2 障害者福祉施設従事者等による障害者虐待の状況

障害者福祉施設従事者等による障害者虐待は、毎年増加している傾向にあります。平成30年度では、「相談・通報件数」が2,605件、「虐待判断件数」が592件、「被虐待者数」が777人とすべて過去最高となっています。

図8-3　障害者福祉施設従事者等による障害者虐待

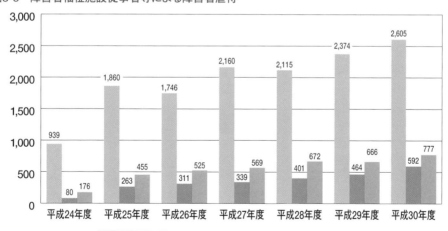

障害福祉従事者	平成24年度	平成25年度	平成26年度	平成27年度	平成28年度	平成29年度	平成30年度
相談・通報件数（件）	939	1,860	1,746	2,160	2,115	2,374	2,605
虐待判断件数（件）	80	263	311	339	401	464	592
被虐待者数（人）	176	455	525	569	672	666	777

注：平成24年度は下半期のみのデータ
出典：厚生労働省「障害者虐待防止法に基づく対応状況等に関する調査」

第7章
第8章
第9章
第10章
第11章
第12章
基礎演習
実践演習

図8-4 平成30年度障害者虐待対応状況調査＜障害者福祉施設従事者等による障害者虐待＞

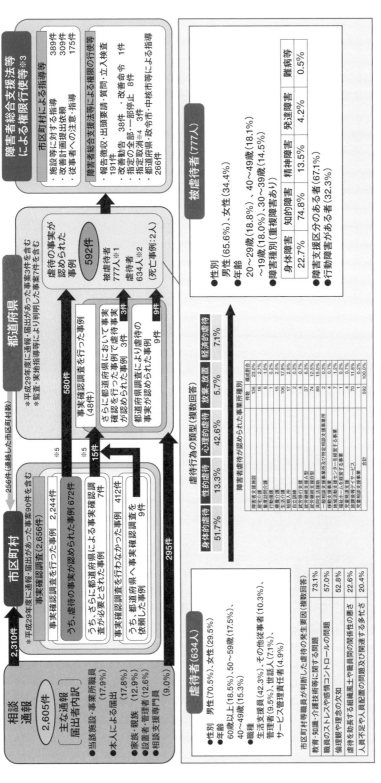

※1 不特定多数の利用者に対する虐待のため被虐待者が特定できなかった等の18件を除く574件が対象。
※2 施設全体による虐待のため被虐待者が特定できなかった52件を除く540件が対象。
※3 平成30年度末までに行われた権限行使等。
※4 指定取消は、虐待行為のほか入員配置基準違反や不正請求等の違反行為等を理由として行ったもの。
※5 同上事例で、複数の市区町村が報告した事例等があるため一致しない。

資料：厚生労働省

通報者の内訳では、障害のある本人や家族といった当事者の割合が多く、障害者虐待が発生したと思われる施設の職員からの通報の割合も年々増加しています。特に、事業所設置者や管理者からの通報の割合が伸びており、合計すると約3割の通報は障害者虐待が発生した施設自らの通報が占めています。

　障害者虐待が発生している事業所別では、障害者支援施設が最も高く、毎年25％前後を占めています。次いで生活介護、共同生活援助（グループホーム）、就労継続支援B型といったサービス事業所の割合が高い状況となっています。最近では、事業所の増加が著しい放課後等デイサービスの割合も高くなってきているのも特徴といえます。

　また、被虐待者の障害種別を見ると、知的障害者が74.8％と突出しています。この割合は、法施行後一貫して変わらず、知的障害のある人が虐待を受けるリスクが高い傾向があります。

3　使用者による障害者虐待の状況

　使用者による障害者虐待については、平成30年度の対応状況を見ると、通報・届出が寄せられた事業所数は1,656事業所となっており、通報・届出の対象となった障害者数は1,942人となっています。そのうち、実際に障害者虐待が認められた事業所は541事業所で、障害者虐待が認められた障害者数は900人となっています。

　使用者による障害者虐待での障害種別は「知的障害」が最も多く（47.4％）、次いで「精神障害」（28.9％）、「身体障害」（18.5％）、「発達障害」（4.1％）となっています。

　障害者虐待の類型では、「経済的虐待」が圧倒的に多く83.0％を占めています。これは多くの場合、最低賃金法違反や賃金未払いの事業所が障害者雇用をしていた場合に障害者虐待（経済的虐待）として判断されており、それが数字を押し上げています。他の障害者虐待の類型では「心理的虐待」（9.7％）、「身体的虐待」（4.4％）、「放置等」（2.0％）、「性的虐待」（0.9％）と続きます。

図8-5 平成30年度における使用者による障害者虐待の状況等

通報・届出
- ○通報・届出が寄せられた事業所　1,656事業所
- ○通報・届出対象の障害者　1,942人

虐待が認められた事案
- ○虐待が認められた事業所　541事業所
- ○虐待が認められた障害者　900人

虐待を受けた人／虐待を発見した人

通報・届出 → 市町村 → 都道府県
相談 → 都道府県労働局等

都道府県労働局等
- 都道府県からの報告　221事業所
- 労働局等への相談　1,260事業所
- 労働局等の発見　175事業所

報告

通報・届出（虐待が認められた事業所）	
身体的虐待	187人（8.2%）
性的虐待	58人（2.5%）
心理的虐待	827人（36.1%）
放置による虐待	100人（4.4%）
経済的虐待	1,116人（48.8%）

※虐待数延べ合計　2,288人

行政指導等

虐待が認められた事案	身体障害 156人(18.5%)	知的障害 400人(47.4%)	精神障害 244人(28.9%)	発達障害 35人(4.1%)	その他 9人(1.1%)
身体的虐待 42人(4.4%)	7人	17人	13人	5人	1人
性的虐待 9人(0.9%)	3人	4人	1人	0人	1人
心理的虐待 92人(9.7%)	18人	34人	34人	10人	0人
放置による虐待 19人(2.0%)	1人	9人	4人	0人	0人
経済的虐待 791人(83.0%)	133人	359人	206人	26人	7人

※虐待数延べ合計　953人　※障害数延べ合計　844人
※平成30年度以前に通報・届出が寄せられた事業所を含む。

労働局での対応

労働基準監督署
- ○労働局で行った措置　920件
- 労働基準関係法令（賃金未払等）　797件(86.6%)
  - 〔うち最低賃金関係　517件(56.2%)〕

公共職業安定所
- 障害者雇用促進法（に基づく助言・指導等）　89件(9.7%)
  - （いじめ、嫌がらせ等）

労働局 雇用環境・均等部（室）
- 男女雇用機会均等法（に基づく助言・指導等）　11件(1.2%)
  - （セクシャルハラスメント等）
- 個別労働紛争解決促進法（に基づく助言・指導等）　23件(2.5%)
  - （その他）

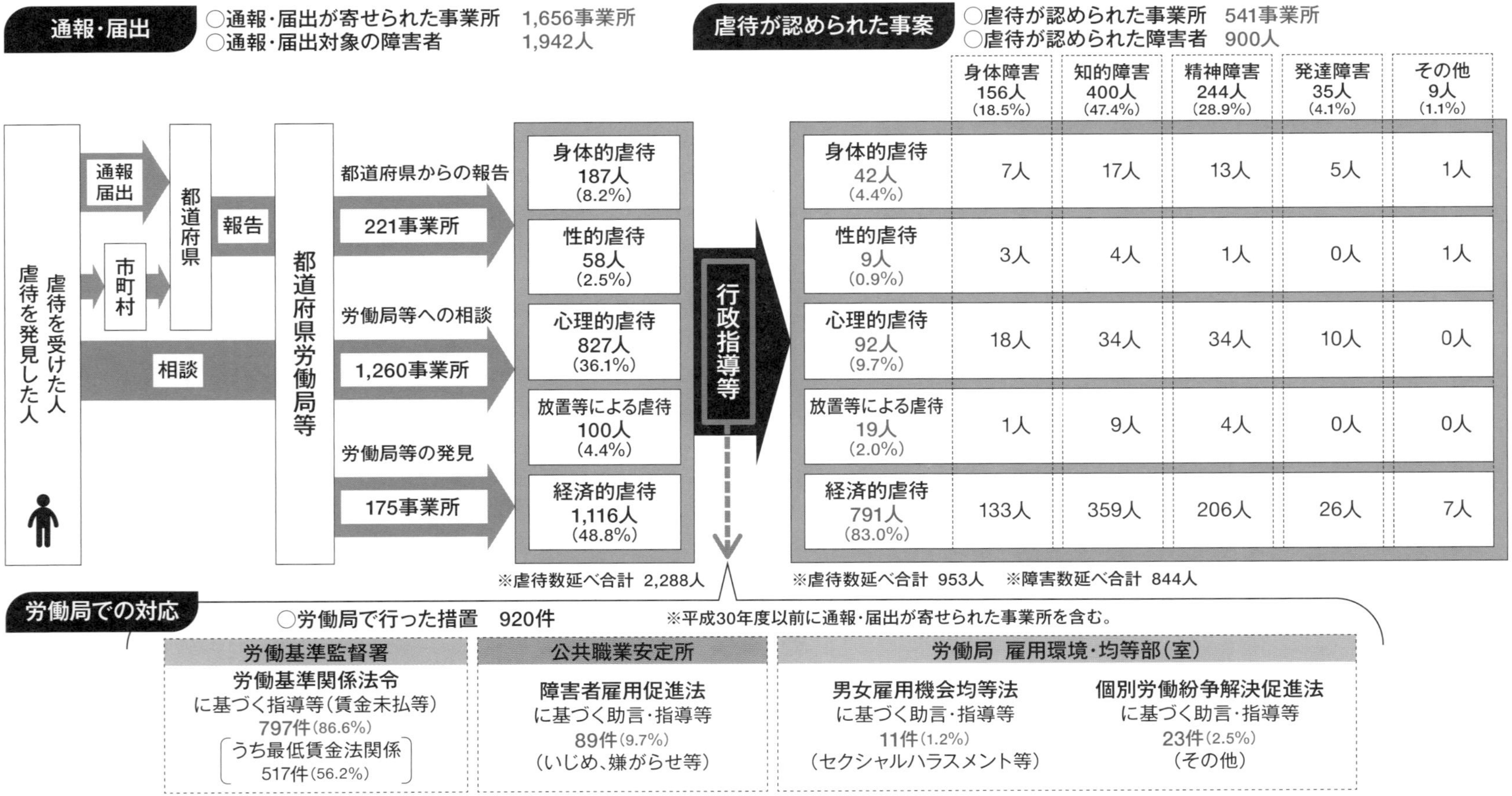

出典：厚生労働省雇用環境・均等局総務課労働紛争処理業務室「平成30年度における使用者による障害者虐待の状況等」

2 行動障害と障害者虐待

　行動障害のある人と虐待の関係は密接にかかわっているということがいわれていますが、傾向として、行動障害のある人が被虐待者になりやすいという結果が出ています。

　図8-6は、障害者虐待の対応状況調査の障害者福祉施設従事者等による障害者虐待の抜粋となりますが、被虐待者の障害種別は、圧倒的に知的障害者が多く、7割以上を占めています。行動障害のある人の割合も3割程度を占めています。発生の要因としては「教育・知識・介護技術等に関する問題」が最も高くなっています。こうした傾向を分析すると、知識や技術に乏しい支援者が知的障害を伴う行動障害のある人に対して虐待行為をしてしまいやすい、という一面が見えてきます。

第7章
第8章
第9章
第10章
第11章
第12章
基礎演習
実践演習

図8-6　障害者虐待と行動障害

被虐待者の割合

	身体障害	知的障害	精神障害	発達障害	難病等
平成26年度	21.9%	75.6%	13.5%	2.3%	0.0%
平成27年度	16.7%	83.3%	8.8%	2.3%	0.0%
平成28年度	14.4%	68.6%	11.8%	3.6%	0.7%
平成29年度	22.2%	71.0%	16.7%	5.1%	2.7%
平成30年度	22.7%	74.8%	13.5%	4.2%	0.5%

行動障害のある者の割合

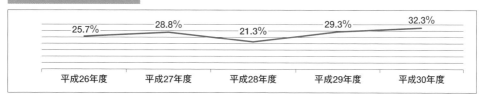

平成26年度	平成27年度	平成28年度	平成29年度	平成30年度
25.7%	28.8%	21.3%	29.3%	32.3%

発生要因の割合

市区町村等職員が判断した虐待の発生要因	平成27年度	平成28年度	平成29年度	平成30年度
教育・知識・介護技術等に関する問題	56.1%	65.1%	59.7%	73.1%
職員のストレスや感情コントロールの問題	42.0%	52.2%	47.2%	57.0%
倫理観や理念の欠如	43.9%	53.0%	53.5%	52.8%
虐待を助長する組織風土や職員間の関係性の悪さ	24.8%	22.0%	19.1%	22.6%
人員不足や人員配置の問題及び関連する多忙さ	23.0%	22.0%	19.6%	20.4%

出典：厚生労働省「障害者虐待防止法に基づく対応状況等に関する調査」

1 支援の質の向上

厚生労働省が示している「障害者福祉施設等における障害者虐待の防止と対応の手引き（施設・事業所従事者向けマニュアル）」（平成30年6月改訂版）では、行動障害と虐待防止について「障害者虐待防止法では、虐待が起きないよう未然の防止のための取組や、起こった場合の措置や対応について規定していますが、虐待防止の前に利用者のニーズを充足し、望む生活に向けた支援を行うことが基本です。入所施設での環境調整はもちろん、在宅生活でも利用サービスを変更する等環境を変えることによって行動障害が軽減し、そのことが結果的に虐待防止につながることもあります。障害者福祉施設等の職員は、支援の質の向上はもちろんのこと、利用者や家族の意向を踏まえて他のサービスにつなぐことも視点として持っておく必要があります。」との記載があります。

行動障害のある利用者への虐待を防止していくためには、さまざまな方策が考えられますが、最も重要なのは「支援の質の向上」に尽きます。このテキストではそのことについてさまざまな角度から解説していますので、本テキストを用いた研修を通して、支援技術の向上を目指していただきたいと思います。

1 深刻な虐待事案の背景

障害者虐待防止法が施行されたあとも、虐待による骨折といった大けがや死亡事案が発生しています。

入所者を殴り骨折――施設は虐待を事故として処理

県警は、障害者支援施設に入所中の身体障害者の男性を殴り骨折させたとして、傷害の疑いで介護福祉士を逮捕した。

男性は骨折など複数のけがをくり返しており、県警は日常的に虐待があった可能性もあるとみて慎重に調べている。

県警によると、約1か月前に関係者からの相談で発覚、同施設を家宅捜索した。

同施設を運営する社会福祉法人は男性の骨折を把握していたが、虐待ではなく「事故」として処理していた。

福祉施設で暴行死――施設長が上司に虚偽報告

知的障害のある児童らの福祉施設で、入所者が職員の暴行を受けた後に死亡した。また、施設長が2年前に起きた職員2人による暴行を把握したが、上司のセンター長に「不適切な支援はなかった」と虚偽の報告をしていたことがわかった。

県は、障害者総合支援法と児童福祉法に基づき、施設長を施設運営に関与させない体制整備の検討などを求める改善勧告を出した。

同施設では、10年間で15人の職員が死亡した少年を含む入所者23人に虐待していたことが判明した。

職員2人に罰金30万円の略式命令判決――証拠隠滅の罪で

障害者支援施設で、入所者の男性が重傷を負い、職員ら2人が傷害容疑で逮捕された事件で、検察は暴行の内部調査書類を処分したとして、同法人職員2人を証拠隠滅罪で簡裁に略式起訴した。簡裁は2人にそれぞれ罰金30万円の略式命令を出した。起訴状によると、暴行事件の調査を担当した2人は共謀し、施設の事務室内で、暴行の目撃証言が記載された書面などをシュレッダーで廃棄し、証拠

を隠滅したとされる。

※その後、暴行に関与した2人は懲役2年4か月（執行猶予4年）、懲役2年（執行猶予4年）の有罪判決を受けた。また、法人の理事長は一連の騒動の責任を取り、辞任した。

出典：厚生労働省「障害者福祉施設等における障害者虐待防止と対応の手引き」（平成30年6月改訂版）

　これらの重篤な事案に共通しているのは、複数の職員が複数の利用者に対して長期間にわたって虐待しており、通報義務の不履行があったことです。さらに設置者や管理者による組織的な虐待の隠蔽につながっています。そして、いざ発覚したときには、事実確認調査に対して虚偽の説明や証拠の隠滅をしてしまいます。そこから事態がさらに深刻化して、警察の捜査などの介入が始まり、加害者の逮捕・送検といった事態につながります。そうなると隠蔽した組織へ対する重い処分が課され、さらには管理者や設置者が交代し、事案の検証のための検証委員会の設置や報告書の作成等で膨大な労力がかかります。そして何よりも、事業所や法人の信頼の回復にとてつもない時間を要することになります。

　障害者虐待はあってはなりません。しかし、仮に発生してしまった場合に、その虐待行為を隠してしまうことはもっとよくありません。第1節でも述べたように、障害者虐待を発見した者は市町村に通報しなければならないことはもちろん、特に障害者福祉施設従事者等の関係者は、早期発見に努めなければならないといった努力義務規定があるように、より軽度の虐待行為であっても早期に発見し、虐待の深刻化を防ぐ役割が求められています。

　早期の虐待の発見が大事な理由は、虐待行為は放置するとどんどんエスカレートする傾向が指摘されていることがあります。これまで発生した深刻な障害者虐待事案でも、最初から暴行して骨折するなどの行為が行われていたわけではなく、最初は指示に従わない利用者に対して強い口調での注意から始まった行為が、命令口調や怒鳴り声になり、言葉での抑制ができなくなったら、手を上げて暴力に発展し、最後は大けがに至ったといったケースが多いのです。軽微な虐待は徐々に時間をかけてエスカレートしていき、深刻化したときにはもう止めることができず、事態が発覚してしまうことを恐れて通報せず、時には組織的な隠蔽へと発展し、取り返しのつかないことになっていきます。そうなる前に、できるだけ早期に通報をすることが、とても重要です。

1　通報はすべての人を救う

「通報することは大事」と書きましたが、実際はそう簡単ではないと思います。しかし、きちんと通報をすることは、虐待をされている障害のある本人はもちろんのこと、実は関係するすべての人々を救う大事な行為である、ということをぜひとも知ってください。

まず、施設を利用する障害にある人にとっては虐待を通報されることで事実確認がされ、それ以上に虐待行為がエスカレートすることを防ぎ、被害を最小限で食い止めることができます。また虐待した職員についても、そのままにしておけばどんどんエスカレートしてしまう虐待行為がそこで止まり、その職員に対する処分や刑事責任、民事責任を最小限で留めることができます。上司である施設長や理事長など責任者への処分、民事責任、道義的責任を最小限で留めることができます。さらには虐待が起きた施設、法人に対する行政責任、民事責任、道義的責任も最小限に留めることができます。

このように、通報をするということは、障害のある本人だけでなく、職員や施設長・理事長、法人の処分や責任を最小限にし、結果的に関係するすべての人々を救うことになるのです。

2　施設、事業所における虐待防止に関する組織的な取組み

障害者虐待を行うのは個々の職員であることが多いですが、「虐待は許されない」「虐待はよくない」と一人ひとりの職員に伝えるだけで障害者虐待を防止することは不可能です。虐待防止の取組みは組織で行うことが極めて重要です。

まず、基本的な事項として障害福祉サービス事業所には「障害福祉サービス事業所の人員、設備、運営基準」を守ることが義務づけられています。この基準には、利用者の人権の擁護、虐待の防止等のため、責任者を設置する等必要な体制の整備を行い、その従事者に対し研修を実施する等の措置を講ずるよう努めなければならないことを定めています。

○障害者の日常生活及び社会生活を総合的に支援するための法律に基づく指定
障害福祉サービスの事業等の人員、設備及び運営に関する基準について（抄）

（平成18年12月6日障発第1206001号）

第三　居宅介護、重度訪問介護、同行援護及び行動援護

3　運営に関する基準

（20）運営規程（基準第31条）

　指定居宅介護の事業の適正な運営及び利用者に対する適切な指定居宅介護の
提供を確保するため、基準第31条第1号から第9号までに掲げる事項を内容とす
る規程を定めることを指定居宅介護事業所ごとに義務付けたものであるが、特に
以下の点に留意するものとする。なお、同一事業者が同一敷地内にある事業所に
おいて、複数のサービス種類について事業者指定を受け、それらの事業を一体的
に行う場合においては、運営規程を一体的に作成することも差し支えない（この
点については他のサービス種類についても同様とする）。

①～④　略

⑤虐待の防止のための措置に関する事項（第8号）

　「虐待の防止のための措置」については、「障害者虐待の防止、障害者の養護者
に対する支援等に関する法律」（平成23年法律第79号）において、障害者虐待を
未然に防止するための対策及び虐待が発生した場合の対応について規定してい
るところであるが、より実効性を担保する観点から、指定居宅介護事業者は、利
用者に対する虐待を早期に発見して迅速かつ適切な対応が図られるための必要
な措置について、あらかじめ運営規定に定めることとしたものである。具体的に
は、

ア　虐待の防止に関する責任者の選定

イ　成年後見制度の利用支援

ウ　苦情解決体制の整備

エ　従業者に対する虐待の防止を啓発・普及するための研修の実施（研修方法や
　　研修計画など）

等を指すものであること（以下、他のサービス種類についても同趣旨）。

　施設、事業所はこの運営規定に基づいて、障害者虐待を防止するためのあらゆる体
制の整備が求められています。このことからも障害者虐待の防止は職員個人に委ねら
れるものではなく、組織として取り組むべきものであることを理解してほしいと思い

ます。

1 虐待防止委員会の設置と虐待防止マネジャーの配置

　組織的な障害者虐待防止対策として有効なのが、「障害者虐待防止委員会」の設置と「虐待防止マネジャー」の配置です。

図8-7　法人・施設等における虐待防止委員会の例

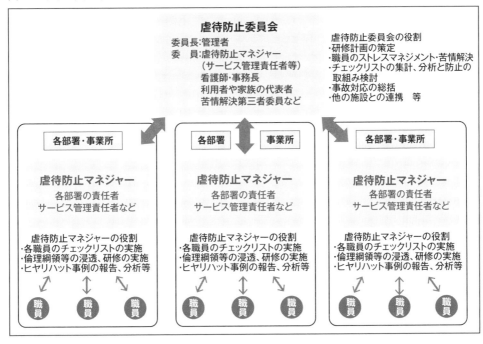

　管理者を委員長として位置づけ、研修計画の策定や職員のストレスマネジメント・苦情解決、虐待防止チェックリストの集計・分析と防止の取組み検討、事故対応の総括、他施設との連携などの役割を担います。

　この委員会を組織的に機能させるためには、各事業所のサービス管理責任者、サービス提供責任者、ユニットリーダー等を「虐待防止マネジャー」として配置して、各職員に対しての虐待防止チェックリストの実施、倫理綱領等の浸透、研修の実施、ヒヤリハット事例の報告、分析などを行います。

　虐待防止委員会の設置や虐待防止マネジャーの配置にあたっては「運営規定に定めてあるから」「基準で決まっているから」という受け身の姿勢や、やらされているものとして儀式的に実施しても効果は期待できません。これらを実行性のあるものにしていくためには、虐待防止委員会を内部の人材だけで固めるのではなく、第三者の目を入れたり、他法人の取組みを参考にしてみるといった、形式的にならないような工夫をする必要があるといえるでしょう。

3 職員の行動障害に関する専門的な知識や支援技術の向上

1 強度行動障害支援者養成研修

行動障害の状態にある人に対する専門的な知識や支援技術を向上させるためには、やはり研修が重要です。このテキストのテーマである強度行動障害支援者養成研修（図8-8）の受講を通じて、行動障害に対しての基本的な知識や障害特性の理解、対応方法のほか、チームで支援する重要性などをしっかりと学ぶことが大変重要です。

こうした研修を受けずに強度行動障害のある人の支援に携わることは、正しい支援手法を身につけずに不適切な支援を行い、逆に強度行動障害のある人の支援を難しくしてしまい、その結果、虐待へと発展してしまうことも考えられます。まずは、基本的な知識を学ぶという意味で強度行動障害支援者養成研修を受講することを第一歩としてほしいと思います。

図8-8　強度行動障害支援者養成研修の概要

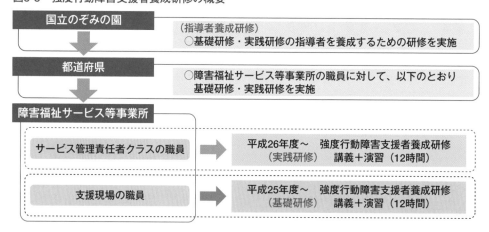

2 施設、事業所内でのOJTやケース検討

研修を受講しただけで十分な知識を身につけることはできません。研修はあくまでも支援の導入として受講するものであると考えるべきです。その後の研鑽が重要であるといえます。有効なのは「OJT（On the Job Training）」という手法です。施設

や事業所内の指導的立場の職員から、行動障害のある人の支援について、実際にやってみせたり、説明を受けたりしながら、現場での支援手法を学んでいきます。研修で学んだ講義や演習について、実際に先輩職員について支援を行うことで臨場感のある支援を学ぶことができます。

　また、実際に行っている支援について、事業所内でケース検討を行うことも大変に有効です。今の支援の仕方が適切なのか、今日起きた出来事（パニックや不安定な行動等）の原因は何だったのか、障害特性の理解や支援の手順が職員間で共有化されているかといったことを職場内で話し合ったり、確認したりすることで利用者への理解を深め、より良質な支援を行っていくための検証を行うことは、職員個人の支援力を高めるうえでも、チームアプローチを徹底するうえでも、非常に重要です。

3 外部の有識者やコンサルテーションの活用

　研修や事業所の中だけのケース検討だけでスキルを磨いていくには限界があります。より支援が難しい、濃厚な支援が求められる人に対応をしたり、事業所内での支援について、客観的に振り返りをする際には、大学や医療機関の専門的な知見をもつ有識者（研究者や医師等）や、優れた支援技術をもつ法人・事業所から人材を派遣してもらって、支援技術の手ほどきを受けることや支援が困難なケースの対応を一緒に考えるコンサルテーションが有効であるといわれていますので、積極的に活用しましょう。

4 職員のメンタルヘルスへのアプローチ

　強度行動障害のある人の支援をどんなに深く学び、実践したとしても、それがすべてうまくいくわけではありません。うまく環境調整を行っても、たちまち不適切な行動がなくなるわけではありません。強度行動障害のある人の支援が実を結ぶには長い時間がかかることもあります。うまくいかないことが続いたとき、支援者の心が疲れ切ってしまったり、またうまくいかない感情が怒りとなって表出し、利用者や職場の同僚、あるいは自分自身に向かってしまったりすることも考えられます。安定した精神状態で障害のある人に向き合うために、支援技術だけでなく、職員のメンタルヘルスへのアプローチも大切にしたいものです。

　支援をするうえでの悩みや迷いを率直に話すことができる環境づくりや、それらを組織として解消できるような、一人に負担が集中しない体制を構築しておくことも、虐待防止のための大事な取組みといえます。

職員が抱えるストレスの要因を把握し、改善につなげることで職員のメンタルヘルスの向上を図ることが大切です。職場でのストレスを把握するために、「職業性ストレス簡易調査票」等も活用してほしいと思います。

厚生労働省「こころの耳」　5分でできる職場のストレスセルフチェック
https://kokoro.mhlw.go.jp/check/index.html

CHECK POINTS

①障害者の福祉に関係のある団体や職員は、障害者虐待を受けたと思われる障害者を発見した場合は、速やかに市町村（使用者については都道府県も含む）に通報しなければなりません。

②施設等における虐待を防止するためには、現場で直接支援する職員個々の取組みはもちろん、設置者、管理者等を含めた組織全体の虐待防止の取組みが重要です。

③強度行動障害のある利用者に対する適切な支援を行うことができる職員を養成することが、身体拘束や行動制限の廃止、虐待防止につながります。

［ 参考文献 ］

障害者福祉研究会編（2013）『逐条解説　障害者虐待防止法』中央法規出版.
厚生労働省「市町村・都道府県における障害者虐待防止の対応の手引き」平成30年6月.
厚生労働省「障害者福祉施設等における障害者虐待防止の対応の手引き」平成30年6月.

第7章

第8章

第9章

第10章

第11章

第12章

基礎演習

実践演習

事例14 虐待やいじめで心に傷を負っている ケンジさん

名前 ケンジさん　　年齢 25歳　　性別 男性

利用している主なサービス 就労継続支援A型

✳ ケンジさんのこと

　ケンジさんは、高機能広汎性発達障害の診断を受けた男性です。

　知的に遅れがなかったため、大学を卒業後、離職をくり返し、うつになるまで、発達障害があると気づかれませんでした。失敗経験の積み重ねから、普段は穏やかな性格ですが、何かしらのスイッチが入ると物を壊すなどの破壊行動がみられるようになりました。

　大学卒業後は、1人でアパート暮らしをし、一時はグループホームで生活していましたが、現在は再び一人暮らしをしながら、就労継続A型事業所で働いています。

✳ ケンジさんのこれまで

　ケンジさんは、中学時代にいじめに遭い、また養父からは虐待を受けていました。しかし、学校には通わなければならないとの思いから、毎日学校に通い、大学に進学しました。大学卒業後は一人暮らしをしながら企業就労することができたのですが、職場での対人関係トラブルから離職をし、その後は職を転々としていました。離職の理由は、職場でのいじめ、対人関係トラブルでした。そのうち、うつとなり精神科を受診した際に、発達障害の診断を受けました。その後は、定期的に精神科に通院していました。

　主治医の紹介から、福祉サービスの利用をするようになりました。生活の場としてワンルームアパートタイプのグループホームに入居し、日中の就労準備訓練の場として就労移行支援事業を利用し、一般就労を目指すこととしました。しかし、他の利用者と口論となり、日中の就労移行支援事業所に通い始めて、わずか3日でグループホームにひきこもることとなりました。

　ひきこもり生活が始まると、昼夜逆転の生活になりました。ケンジさんは、明け方に眠ることになるのですが、隣の人は通所のための準備を始める時間となるため、ケンジさんは、その利用者の音が気になり眠れないという状態になりました。

　支援者がケンジさんと話をすると落ち着くのですが、本人の状態としては悪くなる一方でした。そのうち、少しずつ自室の壁に穴を開けるようになり、これまで自分をいじめてきた人に対する復讐（ふくしゅう）だと話していました。また、壁に穴を開け始めると、自分の感情をコントロールできなくなるとも。徐々に、壁に穴を開ける行為だけでは済まなくなり、ベッドやテーブル等の破壊行動も始まりました。大切にしていたCDラジカセや液晶テレビをも破壊するようになり、ケンジさんは「このままここで生活を続けると、隣の部屋に侵入し暴力をふ

るってしまうかもしれない」と訴えるようになりました。ケンジさんは、ホームで生活しながら精神状態を安定させられると考えていたようですが、支援者は主治医と相談して、一時的に入院してもらうこととしました。しかし、本人はそのことについて納得しませんでした。そのため、任意入院は難しく、家族の同意のもとで医療保護入院となりました。

破壊行為がエスカレートし、そのターゲットが物から人に移っていくのではないかと支援者が感じたのは、「これまでのいじめられていた経験、会社での失敗経験から、自分は何もできないダメな人間だけど、こんな状態に自分をした社会にいつか仕返ししてやる」と話していたときでした。万一、罪を犯してしまう前に、生活の場をどこか別の場所に移して生活を落ち着かせる必要があると判断をしました。そのどこか別の場所として、精神科の病院がよいのではないかと考えたのです。

病院に同行し、医師から入院を宣告されたとき、ケンジさんは支援者に対して「自分は入院する必要はない。こんなことをして、お前も同じような思いをさせてやる」という言葉を残して病棟に連れていかれました。

✳ ケンジさんの今

入院中にケンジさんから支援者に面会に来てほしいと電話がありました。面会時には「入院をさせられたときには、実はホッとしました。あのままグループホームで生活していたら、どんなことになっていたかわからなかった。犯罪者になっていたかもしれません。しかし、あなたを100%許したわけではありません」と話してくれました。

退院後、しばらくはグループホームで過ごしましたが、「他の利用者に迷惑をかけたので、退所したい」との申し出がありました。現在はアパートで一人暮らしをしながら、就労継続支援A型事業所に通っています。アパートでの一人暮らしになって1年間ほどは安定せず、攻撃的なメールや電話が支援者に届いていましたが、時間をかけ面談を何度もくり返しました。そうしているうちに破壊行動はなくなり、ある程度落ち着いて生活できるようになりました。つい先日、ケンジさんから支援者にメールが届きました。その内容は次のとおりでした。

「陰湿下劣なこと（電話、メール）を、俺が支援者にしまくって、すみません」と。

第7章
第8章
第9章
第10章
第11章
第12章
基礎演習
実践演習

家族全体をサポートすることで地域で生活を続けるマサシさん

名前 マサシさん　　年齢 20歳　　性別 男性
利用している主なサービス 相談支援・居宅介護・生活介護

✳ マサシさんのこと

マサシさんは自閉スペクトラム症とてんかん発作がある、重い知的障害のある男性です。

マサシさんは言葉が出ませんが、日常生活での「ごはん」「おふろ」などの単語は理解しています。どこででも服を脱いでしまうことも多く、また冷たい食べ物や生ものも口に運んでしまいます。とても体力があり、意に沿わないことがあると自宅から出て行ったり、姉に噛みついてしまったりすることもあります。マサシさんは両親と兄と自閉スペクトラム症の姉の5人暮らしです。

✳ マサシさんのこれまで

マサシさんには軽度の麻痺・自閉スペクトラム症・知的障害のある姉がいます。両親も障害者手帳はないものの、自宅が片づけられず、お金が上手にやりくりできない状態でした。

マサシさんは小さい頃から活発で、目を離すといなくなってしまうこともあり、常に見守りが必要でした。3歳から療育施設に通い、特別支援学校に入学しました。

中学生になる頃から、てんかん発作が出るようになりました。また、意に沿わないことがあるとズボンを履いたまま排尿してみたり、先生や友だちにも手が出ることがたびたびありました。この頃は、ヘルパーが自宅で食事や着替え、入浴などの支援をしていました。まだ体が小さかったこともあり、いろいろなヘルパーが支援に入っていました。

マサシさんは病院が苦手でなかなか病院に入れないため、通院時は母のみの受診となり、てんかんの薬も適切に服薬できていない状態でした。そのため学校でも、ぐったりした状態だったり、激しく暴れてみたり、てんかんで倒れたりと落ち着かない状態が続いていました。

また、学校や姉の通う事業所では、マサシさんや姉が体の不調（お腹を下す）を起こしたり、姉弟げんかにより姉が噛まれたと思われる傷（肩や腕に）に気づくことがたびたびありましたが、それぞれでの対応で終わっていました。

あるとき、姉の下痢がなかなか治らず、噛まれた傷が増えていることから、姉の通う事業所から相談支援事業所に相談が入りました。相談支援事業所では、自宅に訪問して母から生活のリズムなどの聴き取りを行い、マサシさんの学校や姉の事業所に様子を見に行き、どのような状態であるかを確認しました。その結果、薬が飲めていないこと、学校から帰ってからの1〜2時間の間に自宅から飛び出してしまったり、冷凍食品をそのまま口にしてしまったりという課題があることがわかりました。

相談支援専門員は、今後の長期の課題と今必要な支援について検討しました。長期の課題としては1年後の卒業後に向けた通所先の確保、今必要な支援としては放課後1～2時間の過ごし方が課題でした。外に出たいという本人の思いに加えて体を動かすと夜も眠れて生活リズムが整うことから、定期的なヘルパーとの散歩を提案しました。学校では比較的穏やかに過ごせていることから、学校での支援の仕方を共有し、自宅での見守りや一緒に片づけをすることから始め、マサシさんとヘルパーとの関係ができた頃、放課後の散歩の支援をスタートしました。また、母が困っていた通院を男性ヘルパー2人の同行で行い、今の状態を説明し、服薬も確認するようになりました。

マサシさんの毎日の生活を整えるには複数の事業所が協力して支援することが必要であり、いくつもの事業所に支援の協力を呼びかけ、それぞれの事業所のできることを出し合ってプランを組み立てました。また、病院の見立てや事業所での様子を何度もケース会議ですり合わせて、支援の方法やルールを共有しました。その結果、どうしても缶ジュースがほしくて座り込んだ

り、外へ飛び出したりすることはまだまだありますが、複数の事業所が協力して毎日の支援を組み立てることができるようになりました。進路についても市内の事業所に声かけをして集まってもらい、可能な進路について検討し、マンツーマンによる半日からの実習をスタートさせ、卒業時には週4日の通所が可能になりました。

✳ マサシさんの今

生活介護に週4日通っているマサシさんは、迎えの車が来ると喜んで車に乗っていきます。事業所では主に畑仕事や散歩をして過ごしていますが、特定のスタッフでの対応になっており、マンツーマン対応が続いています。週4日から日にちを増やすことがまだ困難な状況にあります。

また、ヘルパーも自宅に入っていますが、母の気分によって時折拒否もあり、ぎりぎりの衛生状況を保ちながら生活を維持しています。ヘルパーが入ることで、姉が噛まれる傷は減ってきていますが、マサシさんは意に沿わないときに突発的な行動や他害があることから、居宅介護も特定のヘルパーのみの対応になっており、必要な支援量が入れていない状況にあります。

マサシさんの家庭のように、本人や家族が自分の意思や状況の変化を発信できない場合に、丁寧にモニタリングを行い、事業所の聴き取りや本人や家族の声になっていない状態の変化に気づくことが大切であると考えます。長期的な展望を示しつつ、本人や家族の意思決定に必要な情報を一緒に集めることを大切にしながら、支援を継続しています。

家族の気持ち

私の長男良太は、9か月の早産で1985グラムしかありませんでした。主人と私は「身も心も大きく育つように」と願いを込めて「良太」と名付けました。すべてにおいて発育が遅れていましたが未熟児なのでそのうち追いつくだろうと思っていました。

しかし、3歳前に言葉の遅れがいよいよ気になり思い切って良太を連れて大学病院を受診しました。そこで後に自閉症と知的障害ということを告げられたのですが「なんで？どうして私の子が？」と泣いてばかりいました。次男も誕生して子育てに身も心も疲れ果てた私は、良太を乗せた車で橋を渡るとき、何度かこのまま落ちて2人で死んでしまおうか？とも思いつめました。それほど障害のある子どもがどのように育っていくかがわからなくて不安だったのです。

さてそんな良太も30歳になりました。生まれたときは2キロもなかったのに、今では173センチ、大相撲の力士級の巨漢です。障害支援区分は「6」です。私はつくづく思います。私はいつになったら人間らしい生活ができるのだろうか、と。とにかくいつも誰かが良太のことを見守っていなければなりません。

一番命の危険を感じたのは、私が電話している間に良太が自分の安定剤や抗てんかん薬を大量に飲んでしまったことです。救急で胃洗浄をして事なきを得ましたが、私は自分がちゃんと見ていなかったからだと自分で自分を激しく責めました。

一番の心配ごとは医療を受けられないことです。採血や検査時に小さいときは体を押さえることができましたが、今はとても無理です。私は、病気で取り返しのつかないことになったらどうしようといつも心配でたまりませんでした。

数年前に、私が恐れていたことが起きてしまいました。良太は高熱が続き、歩けない状況になりました。往診してくれる医師を探しましたが急には無理で、救急車を呼ぼうと思いましたが巨漢の良太を拘束して事故になったら大変と考え、できませんでした。私は、病院に連れていけないためにこの子が命を落としたらどうしようと心配で震えました。幸いにしてその後回復し、元の生活ができるようになりましたが、「二度とあんな不安な思いはしたくない」と考えて担当の相談支援専門員に訪問診療してくれる医師を見つけてもらいました。医師には「息子が医者と思わないように、家に来る電気屋さんのように勝手口から入ってください」と失礼を承知でお願いしました。ハイタッチの挨拶だけで息子には一切触れず、日々の様子を私から聞いてアドバイスしてくれます。24時間365日医療にアクセスできる安心感を得ることができました。

しかし、昨年のことです。良太は、発熱・食欲低下を主訴とし主治医の指示で自宅療養していましたが、病状が悪化し大学病院に緊急入院することになってしまいました。最初は、数人がかりで押さえて採血を

しましたが、のちに主治医が採血するとき
に使う「木の台」を用意すると、良太はそ
の上に腕を出すようになりました。病状が
よほど苦しかったのかもしれません。点滴
も長い期間しましたが抜くことはありませ
んでした。さらに造影剤を入れたCT検査を
することになりました。病状の関係で薬剤
による鎮静はできず、私は「CT検査なんて
できるはずもない」と内心思いました。夕
方、患者さんの少なくなった時間帯に4回、
チームの医師たちと主人とでCT検査の練
習をしました。その成果があり、無事に本
番で検査を行えて治療は完了し、退院する
ことができました。医療チームには、感謝
の言葉しかありません。これからも訪問診
療の医師を要として施設の看護師などと連
携し、健康な生活が送れるようにしていき
たいと思います。

　支援者のみなさん、いつもお仕事お疲れ
さまです。みなさんのお力にどれだけ多く
の親が救われているか計りしれません。本
当にありがとうございます。親は、他人を
傷つけるわが子を見て普通の精神状態では
いられません。また「私がこの子の母親で
なければこの子はもっとよく育ったのでは
ないだろうか」とか、「どこで子育てを間違
えたのだろうか」と自分で自分を責めま
す。そんな親の気持ちに気づいてもらえた
ら助かります。今では良太を担当する職員
は、良太よりも若い人たちが多くなってき
ています。私は、ついつい「良太がパニッ
クになって騒いでいる」と言ってしまいま
すが、ある職員はそれを「良太さんがあわ
てている」と表現したのです。良太の思い
をくみ取れるすばらしい人だと思います。

　最後に、本人は周囲の人たちの気持ちが
よくわかります。少しの変化にも弱い、繊
細な人たちなのです。みなさんの愛情も十
分わかっているかわいらしい人たちです。
「困った人」ではなくて、「困っている人た
ち」なのです。「強度行動障害」と呼ばれる
人がいなくなる日を、私たち親は心から
願っています。

小島　幸子（一般社団法人 全国手をつな
ぐ育成会連合会　副会長）

第9章 組織的なアプローチ

1　組織としての取組みの重要性

1　強度行動障害のある人への支援は組織として取り組む

　障害福祉の現場では、たくさんの支援者が障害のある人たちへの支援に熱心に取り組んでいます。そして、熱心な支援者ほど、よりよい支援をするために知識やスキルを身につける努力をし、自分が身につけたことを実際にかかわっている障害のある人たちの支援に活かしています。

　強度行動障害のある人たちへの支援に対しても同様です。熱心な支援者ほど、自分がかかわっている人が自傷をしたり、物を壊したりするようになってしまうと、その人のために、本を読んだり、研修を受けたりして、強度行動障害についての知識や支援スキルを身につけ、支援に活かそうとするでしょう。

　強度行動障害支援者養成研修においても、そのような熱心な支援者がたくさん受講し、強度行動障害のある人への有効なアプローチの方法を学んでいます。しかし、強度行動障害のある人たちへの支援においては、いざ研修で学んだことを自分の現場で活かそうと思っても、壁にぶつかってしまうことがあります。

　研修で学ぶ支援の内容には、それぞれの障害特性に配慮して個別化した支援を組み立てることや、かかわる支援者で統一したかかわりをしていくこと、その人に合わせた行動の記録を取ることなどが含まれていて、それらの取組みは、一人の支援者だけで行えることは少なく、支援を実施していくには周囲の支援者の理解や協力が欠かせません。つまり、一人の支援者が研修で学んだことを現場で活かそうとしても、強度行動障害のある人への支援はうまくいかないことが多々あり、ここが、熱心な支援者がぶつかる壁になってしまうのです。

　強度行動障害のある人への支援に取り組むには、まず個々の支援者が支援に対する知識やスキルを習得することが必要ですが、実際に現場で支援を行うにあたっては、周囲の支援者の協力体制をつくり、支援現場の環境を整えるために、事業所全体での取組みや法人全体としてのバックアップが必要となります。強度行動障害のある人への支援は一人の支援者だけが頑張っても必ず限界があり、組織として取り組むことが不可欠だということを、まず認識しておくことが大切です。

組織として強度行動障害のある人への支援に取り組むことは、その組織にとっても
さまざまな効果があります。支援者が支援に必要な知識やスキルを学んだり、支援の
経験値が上がることで、組織のなかで頼りになる支援者が育っていくことになりま
す。また、対応が困難な人への支援のノウハウが蓄積されることで、組織としての支
援力が向上し、そのことが組織への信頼や評判につながることになります。

　現在は、支援度が高い重度の障害がある人への支援に対して、加算などの診療報酬
上の評価もありますので、重度の障害がある人たちへの支援のノウハウが積み上がっ
ていくことは組織運営にもプラスになります。

第7章

第8章

第9章

第10章

第11章

第12章

基礎研修

実践研修

2 事業所としての取組み

1 事業所としてのチームアプローチ

　強度行動障害のある人を支援していくときに、個々の支援者が所属する事業所は、
支援をするうえで基本的な単位となります。ここでの事業所とは、生活介護や共同生
活援助（グループホーム）、施設入所支援、放課後等デイサービスなど、サービス種別
による事業単位をいいます。事業所の規模が大きく、いくつかのグループまたはユ
ニットに分かれて独立している場合や、拠点が物理的に離れている場合には、その単
位ごとに考えてみてください。

　それぞれの事業所においては、管理者やサービス管理責任者（児童発達支援管理責
任者）を中心に、1つのチームとして支援者が協力しながら支援に取り組んでいます。
多くの事業所では、利用者ごとに担当の支援者が決められたうえで支援が提供されて
いると思います。

　利用者のなかに強度行動障害のある人がいる場合、その担当だけが懸命に支援に取
り組んでもうまくいかないことが多いので、よりいっそう、事業所のなかの支援者が
協力しながら、チームとしてアプローチしていくことが重要になります。

2 担当だけに任せない体制

　強度行動障害のある人への支援においては、障害特性に配慮した支援が必要です
が、担当の支援者だけがかかわり、その人のことは担当にしかわからないということ
になると、その支援者に何かあったときには、たちまちその人への適切な支援を提供

することができなくなってしまいます。担当の支援者が休みのときや、体調不良や感染症などで出勤ができないときにも継続して適切な支援が提供できるためには、普段から複数の支援者が強度行動障害のある人への支援に入ることができるようにしておくことが必要です。

　また、強度行動障害のある人への支援に取り組んでいると、時には支援者が他害を受けてしまったり、もの壊しや大声など目の前の本人の行動に強いストレスを受けることがあります。そのようなときに、担当の支援者だけがその人やその行動に対処し続けると、その支援者は心身ともに大きなダメージを受けてしまいます。また、担当の支援者が利用者に他害を受けた場合、そのまま支援に入り続けることはその支援者にとって大きな負担となりますし、他害をした本人にとっても気持ちの切り替えができない場合があります。そのようなときには、他の支援者が交代して支援に入ることが、支援者と利用者のどちらにとっても望ましい対応になります。

　その場の対応だけでなく、担当の支援者に対して利用者が過度にこだわりや依存を示したりする場合や、担当の支援者が過度のストレスを感じてしまっている場合には、一定期間、他の支援者が代わりに支援に入ることも必要ですし、状況によっては担当の交代が必要な場合もあります。

　強度行動障害のある人への支援では、本人が現す行動について整理したり、分析して、その行動への対応を考えることがあります。行動の意味がわかりやすい場合には対応を考えやすいのですが、本人が現す行動の意味がわかりにくく、対応に困ることも多くあります。そのようなときに、担当の支援者だけで対応を考えると、その支援者への負担も大きく、また、対応のアイデアも限られてしまいます。事業所のなかで強度行動障害のある人の行動について、一緒に整理したり、分析して、対応についてアイデアを出し合うことができる体制をつくっておくことも、強度行動障害のある人への支援では大切です。

3 統一した支援

　強度行動障害のある人の多くに自閉スペクトラム症の特性があるといわれていますが、自閉スペクトラム症の障害特性の1つとして変化への対応の困難さがあります。人によって度合いは違いますが、何の見通しもないままに変化が続くと、本人にとっては大きな不安となり、その不安をどうにか解消しようと本人なりに行動として現すことがあります。その行動が他害や自傷、もの壊しという行動で現れると「強度行動

障害」と呼ばれる行動になります。ある支援者のときにはできていた活動が、別の支援者のときには本人に何の予告もなく止められてしまうと、本人はどちらが正しいことなのかわからなくなり、今日はできるのかできないのかわからず不安になってしまいます。その不安が、例えば「動かない」「急に大きな声を出す」「物を壊してしまう」などの行動に現れることもあります。

このように、見通しのつかない変化が苦手な人たちに対して、支援者がばらばらの対応をしてしまうと、当然のことながら本人は混乱してしまいます。強度行動障害のある人への支援においては、本人が不安を感じることなく、安心して生活をしたり活動をしてもらうために、かかわるすべての支援者が、本人の特性を理解し、統一した支援をすることが必要なのです。

事業所のなかでは、強度行動障害のある人に対して、担当の支援者が不在のときに別の支援者が対応をしたり、シフトによりいろいろな支援者がかかわることがあります。支援者が代わっても本人が落ち着いて過ごすことができるように、かかわる支援者が強度行動障害のある人に対して共通認識をもち、その人に対する配慮事項を理解しながら、統一した支援をすることが大切です。

4 記録の重要性

強度行動障害のある人を支援するときには、現れている行動の理由や、その行動に対してどのようにアプローチをすればよいかわかりにくいときがあります。そのようなときは、やみくもに支援を考えるのではなく、まずはその行動について、どのようなときに現れているか、どれぐらいの頻度で現れているか、その行動の前後にどのようなことがあったかなどの記録を取ることが欠かせません。行動の記録に基づいて考えてみることで、その行動の意味や傾向がわかりやすくなり、アプローチの仕方もわかってくるのです。

行動の記録は、その人の生活や活動のいろいろな場面で取ることになるので、担当の支援者だけでなく、その人にかかわる支援者が協力しながら取っていくことになります。また、行動の記録はその人の行動に特化した記録をつけるので、支援者はいつもの業務に加えて記録を取る場合もあります。そのため、事業所のなかで一緒に支援に取り組む支援者が、記録の意味や目的を理解したうえで、共通認識のもとに協力して取り組んでいくことが必要となります。

5 情報共有のためのミーティング

強度行動障害のある人への支援においては、普段の観察のなかから、行動の意味を理解するヒントや、行動の傾向を知るためのヒントが見つかることがあるので、その人にかかわる支援者が事業所のなかでお互いの気づきを共有する機会が欠かせません。

また、行動の記録などをもとに、その人の行動について整理したり、分析したり、対応を考えたりするうえでも、一人の支援者だけで考えるよりも、複数の支援者で確認をし、気づきやアイデアを出し合ったほうが、より支援の可能性が広がります。

そのためにも、ミーティング等で普段から強度行動障害のある人の行動について情報共有したり、一緒に行動の整理や分析、アイデア出しなどを行ったりする機会が大切です。

このように、情報共有をしたり、行動の整理や分析、支援のアイデアを出し合うために、かかわる支援者に強度行動障害についての基本的な知識があれば、より深い理解や協力体制につながります。事業所内のすべての支援者に強度行動障害支援者養成研修を受講してもらうなど、強度行動障害のある人へよりよい支援を提供するために、事業所のなかで学びの機会を設けることもチームアプローチをしていくうえで大切なことになります。

6 事業所のなかでPDCAを回していく

強度行動障害のある人への支援は、情報収集をして、その人に配慮した支援を組み立てても、すぐにその人に合った支援になるとは限りません。支援を実施してみて、うまくいかなければ、実施したときに支援の記録をもとに振り返り、さらに内容を修正して実施していきます。

また、1つの支援がうまくいったときには、本人の別の課題に対してアプローチしていくことになります。本人の生活や活動の質を高めていくために、よりよい支援を目指した取組みを行うことも大切でしょう。このように、強度行動障害のある人への支援においても、PDCAサイクルに沿って事業所のなかで協力しながら支援の充実に取り組んでいくことになります。

3 法人としての取組み

1 組織として方針を示す

強度行動障害のある人への支援においては、かかわる支援者によるチームアプローチが欠かせませんが、支援者が協力して強度行動障害のある人への支援に取り組むためには、組織としての方針が支援者のなかで統一されていることが必要です。

例えば、強度行動障害のある人たちへの支援は障害特性の理解に基づき、個別に配慮した活動や環境をつくることが必要です。しかし、それまで集団で活動することや、同じ環境や日課での支援を重視してきた支援者にとっては、個別の配慮や支援に対して違和感を感じたり、なかなか支援を変えることができないこともあります。そのようななかで、研修などで学んできた特定の支援者だけがチームにはたらきかけても、チーム全体の支援は変わりません。

強度行動障害のある人への支援においては、組織として支援の方向性を示し、すべての支援者がその方向性を理解して取り組んでいくことができるようにはたらきかけていくことが必要です。

2 現場を支える体制づくり

強度行動障害のある人への支援に取り組む際には、そのための体制づくりに法人として取り組むことが必要です。支援者の配置はもちろん支援者個人で決めることはできませんし、事業所だけで決めることもできません。多くの法人では、支援者の配置は法人としての方針や計画に沿って行われることになるので、法人として強度行動障害のある人への支援を、どのような位置づけや考えに基づいて実施するかが重要になります。

強度行動障害のある人たちを支援していくうえでは、支援者自身が他害の対象となってしまったり、度重なる大声やもの壊しなどにかかわっていったりすることで、どうしても心身ともに疲弊してしまうことがあります。そのようなときに、周囲の協力がなく担当の支援者だけがかかわらざるを得なかったり、上司の理解がなく事業所として何の対応策もないままにかかわり続けたりすると、熱心に支援に取り組んでいる支援者が支援を続けることができなくなってしまい、時には離職につながってしま

うこともあります。

　強度行動障害のある人への支援を実施するときには、担当の支援者に任せきりにするのではなく、事業所内でチームアプローチができるような支援体制が必要であり、現場で懸命に支援をしている支援者を、実務的にも精神的にもサポートする管理職の配置なども欠かせません。

　強度行動障害のある人たちを支えていくためには、法人として現場でしっかりと支援に取り組むことができる体制を整えることが欠かせません。

3　支援のための環境づくり

　強度行動障害のある人の支援においては、支援のための環境を整備することで、その人に合った支援を組み立てられることもあります。例えば、大人数のなかでの活動が苦手な人には、その人が一人で過ごすためのスペースを部屋のなかにつくることで落ち着いて過ごすことができたり、周りのことが気になって自分の活動に集中できない人には、パーテーションのようなもので仕切りをつくることで集中して目の前のことに取り組むことができることもあります。また、何もない時間に不穏な行動をしてしまう人には、その人が自立的に取り組むことができる自立課題をつくって提供することが、適切な行動を継続する手段となる場合があります。

　このように一人ひとりに配慮した環境をつくるためには、建物のなかの配置を変えたり、必要な物品を購入したりすることも必要になりますし、時には建物のなかを改修することも必要かもしれません。もちろんこれらには経費がかかるので、担当の支援者だけの判断ではできませんし、費用の額によっては事業所の判断だけでも難しく、法人の判断として経費をかけることが必要となる場合もあります。

　また、改修まではしなくても建物のなかの既存の部屋やスペースを有効に使うことによって、一人ひとりに合わせた環境を整備することができる場合もあります。例えば、更衣室の一画を休憩のスペースにしたり、廊下に区切られたスペースをつくって活動場所の1つとすることなども考えられます。このように既存の部屋やスペースを個別の活動の場所として使用するにあたっても、支援者個人では決めることができません。そのような個別の配慮に沿ったスペースの活用について法人としての方針や決定がなされていると、支援者は柔軟な発想により利用者一人ひとりに合わせた環境づくりに取り組むことができます。

4 強度行動障害支援者の養成

　強度行動障害のある人たちを支援していくためには、自閉スペクトラム症支援の基本的な知識やスキルをもつ支援者の配置が欠かせません。もし、法人のなかにそのような知識やスキルのある経験者がいない場合には、支援者を研修に参加させたり、先駆的な事業所の見学や実習に行かせるなどの機会をつくり事業所のなかにそのような支援者を育成していくことが必要となります。

　支援者の育成方法として、まず現場の支援者に基本的な知識を身につけてもらうために強度行動障害支援者養成研修（基礎研修）を受講してもらうことは必須です。基礎研修で強度行動障害のある人への支援にかかわるうえでの考え方や基礎的な知識を得ておくことで、現場の支援の目的や意味が理解でき、日々の支援のなかで適切なかかわりをすることができます。

　そのうえで、強度行動障害支援者養成研修（実践研修）を受講してもらいます。実践研修では、基礎研修で学んだことをさらに深め、現場で強度行動障害のある人への支援を組み立てて支援手順書をつくることができる支援者の養成をします。

　ただ、強度行動障害支援者養成研修は、4日間の短期間の研修であり、あくまで机上での研修なので、研修で学んだことを自分たちの現場に活かしていくためには不十分かもしれません。そこで、現在各地で開催され始めたフォローアップ研修などの機会を活用することも支援者の育成には有効です。

　フォローアップ研修では、強度行動障害支援者養成研修の修了者を対象として、研修で学んだ内容を実際に自分たちの支援現場にいる強度行動障害のある人たちのケースにあてはめて、専門家にアドバイスを受けながら事例検討を行う方法を取り入れているところが多いようです。このような研修に支援者が参加することで、実際の現場で強度行動障害のある人の支援を実現していくことができるようになります。

　さらに、強度行動障害のある人の支援においては、専門家に実際に支援現場に来てもらい、実際のケースに直接アドバイスを受けるスーパービジョンやコンサルテーションの仕組みを活用することも非常に有効です。現在は、発達障害者支援センターや民間の専門機関で専門家の派遣を行っているところもあり、自分たちだけではどうしても解決しない対象者の支援について相談することができるようになってきました。支援現場において専門家に直接レクチャーを受けることは、支援者自身の知識やスキルの向上にもつながります。

　その他にも、強度行動障害のある人への支援に有効だといわれている、応用行動分

析（ABA）などの専門的な手法を支援者が学ぶ機会をつくることも、支援の現場には大きな力になると思われます。

強度行動障害のある人への支援を行っていくうえでは、支援者が学んだり、相談できたり、アドバイスを受ける機会をつくることにより、法人内の人材育成を行っていくことも重要です。

4 地域としての取組み

1 地域で強度行動障害のある人を支えるために

強度行動障害のある人への支援は、特定の組織の取組みだけでは解決しません。地域の熱心な支援者や事業所だけで支援をしていても、支援を受けることができる人たちは限られますし、強度行動障害のある人の生活全体を支援していくためには、生活介護やグループホーム、施設入所支援、居宅介護、相談支援などのサービスを組み合わせて支援を組み立てることも必要となるからです。

しかし、これまでは強度行動障害があるというだけで事業所の利用を断られるということも多くありました。断られる理由は、強度行動障害への過度なマイナスのイメージもあると思われますが、何より支援者の理解や知識の不足による不安が大きいと思われます。

地域の受け皿が少ないために、一部の専門的な事業所や病院など限られたところで支援をすることになり、そのために地域の事業所で強度行動障害のある人への支援のノウハウが広がらないというサイクルもあります。

強度行動障害のある人たちを支えていくためには、専門的な事業所や病院も含めて、地域で支えていくための支援者や事業所が増え、地域で連携をしながら支援を提供していく環境をつくることが必要となります。

2 強度行動障害支援者養成研修を通じたネットワークづくり

地域に強度行動障害のある人を支えていく支援者や事業所を増やしたり、連携を広げていくために、強度行動障害支援者養成研修は有効な機会となります。

強度行動障害支援者養成研修のプログラムのなかには、基礎研修と実践研修ともに実践報告が含まれています。実践報告では、強度行動障害のある人を地域で支援して

いる事業所に自分たちの実践の報告をしてもらいますが、身近に強度行動障害のある人の支援をしている事業所があることを知ることは受講者にとっての気づきとなり、自分たちも取り組もうと思うきっかけになるかもしれません。また、実践報告をする事業所と受講者が、研修の前後に情報交換や意見交換などができ、地域での直接のつながりもできます。

　強度行動障害支援者養成研修を実施するにあたっては、講義や演習の講師やグループワークのファシリテーターを地域で強度行動障害のある人への支援を行っている支援者の人たちに依頼することになりますが、そのことで打ち合わせなどにおいてお互いにやりとりをする機会が増え、自然と地域で強度行動障害のある人への支援に取り組んでいる支援者や事業所同士のネットワークがつくられていきます。

3　強度行動障害支援者養成研修を通じた人材育成

　強度行動障害支援者養成研修においては、研修の準備・開催を通じて地域の中心的な人材を育成していくこともできます。前述したように、研修における講師やファシリテーター、実践報告を地域の支援者に依頼することで、地域のネットワークがつくられます。加えて、講師やファシリテーター、実践報告をする支援者にとっては、受講者に対して必要な事項を伝えるために研修の内容を深く理解する必要があるので、伝える立場として知識や理解のレベルが自然に上がります。

　支援者がさまざまな知識やスキルを学習するにあたって、講義を聴くだけよりも、自分が他の人に内容を伝える（講義をする）体験をすることによって、本人の学習効果がはるかに高くなるといわれています。強度行動障害支援者養成研修において地域の支援者に講師等を務めてもらうことは、地域の支援者のレベルアップにもつながっていくのです。

　また、強度行動障害支援者養成研修を修了した支援者が、フォローアップ研修などにおいて、専門家のサポートを受けながら実際に支援の現場で研修に基づいた支援を実施することで、その支援者は強度行動障害のある人への支援の知識やスキルが確実に上がっていきますし、その実践を強度行動障害支援者養成研修のなかで実践報告として伝えることや、学んだことを活かして研修のなかで講師やファシリテーターを務めるようになることで、地域で強度行動障害のある人への支援について伝えることができる支援者へと成長することができます。

　強度行動障害支援者養成研修の実施を通して、地域において事業所の枠を超えた中核となる人材を育成していくことも、強度行動障害のある人たちを地域で支えていく

ために重要な取組みになります。

1 強度行動障害と支援者ケア

1 強度行動障害と支援者の感情

　強度行動障害の状態にある人の支援をするとき、支援者は大きく感情を揺さぶられるときがあります。例えば、支援者が噛みつかれてしまったり叩かれたりしてしまったとき、支援者は自然と恐怖や怒りなどがこみあげてくることがあるでしょう。また、叫び声を長時間にわたって何度も聞き続けるということもあるかもしれません。そのようなときには、身体的な接触があるわけではありませんが、支援者は緊張感や圧迫感のようなものを感じることもあります。このような場面は強度行動障害の状態にある人の支援の現場においては決して珍しいことではありません。

　また、強度行動障害の状態にある人への支援は、支援の考え方やアプローチの方法などを学んでいないとうまくいかないことが多いので、そのような行動に対して何とかしたいと思って懸命に支援をしているにもかかわらず、何をやっても支援がうまくいかないということが続き、支援者の悩みや疲労感が積み重なってしまうことがあります。

　このようなことをふまえると、強度行動障害の状態にある人への支援は、通常の支援に比べて支援者の感情のバランスを保つことに、なおいっそうの注意が必要といえます。

2 行動障害と虐待

　2012（平成24）年に障害者虐待の防止、障害者の養護者に対する支援等に関する法律（障害者虐待防止法）が施行されてから、福祉施設での虐待の件数が公表されるようになりました。その調査結果によると、虐待を受けた障害のある人たちのなかで一定の割合で行動障害があるということがわかります（**199頁参照**）。このことは行動障害と虐待に深い相関関係があることを示しているといえます。

　では、なぜ行動障害のある人が虐待を受けてしまう可能性が高いのでしょうか。逆の立場から言い直すと、なぜ支援者は行動障害のある人に虐待をしてしまう可能性が高いのでしょうか。

その大きな理由は調査結果に記載されているように「（支援者の）教育・知識・介護技術等に関する問題」と「（支援者の）ストレスや感情コントロールの問題」に起因するところが大きいと考えられます。「（支援者の）教育・知識・介護技術等に関する問題」については、強度行動障害支援者養成研修等において学ぶ機会が増えてきました。しかし、「（支援者の）ストレスや感情コントロールの問題」については、まだまだ支援現場においてその認識や対応策が十分に普及しているとはいえません。

前述したように、行動障害のある人への支援現場では、支援者の感情において葛藤が生じやすく、その対策がなされないまま放置されると支援者の感情のバランスが崩れやすくなります。よくいわれることですが、支援者が通常の精神状態であるときには虐待は起こりにくいといわれます。現場を離れて虐待防止の研修などを受けているときには、どのような支援者でもまさか自分が虐待を起こすとは考えていないでしょう。しかし、人は精神的に疲弊したり追いつめられたりすることによって正常な判断ができなくなるときがあります。そして、不幸なことに虐待を起こしてしまうときには、その支援者は通常の精神状態ではないことが多いと考えられるのです。

行動障害のある人への支援現場で虐待をなくすためには、「学ぶ機会を確保する」ことに加えて「支援者をケアする」ことが必要なのです。

2 支援者をケアする方法

1 自分の感情に気づく

支援者の人たちが、強度行動障害の状態にある人たちの支援現場で、自分の感情のバランスを取りながら支援を続けていくには、どのようにすればよいでしょうか。

自分の感情のバランスを保つためには、まず自分の感情がどのような状態にあるのかを意識することが必要になります。感情の葛藤を抱えたとき、支援者は「いつもと同じ状況なのに緊張する」「職場に行く前に億劫な気持ちになる」「なぜかイライラしてしまう」など、いつもと違う何かしらの違和感やモヤモヤとした気持ちを感じることがあります。そのような違和感やモヤモヤした気持ちは、実は感情のバランスが少し悪くなっているというシグナルでもあります。それは決して悪いことではなく、脳や体からのシグナルですので、素直に「自分はちょっと感情のバランスが崩れてきているかもしれない」という気づきとしてとらえることが大切です。

では、支援者として自分の感情のバランスが悪くなってきていることに気づいたら、どのように対処すればよいでしょうか。ここでまず確認しておきたいのは、感情のバランスを取るためには、個人で対処できることと個人では対処できないことがあるということです。個人で対処できることであれば、普段の職場環境において個人がセルフケアを意識して取り組むことで解決ができるかもしれません。しかし、自分では冷静に対処できないほどの感情状態にあるときや、個人では解決できない環境の変更などが必要なときには、セルフケアだけでは解決できませんので、チームや組織による取組みが重要となります。

2　自分の感情のバランスを保つために

　自分の感情をコントロールするための方法はいくつか考えられます。

　まずはそのような違和感やモヤモヤした気持ちをなかったかのようにして自分のなかで抑制するということが考えられますが、これは好ましい方法ではありません。感情の葛藤はどんなに抑制しようとしてもなくなることはありませんので、抑え込んでも根本的な解決にはなりません。むしろ、そのような感情をもってはいけないと自分のなかで抑制しすぎると、いつか抑制していたものが収まりきれずに爆発してしまい、「バーンアウト（燃え尽き）」してしまうことがあります。そのような状態になると、職場に行くことができなくなったり、自分の生活自体に大きな影響を与えてしまうことにもなりかねません。たとえネガティブな感情であっても、感情は自然と湧いてくるものですし、支援の現場にいると、そのような感情からくる葛藤は誰にでも起こり得る可能性があるので、その状態をまずは自分でも認めたうえでどうするかを考えたほうが解決に結びつきやすいのです。

　抑制をすることが自分にとってよくないことだとすると、葛藤を生み出す感情を何かしらのかたちで出すことが、感情のバランスを取るために重要だということになります。実際に、自分の気持ちや感情を何らかのかたちで出すことは、精神的なバランスを保つために非常に大切だといわれています。

　自分の感情を出すためには、誰かにその感情や気持ちをありのままに話すことが一番よい方法です。しかし、誰かれ構わず場所も選ばずに自分の感情をぶつけてしまっては、当然その人との人間関係や信頼関係に影響してしまいますし、職業上の守秘義務違反をしてしまうことにもなりかねません。自分の感情や気持ちをありのままに話すときには、信頼できる人に、何を話しても大丈夫という環境のなかで話すということも大切です。

もし、身近にそのようにありのままに話せる人がいない、信頼できる人がいてもどうしても話すことができないという場合には、守られた環境のなかで安心して自分の感情を出すことができる専門的なカウンセリングを受けるという方法もあります。または、医療機関などで専門医に相談してみる方法もあります。

　また、誰かに対して自分の感情を打ち明けるのではなく、自分で取り組むことができる方法もあります。その１つが「筆記開示」という方法です。筆記開示は心理療法の一つですが、自分が経験したネガティブな経験について、感情や思考を包み隠さずに書き記すというものです。誰かに見せるわけではありませんので、より自分の気持ちをストレートに出せるかもしれません。書き記すだけでも自分の感情を外に出すことになり、感情のバランスを保つためには有効だと考えられています。

　自分の感情や気持ちを出すいくつかの方法をあげましたが、いずれにしても、自分の感情のバランスを保つためには、ネガティブな感情を抑え込んでしまうのではなく、何らかの方法で外に出すほうがよいということは覚えておいてほしいと思います。

　ほかにも、気持ちが晴れないときやイライラしたときには自分の好きなことをするなど、別のことに意識を向けたり発散したりすることも、感情のバランスを保つための有効な方法だといわれています。趣味であったりスポーツであったり、好きなことは人それぞれで違うと思いますが、自分の好きなことをしている間はあれこれ考えずに無心になることができ、そのことが自分の感情のバランスのためにも役に立つのです。そのような時間をもつためにも、普段からしっかりと休みをとって、仕事から離れる時間をつくることが大切です。

3 仲間を守るためのチームケア

　福祉の仕事はチームアプローチが基本です。人の生活を支えるという仕事は１人のスタッフでできることではありませんので、当然のことながら複数のスタッフでチームをつくって支援をしていくことになります。同じチームで一緒に仕事をしているスタッフは、お互いに支援の楽しさや大変さ、達成感や困難さなどを共有する仲間でもあり、職場のなかで何より大切な存在です。

　そのような同じチームのスタッフが、何かしらの悩みを抱えていて明らかに浮かない表情が続いていたとします。もしかしたらそのスタッフは前述のような感情の葛藤を感じていて、自分だけではどうしても解決できずにいるのかもしれません。そのようなとき、身近にいる私たちはどうすればよいでしょうか。

　ここでは、悩みを抱える人を周囲の人が支える方法をいくつかあげてみたいと思い

ます。

　まず考えられるのが、その人の悩みを解決するために必要なきっかけや手順、解決に役に立ちそうな情報を伝えることによってサポートをすることです。例えば、支援がうまくいかなくて悩んでいる人には、支援の方法や自分の経験などを伝えて本人が解決することを後方から支援することなどが考えられるでしょう。

　次に考えられるのが、実際にその人が悩んでいることに一緒に取り組むという方法です。ある特定の利用者への支援に悩んでいる人には、一緒に支援に入ってその大変さや難しさを共有し、一緒に解決方法を考えて実施してみるということも考えられます。事務的な負担で悩んでいる人には、その事務を一緒に手分けしたり分担したりすることでその人の負担を減らすということも考えられるでしょう。

　これらはその人が悩んでいることに対して具体的にサポートするという方法ですが、それ以外に悩んでいる人の気持ちをサポートすることも考えられます。

　その1つが、その人がしていることやその人自身のすばらしいところをあらためて伝えることです。人は悩んでいるときには、自分への自己評価や自己肯定感が低くなるものです。今は悩んでいても、その人のすばらしさはきっとあります。その人ができていること、その人のよさをあらためて伝えることで、自分に自信を取り戻してもらうことはとても大切なことです。

　そして最後に、その人の悩みをしっかりと聴くということです。その人が悩んでいることを評価せず、聴き手の価値観を押しつけず、傾聴したり共感することです。悩んでいる人にとってまず必要なことは、自分のなかの感情や気持ちを外に出すということです。誰かがその人の感情や気持ちを聴くだけで、本人のなかでの感情のバランスがよくなり前向きに考えていくことができるかもしれません。

仲間の誰かが悩んでいるとき、周囲のスタッフがこのようなことを心がけておくことで、その人は悩みを自分のなかに抑え込みすぎず、またチームで孤立してしまうことなく、ずっと一緒に支援に取り組んでいくことができるでしょう。

4　スタッフを守るための組織的ケア

　現場で懸命に支援に取り組んでいるスタッフが悩んでいるとき、そのスタッフを守ることは組織としてとても大切なことです。スタッフに心身ともに健康で前向きに職場で働いてもらうことは、障害のある人たちによい支援を行うためにとても大切なことでもありますし、組織の支援の質を保っていくためにも不可欠です。また、事業の継続性や組織の活性化のためにもスタッフ一人ひとりが前向きに仕事に取り組むことができることをサポートしていくことは重要です。

　そのために組織としてまずやるべきことは、一人ひとりのスタッフが孤立しないように、強度行動障害の状態にある人の支援を担当の支援者だけに任せるのではなく、組織としてバックアップするような仕組みや雰囲気をつくることです。

　そのうえで、スタッフに過度に負担がかかりすぎないように、無理のない体制をつくったり、交代勤務でしっかりと休みをとってリフレッシュできるようにすることも大切です。

　スタッフが支援に行き詰まって感情のバランスを崩してしまうと虐待につながってしまうリスクも高くなりますし、疲弊感から離職に結びついてしまうこともあります。

　そうならないためには、支援に関してスタッフがしっかり学ぶことができる機会や環境をつくることも大切です。そして、実際に悩んでいるスタッフを孤立させたり放置したりせずに、チームとして、組織としてケアをしていくことが必要です。

　最近は「ラインケア」という言葉をよく聞くようになってきました。ラインケアとは、職場における上司が部下の「いつもと違う」様子にいち早く気づいて必要なケア

を行うことをいいます。職場における上司は、よい意味でも悪い意味でも部下にとっては影響力が大きい存在です。上司の立場にいる人が、部下のできないことを責めたり、無関心のような態度をとるのではなく、部下の悩みごとに対して必要なサポートをしたり、相談にのったり、できたことを評価したり、心身の状態に気を配ったりすることで、スタッフが安心して働くことができ、現場でよい支援ができるようになるのです。

第7章
第8章
第9章
第10章
第11章
第12章

CHECK POINTS

①強度行動障害の状態にある人への支援においては、支援者が精神的なバランスを保つために支援者ケアの考え方が重要です。

②支援者が精神的なバランスを保つためには、自分の気持ちや感情を何かしらのかたちで出すことが大切です。

③現場の支援者が悩んでいるときには、周囲のサポートや組織として支援者を守る取組みが重要です。

［ 参考文献 ］

末安民生（2017）「第10章　ひとりで悩まないで──支援者ケアの大切さ」特定非営利活動法人全国地域生活支援ネットワーク監修，牛谷正人・肥後祥治・福島龍三郎編『行動障害のある人の「暮らし」を支える──強度行動障害支援者養成研修テキスト［基礎研修・実践研修］テキスト　第2版』中央法規出版．

浦　光博『支えあう人と人──ソーシャル・サポートの社会心理学［セレクション社会心理学（8）］』サイエンス社．

受入れ先がない状態から少しずつサービスを使って通所できるようになったアイさん

名前	アイさん	年齢	34歳	性別	女性

利用している主なサービス 生活介護・行動援護

✳ アイさんのこと

アイさんは重い知的障害のある女性です。また、自閉スペクトラム症の診断は受けていませんがそのような特性をもっている人です。喃語のような発語はありますが、理解も含めて言葉のやりとりは困難です。1人で過ごしているときは皮膚をかきむしるような自傷行為もあります。それ以外にはご飯粒を手で丸めて遊んだり、広告紙を丸めて遊んだりしています。また、時々、壁に頭を打ちつけたり、家族や支援者に突進して手が出たり、屋外では急に走り出したりすることもあります。

現在は自宅で両親と暮らしています。最近は両親も高齢になり、アイさんの生活について将来への不安を口にしています。

✳ アイさんのこれまで

アイさんの小さい頃の話です。言葉は初めから発することなく、兄弟と比べても這う、座る、歩くなどはすべてにおいて遅かったとのことです。しかし、歩くようになってからは手を放すと鉄砲玉のように走り出してどこへ行くかわからない状態だったようです。

特別支援学校の小学部、中学部を経て、卒業後は市内の通所事業所へ通っていました。また、自宅では父親とさまざまな場所へ出かけるようになりましたが、時々近くの店に走り出したり、近くの人に体当たりしたりするようになりました。何かの訴えや要求が理解してもらえないときには悲しそうに大きな声で泣きながら支援者へ手を出すこともありました。

アイさんの体も少しずつ大きくなり、通所事業所利用においても、人への体当たりや壁へ頭を打ちつけること、職員への他害行為などが目立ち始めました。そして30歳になる頃には通所することが困難となり、家庭のみの生活を余儀なくされてしまいました。

それから1年ほどが経過し、相談支援事業所もその経過や様子を心配し、他機関と連携をとりながら、ヘルパー2人による行動援護を活用して散歩などの外出を行えるようになりました。そして少しずつ慣れてきた頃から、何とか通所サービスを再開できないかと検討を重ねました。しかし、なかなか受け入れ可能な事業所が見つかりませんでした。結局、市内では難しく隣市も探すようになりました。そして、ようやく隣市の生活介護事業所が利用可能となりました。

その事業所はアイさんのような人たちをグループとした「活動所」を展開し始めた頃でした。自閉スペクトラム症の人たちで重度の知的障害があり、他の事業所が受け

入れ困難な人たちを地域の役割として積極的に受け入れて支援を行っていました。

✳ アイさんの今

事業所の利用は週3回から始まりました。お互いに慣れていく期間として事業所と両親と一緒に考えました。事業所としても「受け止めが困難です」とならないように、責任をもって受け入れたいと考えました。そして1年ごとに週1日ずつ日数を増やして、現在は週に5日通所できるようになりました。

当初は他の利用者や職員への体当たりや頭を壁に打ちつけて破損することが何度もありました。当初は職員も困惑しましたが、外部研修などで学びながら、一貫した対応ができるように責任者を固定したチームをつくり、細かな手順など検討を重ね、少しずつ理解を深めました。また、アイさんに限らず、支援の行き詰まりを特定の職員が抱え込まないようにするためにチームでのアプローチを意識したシフト調整を行いました。

体当たりについては、近くに不特定多数の人がいるとアイさんも気になって突進しているように感じました。また、急に人が近づいて来たりするときに、本人が不安な様子もみられました。そこでアイさんがリラックスできるように強い刺激を避けた「自分スペース」の場所を確保しました。本人が気になっている空間は棚を活用して見えないように環境を整えました。

壁へ頭を打ちつける行為については、時間を持て余したときの1つの行動として行っているような様子でした。そこで、紐を結ぶ作業が得意なアイさんの強みに着目し、来所後の待ち時間と昼食後の休憩時間に視覚的にわかりやすい棚を準備して「1人でできる活動」を設定しました。今では本人も見通しがもて、自分で準備や片づけも行っています。

現在、他害行為や自傷行為は大きく減少していますが、職員には不安もあるようです。生活介護事業所では常時個別対応は難しく、午前中の散歩では職員1人でアイさんのような人を2人以上対応しなければなりません。また、日によって利用する人々の変更がある毎日の送迎では、運転中に他害行為がある際にはどう対応するのかなど、いくつかの難しい場面についてさらに検討を重ねています。そして、将来の生活へ向けてショートステイ活用も視野に、日々奮闘しています。

スタッフとの安心できる人間関係ができて落ち着いてきたイワオさん

| 名前 | イワオさん | 年齢 | 28歳 | 性別 | 男性 |

利用している主なサービス 共同生活援助（グループホーム）・生活介護

✳ イワオさんのこと

イワオさんは自閉スペクトラム症と重い知的障害のある男性です。

2・3語文程度の言葉を滑舌よく早口で話します。話す内容は情報や物の要求と説明に限定されやすく一方的になりがちです。細部に注目が行くという特徴が強く、人や物事の変化があると、不安からさらに細部への注目が強くなり、気になったものが無視できず、破壊してしまうこともあります。また、適量や適度を自らコントロールすることが難しく、髭を剃りすぎたり、見えているものがすべてなくなるまで食べようとしたりすることがあり、支援の方法や環境に配慮が必要です。

✳ イワオさんのこれまで

イワオさんは2歳になっても言葉がなく、目を離せないほどの多動でした。

3歳児健診の頃、自閉スペクトラム症と診断されました。4歳から通所施設に通いますが、床にゴロゴロ寝そべって過ごすことが多く、みんなと一緒の活動をうながしても拒否する様子が見受けられました。5歳頃からは、目を離している間に、家に買い置きしている大きなジュースを何本でもすべて飲み干してしまうようなことがあり、食べ物等の量をコントロールすること

に難しさが目立っていきました。止めたり、ダメと声かけをするとガラスを蹴ったり物を壊すことも増え始めました。中学部の頃には体も大きくなり、本人が強気に向かえば要求を聞いてくれる母親に対して攻撃がどんどん強くなっていったとともに、無断外出で女子トイレをのぞいたり、女性に至近距離でついて行ったりして補導されることがたびたびありました。警察からは「家から出さないでください」と言われ、在宅生活を断念し、生活を整えるために障害児入所施設へ入所しました。1日の見通しや暮らしやすい環境設定をしていた一方で、思いどおりにいかないことやさまざまな不安は、テレビやエアコン、照明等、あらゆる物の破壊に向かうこともありました。時には、髭などの毛を抜いたり、爪を剥ぐ行動に現れることもありました。そのような破壊行動がたびたびありながらも、障害児入所施設でイワオさんの生活を支えていましたが、イワオさんも18歳になり、一定年齢に達したため施設を退所することになりました。そこで、地域のグループホームがイワオさんを支えることになりました。グループホームに入居するにあたっては、それまでかかわってきた施設よりイワオさんのそれまでの状況や特性など細やかな情報を引き継ぎ、受け入れる環境を整備しました。綿密な引継ぎを受けたうえで

移行となり、初日からしばらくは破壊等の行動もなく穏やかに過ごしていました。しかし、2週間後にはそれまでいた施設のときと同じように、照明やエアコン・トイレ・天井など、さまざまな物に破壊が及んでいました。その頃は破壊行為の連続で、行動の分析や対策の立案が追いつかず、支援の難しさがありました。また、破壊によって壁や天井から電線が露出するなど、重大な事故につながりかねない緊急の事態への対策も、体制や対応のスピード等あらゆる組織力を要しました。また、破壊が起きた後の修繕に伴う、保険会社とのやりとりや保護者との連絡調整等、表面的にはみえにくい負担もありました。入居当時から1日の予定を視覚的に提示したり、必要な情報を紙に書いて伝えたりと変化への不安の軽減に配慮してきましたが、イワオさんが職員に対して安心感を得るようになるまで、構造化や行動分析による対応をしていても、破壊等の行動は現れていました。

✴ イワオさんの今

　数年経過した現在、破壊行動は激減しています。それはかかわるスタッフを事前に視覚的に伝えたり、かかわり方を統一した

りと不必要な変化がないよう配慮したことだけではなく、イワオさんが安心できる人間関係を形成できたからかもしれません。過去に外出先でさまざまなトラブルがありましたが、今ではコンビニエンスストアやファーストフード、水族館や服を買いに行くこと等、不適切なかかわりもなく少しずつ活動範囲を広げることができています。入居から4年以上経った今も小さな破壊はありますが、人やものの変化のほか、その時々で必要のないものが視界に入ってしまうと無視しておくことが困難で破壊につながるため、今では寝るときにだけ布団を渡すなど居室空間の簡素化をしています。爪や髭はスタッフが定期的にケアをしたり、さらに爪を切ることや髭を剃ることを要求する場合には、終わるべき理由や多少のびていても大丈夫であることを本人に伝え対応することによりトラブルはなくなりました。また、エアコンなど、体温調整に欠かせないものに関しては必要なときだけ出すような配慮は難しいので、冷風や温風だけ出るようエアコンに壊れないカバーをつけています。

　そして、原因の振り返りや同じことをくり返さないためのスタッフ間の連携を工夫して行っています。

第7章
第8章
第9章
第10章
第11章
第12章
基礎演習
実践演習

組織で取り組むことの大切さ

支援をするうえで大切なことは、障害のある人にかかわるすべての支援者が同じ方向を見て進むことだと思います。過去には支援論についての複数の考え方があり、論争も起こりましたが、これまでの実践のなかで確立してきた多くの人に有効で科学的に根拠のある支援方法が、本研修でも報告されています。

長い歴史をもつ当施設では、20年以上の経験のある職員も多く、さまざまな考え方や支援技術をもっています。その内容は「職員にも個性があり、その人らしい支援方法があっていい」とか、「支援は利用者との関係性によって成り立つので時間をかけて築いていこう、先輩の背中を見て学ぼう」とか、「障害特性に配慮して、根拠のある支援をチームとして取り組もう」など多様です。

また、マニュアルや手順書などによる支援に疑問をもち、画一的な支援となってしまうことや自分で考えずに決められたことだけをやる人になってしまうのではないかと懸念する声もしばしば聞かれます。そのため作成しても一部の人にしか活用されないということもあります。

過去には、自分も含め障害特性に配慮した支援を科学的な根拠に基づいて考えることができず、利用者もそれぞれの職員に合わせて動くようになってしまっていました。また、考え方が合わない職員は孤軍奮闘した結果、疲弊し離職していきました。

当法人では、2000（平成12）年にヘルパー派遣事業を開設しましたが、その現場ではヘルパーが個々に違う支援をしているために、利用者が混乱してパニックになっていました。私はヘルパーが支援計画や手順書に合わせて同じ支援を提供することが大切だと思いましたが、「自分のときにはパニックにならない」とか「パニックを何とかやり過ごしているから大丈夫」などの理由で、ばらばらの支援が続いていました。そして1年後には、利用者が各々のヘルパーに合わせて動くようになっていたのです。これでは自閉スペクトラム症の人が最も苦手とする周囲の雰囲気や支援者の様子から状況を推察して行動することを強いており、適切な支援を受けられていないと感じました。

その後、私自身が2007（平成19）年に行動援護の中央研修を受け、やはり今の支援のあり方は間違っているのではないかと思いました。

「自分の職場を変えたい」——そのためにどうしたらよいか、支援者である自分は困っている障害のある人のことを知ることからやり直そうと思いました。そして自分が行動援護研修を受けて「目からうろこ！」と感じた特性の理解や根拠のある支援方法を学ぶことを糸口としました。特に職員が悩んでいる自閉スペクトラム症の人の支援について専門家からのアドバイスをいただきたいと考え、構造化支援のコンサルテーションを受けるため、先進的な取組みをしている社会福祉法人に相談しました。一

方、法人内では、組織としての方向性を示すため理事長に相談し、管理職の会議に提案、承認をもらい事業計画に明記しました。もともと職種別・階層別に重層的な研修計画を作成していましたので、2011（平成23）年からは支援技術とともに構造化支援のあり方を組み込み、新人研修でも障害特性を学ぶ機会をつくりました。

また入所施設のサービス管理責任者には、行動援護研修の受講を必須とし、法人内で研修を実施しました。しかしながら、「職員が利用者を管理しようとしている」「利用者を思いどおりのロボットのように動かそうとしている」「障害特性で支援を変えるのではなく、ありのままのその人を受け入れるべきだ」などの批判が起こりました。新人職員は困ったときに相談する先輩によって、指導される支援方法が異なるので混乱し、一番自分が取り組みやすい安易な方法に流されてしまうということも実際に起こっていました。支援の「あり方」の話なのに「やり方」の話ととらえられてしまい、個別の特性に配慮するという本質的な部分を共有できずにいました。

組織としての支援方針を合わせるため外堀を埋める（組織の手順を踏む）ところから取りかかりましたが、本当に現場で必要だと思って実践してくれなくては意味がありません。そこで、サービス管理責任者1名をコンサルテーションを受けている社会福祉法人に1か月間研修に出し、法人内でも助言ができるリーダーの育成を行いました。

施設内にはさまざまな部署があり、さまざまな障害特性の人がいます。すべての部署が足並みをそろえて取り組むことはこれまでの経過から不可能だと考えましたので、混乱が強く特性に合わせた支援で比較的早く安定が見込まれる利用者の多い部署、この方法に興味を示してやってみようと思える職員がいる部署から構造化支援を始めました。

それでも「下肢が麻痺している人には車いすを使ってもらい、移動手段を確保します。車いすを降りて這って行けとは言わないでしょう。自閉スペクトラム症の人にわかりやすい構造化支援を入れることはそれと同じです」という講師の話に、スタッフはまだまだ抵抗感をもっていました。そして「構造化支援を取り入れるべきか？」というところで、何度も立ち止まって検討するため、一向に進みません。また、結果につながらないと、自分たちのつくったツールがその利用者に合っていないとは考えず、「この人には構造化支援が合っていない」と判断して止めてしまうこともありました。

そのたびにスーパービジョンを受け見直し、先駆的な取組みをしている事業所に毎年10名を超える職員を数年にわたって視察に出し続けました。

ある年、当施設の利用を始めて間もない自閉スペクトラム症の利用者が新しい作業工程にスムーズに入れるよう、スケジュールや手順書を作成して試したところ、すぐに正しい方法を理解してやってくれました。この利用者には有効な支援だと思われ、グループホームでも行動援護でもスケジュールなどを取り入れ、生活のなかで一貫した支援ができるようにしました。する

とこれまでこだわりといわれて変えられなかった手順が変えられるようになりました。ご本人もわかりやすい情報提供により、安心して支援を受けることができ、ひどかったアトピー性皮膚炎も改善しました。

成功例に自信をつけた職員により、支援の質が上がってきました。部署ごとの取組みには温度差があるものの、アセスメントに基づく支援が広がっていきました。

身近に成功のモデルがいることは職員を勇気づけ自信にもつながります。そのとき組織的に取り組んでいれば、その事例を広く周知し学ぶ機会になります。また、リーダー層が後押しできる、指導できる知識や実践をもっていると飛躍的に職員の理解が進みます。こうして現場に必要なバックアップ体制ができあがることで、周囲と協同でき統一した支援が可能となっていきました。

1人の利用者の支援について、日中の活動・学校・余暇・家庭生活のすべてに同じ方向性の支援をしていくことで、本人にとってわかりやすく、暮らしに見通しがも

て、安定した気持ちで生活できるだけでなく、自分で次の活動を考え伝えてくれるようになります。利用者も常に人にかかわられているより自立的に動くほうがストレスも少なくうれしいのです。

二次障害をつくらないためにも、みんなが学び、想いを1つにして実践していきましょう。気づいた人が動くところから始まります。特別なできる人をつくるのではなく、ひとりで頑張らせるのでもなく、誰でも同じようにできるよう、みんなが統一した方向性で、足並みをそろえていきましょう。職員は障害のある人への必要な配慮を学び、必要なスキルを身につけましょう。管理職は、取り組むべき支援の方向性を示し、現場の支援に必要なバックアップを行います。自分らしく生きようとする障害のある人の力を信じ、寄り添い、本人の思いを確認しながら進めていきましょう。結果は、組織全体で取り組むことによって生まれてきます。

本多　公恵（社会福祉法人滝乃川学園地域支援部管理者）

第10章 関係機関との連携

1 強度行動障害の主な状態像

「強度行動障害」と聞いて、みなさんが思い浮かべるイメージはどのようなものでしょうか。自傷や他傷、激しいこだわり、器物破損、多動、粗暴など、社会生活のなかで私たちがとる一般的な行動とは大きく異なる内容や程度の行動でしょうか。それとも、食事や排泄、睡眠など、通常の日常生活を送るうえでの行動が適切にはできない状態でしょうか。もしくは、大声やパニックなどが、そのきっかけや程度・持続時間などにおいて、私たちの常識を超える状態でしょうか。

実は、ここまで書いた「強度行動障害」のイメージは、強度行動障害判定基準表（114頁参照）という、実際のスコア項目からとった表現です。「イメージ」と前述しましたが、そのどれもが、人間の表面に現れる「行動」であり「状態」です。ただし、この「行動」や「状態」の背景には、どのような理由があり、なぜそのような形となって現れるかは、残念ながら周りの人にはわかりにくいのです。「強度行動障害」のある人たちが言葉で理由や気持ちを表現してくれれば助かるのですが、彼ら彼女らの多くは神経発達障害や知的能力障害によるコミュニケーションの問題をもっており、説明や表現がうまくできません。そこで私たちは、彼らの「行動」から、その理由や意味を推測することになります。これが「氷山モデル」（18頁参照）という、自閉スペクトラム症や知的能力障害の人たちの理解の基礎となります。

本章では、「行動障害」の氷山の下の部分、とりわけ医学的な診断・評価について解説していきます。「強度行動障害」のある人たちは、何らかの診断名（疾患名や障害名）をもっています。そして医療者であれ、福祉スタッフであれ、教育関係者であれ、プロとしてかかわる者であれば、彼ら彼女らの「行動」を理解するために、その診断名を知ることは基本なのです。

2 診断

診断をする際にはいくつかの診断基準を使いますが、基本的には、❶生来の障害名があるか、❷知能・発達レベルはどのくらいか、❸途中から合併してきた疾患（特に

精神疾患）があるか、❹身体的な疾患や合併症はあるかをみて総合的に判断していきます。

1 生来の障害名があるか

生来の障害名とは、まずは知的能力障害や自閉スペクトラム症などよく聞くようなものから、先天性の染色体異常や○○症候群、と呼ばれるものまでさまざまです。その人に関する記録や情報を見れば書かれているものと思います。特に自閉スペクトラム症は強度行動障害を理解するうえで重要なもので、強度行動障害特別処遇事業下や加算対象の事業に関する施設へのアンケート調査において、「対象者の８割以上は、自閉スペクトラム症と重度知的能力障害を合併しているケース」といわれています。強度行動障害の支援は自閉スペクトラム症の支援といってもよいかもしれません。これについては、第２章第１節「自閉スペクトラム症とは」の内容を再確認してください。

2 知能・発達レベルはどのくらいか

次に、知能・発達レベルはどのくらいか、を評価する必要があります。知能テストや発達検査と呼ばれるものにはいくつか種類がありますが、結果を見ると、同じ1人の人でも得意な分野と不得意な分野があり、決して横並びの能力を各分野でもっているわけではありません。運動や基本的習慣、対人関係、言葉や身体表現によるコミュニケーションなど、その能力はさまざまなものを含み、かつその人ごとに凸凹があります。特に自閉スペクトラム症の人では、その凸凹が目立ちます。知能・発達レベルを知れば、どのような支援がどの程度必要かが客観的にわかります。支援のレベルが高すぎても低すぎても行動障害が生じる可能性がありますので、知能・発達レベルについても知っておくことが必要です。これについては第２章第３節（**52頁参照**）、第５章第２節（検査については**118頁参照**）も参照してください。

3 途中から合併してきた疾患（特に精神疾患）があるか

途中から合併してきた疾患（特に精神疾患）についても、注意が必要です。知的能力障害の人ではしばしば見逃されやすいのですが、うつ病や双極性障害（以前は「躁うつ病」と呼ばれていました）による感情や気分の波、落ち込み、または怒りっぽさや焦燥感、生活・行動上のレベル低下などが持続し、環境調整を行っても改善しない場合は、薬物療法による治療が必要かもしれません。その他にも強迫性障害（元来の自閉スペクトラム症によるこだわりに加え、手洗い・衣類の着脱など同じ動作の反

復・動作の停止などで生活面のレベルがそれまでより明らかに低下する）や統合失調症（幻聴や被害妄想などの症状を呈し、おおむねIQが50以上でないと診断できない）など、合併する可能性のある疾患はさまざまです。以前と様子が違う点をよく観察し、医療機関への受診につなげる必要があります。これらの精神疾患が合併した場合には、ベースにある神経発達障害や知的能力障害に対する薬物療法よりさらに、薬物の内容や量の調節が必要になってくるのです。

4 身体的な疾患や合併症はあるか

　身体的な疾患や合併症も行動障害につながりやすいものです。特に知的能力障害が重度になればなるほど、「痛い」「苦しい」「だるい」などの体の不調は言葉で表現されません。その代わりに不機嫌さやいつもよりひどい自傷・他傷や食事をとらないなど、さまざまな「行動障害」で不調を訴えるのです。ちなみに、筆者が勤務する重度・最重度知的能力障害の成人の人が中心の病棟では、合併症の頻度は多い順に、神経感覚器系（てんかんや睡眠障害など）、皮膚・筋骨格系（外傷や擦過傷・皮膚疾患の慢性化など）、消化器系（便秘やイレウス＝腸閉塞、肝機能障害など）、口腔（う歯＝虫歯、歯肉炎、薬剤性歯肉増殖など）でした。てんかんは、知的能力障害が重度になればなるほど合併しやすく、またてんかん発作が不機嫌やイライラと関連していることもあり、前兆・発作の頻度・持続時間などの観察や医師への報告が特に重要です。医療機関への受診の際に簡潔に記した１か月のてんかん発作の記録表やスマートフォン等で撮影した「発作と思われる動画」を持参してもよいでしょう（動画の撮影・持参にあたってはご家族や保護者への説明と同意取得を必ず行ってください）。また、強度行動障害のある人は抗精神病薬を内服していることが多いと思いますが、その副作用（特に「アカシジア」と呼ばれるもの）でソワソワやイライラ・焦燥感が増し、逆に行動障害が悪化したように見える場合もあるので、注意が必要です（本章第２節を参照のこと）。

3 診断・評価することの重要性

- -

　強度行動障害にはさまざまな理由や意味があります。そのために、❶生来の障害名があるか、❷知能・発達レベルはどのくらいか、❸途中から合併してきた疾患（特に精神疾患）があるか、❹身体的な疾患や合併症はあるか、の４点を診断・評価するこ

とについて先に述べました。

「氷山モデル」で考えた場合、診断・評価は、いわば氷山の海水に隠れた左側（本人の特性）の部分です。その人の診断名や知能・発達レベルがわかれば、そこからその人の障害特性や不調になりやすい理由がわかります。それを知ったうえで行動のアセスメントをすれば、なぜそのような理由や原因で、その行動障害が起きているかの合点がいきやすくなるのです。

もちろん、すぐにわかりやすい理由や原因ばかりではありません。1つの、あたかも同じようにみえる行動障害が、いくつかの原因や理由によって起きることもあるからです。そうした場合には、客観的なデータをしばらく取ってみて、そのうえでなるべくいろいろな職種のスタッフが集まって話し合いをしてみましょう。強度行動障害のある人は、私たちと同じように、1日24時間、周囲のさまざまな人たちとかかわって生きています。今日1日のできごとを言葉にできない人たちの行動観察は、それだけたくさんの目で見て、話して、行う必要があります。また、違う場面・違う相手では、観察される姿も異なる場合があります。

そして、得た情報については、簡潔に記載して残しておきましょう。特に入所施設で長く暮らす人などは、スタッフよりずっと長い時間をその場所で過ごします。支援するスタッフや体制が変わっても、その人に関する貴重な情報は、その人のために利用されるべきです。診断・評価に関するまとめは少しずつ改良しながら、その人の資料のなかでわかりやすいところに、さっと取り出せるように準備しておきましょう。

4 強度行動障害が起きやすい環境・状況

「氷山モデル」の海水に隠れた左側（本人の特性）の部分については、前項では診断・評価の視点からお話ししました。それでは、もう一方の右側の部分、「強度行動障害が起きやすい環境・状況」について考えてみましょう。❶生来の障害名、❷知能・発達レベル、❸精神疾患などの合併、❹身体的な疾患や合併症について、その人の情報が得られたとして、次に考えるのは、そういう障害特性や発達の特性のある人たちが、どのような環境・状況におかれたら行動障害が起きやすくなるかということです。

多くの強度行動障害の人たちを診察していて感じるのは、まずは衣・食・住、つまり着るものや食事、生活空間や環境などの基本的なことの快・不快が行動障害の起こりやすさを大きく左右するということです。これは、大きく分けると感覚の過敏性や

こだわり、コミュニケーション能力の低さからくるように思います。私たち自身は、朝起きて夜寝るまでの間に、自分の衣・食・住を自ら整えて、なるべく快適になるように工夫して生活しています。しかし、知的能力障害や神経発達障害のある人たちは、自分でそれらを快適に整えたり、不快な部分を訴えたりすることができずに不具合を我慢していることがたくさんあります。それが行動障害となって出てくると、表面の行動しか見えず、支援者は「問題行動を起こしている」というふうにとらえてしまいます。しかし、その行動が起きる前の状況や環境を見直してみると、「チクチクした感触が苦手な触覚過敏のある人に、硬いタグのついた衣類を渡していた」「いつも食事とお茶がセットになっていると決めている人に、たまたまお茶を付け忘れた」「室温が高いと不快でパニックになってしまう子どもなのに、部屋にクーラーがついていない」などの状況や環境が、「行動障害」より前に存在していることがわかったりします。

　また、衣・食・住は快適でも、活動・作業・学習などのスケジュールがその人に合っていない、難しすぎる・簡単すぎる・多すぎる・少なすぎる・先の見通しが立たないなどで、うまく行動が進まず、パニックにつながっている場合もあります。その際にも、知的能力障害や神経発達障害のある人は、「今は眠いからこの作業はできない」「型はめの形が難しすぎてうまくはめられない」「この課題はもう飽きたからやりたくない」などの気持ちの表現をすることができません。そのためイライラし、それに気づいていない支援者から、先に進むことをうながされてますますイライラして、パニックや自傷・他傷などの行動障害につながることも多々あると思われます。また、家族や大切な人とのかかわりのパターンに変化があった、急に好きな活動がなくなったなどの理由からも、当然ですが行動障害は強くなります。決まりきった言葉のやりとりはできたり、語彙のみが豊富だったりする場合もあり、支援者側もその人たちがイライラを表現できると勘違いしてしまうこともあります。また、どんなに不快なときでも表情はニコニコしている人もいるため、イライラしているようだということを支援者側が感じることさえ難しい場合もあります。

　また、衣・食・住や活動などの「行動障害」前の環境とともに、「行動障害」後の状況や環境も、「行動障害」の頻度や程度を左右する大事な要素です。私たち支援者はその人の行動障害に対し、どのような反応・言葉かけ・動作で対応しているでしょうか。私たちは何も「行動障害」を増やそうとしてかかわっているわけではありません。しかし、思いがけず、あるいは障害への知識が不足しているために、その人の「行動障害」を維持したり、強めたりするような結果になっていないでしょうか。

　以上のような「行動障害」が出現する前後の環境、状況をどうすれば客観的に見つ

けられるでしょう。それもやはり、周囲の支援者のちょっとした観察や、それを情報交換することによる、1日24時間のその人の生活の把握が基本です。

「行動障害」として出ている部分だけに注目するのでなく、物事には原因となる環境や状況があり、そして「行動障害」を維持し強めてしまう私たちの反応があることについて、少し引いた目線で、観察・分析してみましょう。これについては、第6章第1節「行動の理解」・第2節「強度行動障害への対応のヒント」の内容を再確認してください。

CHECK POINTS

①強度行動障害のある人たちは、何らかの診断名をもっています。彼らの行動を理解するためには、診断名を知ることが基本です。

②診断をする際には、❶生来の障害名、❷知能・発達レベル、❸途中から合併した疾患（特に精神疾患）、❹身体的な疾患や合併症をみて総合的に判断します。

③診断名を知ったうえで行動障害が起きやすい環境・状況について考えましょう。

第7章
第8章
第9章
第10章
第11章
第12章
基礎演習
実践演習

1　強度行動障害に有効な支援

- -

　多くの強度行動障害の人を診察しているなかで感じること、また全国の強度行動障害支援者養成研修でいわれていること、それは同じく「自閉スペクトラム症」の支援の重要さです。行動障害の起こりにくい環境調整を衣・食・住全般にわたってすること、そのなかで、特に自閉スペクトラム症の障害特性に配慮すること、次に行動障害について分析し環境調整に加えて周囲の対応を適切に統一することが必要です。そしてこれら一連の流れを行うなかで、分析し、実行してみて、振り返って評価・修正（いわゆる「PDCAサイクル」）をくり返すことも不可欠です。また、環境調整や周囲の対応を適切に統一することとともに、薬物療法が副作用の点でその人の生活にかえって支障を来していないか、症状に対して本当に有効かの見極めも同時にしていきましょう。もちろん支援に際しては、自閉スペクトラム症の障害特性だけでなく、その人の知的レベル・発達レベルや、身体的な状態、その他の合併症を含め、1人の人としての多面的な特性を把握・理解することが基本です。本章第1節の「診断・評価することの重要性」はここにつながってくるのです。

　強度行動障害に有効な支援構造として「生物学的条件の整備（生活リズム・食事・排泄・睡眠）」「TEACCH®プログラム」「知覚過敏への支援」「強迫性支援」「衝動性支援」を積み重ねて、時間をかけて成功経験を重ねることの重要性が指摘されています（飯田雅子「強度行動障害を中核とする支難困難な人たちへの支援について」『さぽーと』574号（2004年11月）、45〜51頁）。

2　薬物療法でできること

- -

　強度行動障害に有効な支援を考えたときに、まず医療側に求められるのは薬物療法による行動障害の軽減です。この薬物療法について、医療的立場からの意見としてお伝えしたいことは、「薬物療法のみで行動障害が改善することは期待できない」ということです。現時点での医療における、知的能力障害・神経発達障害の人たちへの薬物療法はあくまで「対症療法」で、氷山モデルの表面上の「興奮」「パニック」「易刺激

性」などの激しさを薬で抑えたり、少し和らげたりすることを目的としたもので、氷山の下のほうの部分の、本来の障害特性に対して有効なものではありません。発達障害に対する薬物療法に関して国内でのガイドラインはまだありませんが、海外のいくつかの薬物治療ガイドラインを参照すると、「まずは心理社会的治療や環境調整を行うこと」と書かれています。薬の効能・効果からして、知的能力障害や自閉スペクトラム症をあげている薬はごくわずかで、それすらも副作用の観点から古い時代の使用

表10-1　発達障害に対する薬物療法

分　類	薬剤名（商品名）	標的症状とその効果	主な副作用
抗精神病薬	リスペリドン（リスパダール®）	自閉スペクトラム症の易刺激性に有効	体重増加、月経異常など
	アリピプラゾール（エビリファイ®）	自閉スペクトラム症の易刺激性に有効	体重増加など
	その他の新規抗精神病薬　オランザピン（ジプレキサ®）　クエチアピン（セロクエル®）など	自閉スペクトラム症の興奮性に有効な可能性がある	眠気、体重増加など　※オランザピン・クエチアピンは糖尿病で禁忌
	従来の抗精神病薬　ハロペリドール（セレネース®、リントン®）	自閉スペクトラム症の興奮性に有効	錐体外路症状（急性・遅発性）
	従来の抗精神病薬　クロルプロマジン（コントミン®）　レボメプロマジン（レボトミン®）　プロペリシアジン（ニューレプチル®）など	興奮性への効果はさまざま	過鎮静、錐体外路症状（急性・遅発性）
抗うつ薬	フルボキサミン（ルボックス®）	抑うつ・不安に有効なことあり（反復的行動に対しては効果は確実ではない）	消化器症状など　※ロゼレムとは併用禁忌
気分安定薬	バルプロ酸（デパケン®、セレニカ®）	興奮性や躁症状への効果はさまざま	高アンモニア血症、血小板・血球減少など
ADHD治療薬	メチルフェニデート徐放錠（コンサータ®）	ADHD症状を伴う人には有効なことあり	食欲低下・不眠など　※IQ50未満や重症のチック症例では望ましくない
	アトモキセチン（ストラテラ®）	ADHD症状を伴う人には有効なことあり	消化器症状など　※緑内障には禁忌
	グアンファシン塩酸塩徐放錠（インチュニブ®）	ADHD症状を伴う小児には有効なことあり	血圧低下・脈拍数減少・失神・ふらつきなど
睡眠薬	メラトニン受容体作動薬（ロゼレム®）	不眠に有効なことあり	フルボキサミンと併用禁忌
	ベンゾジアゼピン系	不眠に有効なことあり	脱抑制による落ち着きのなさ、ふらつき、転倒

第7章
第8章
第9章
第10章
第11章
第12章

薬物になってしまっているものが多数です。また、海外で自閉スペクトラム症に効果があると承認されている薬はいくつかあり（表10-1）、国内でも小児期の自閉スペクトラム症に伴う易刺激性に対し、リスパダール®とエビリファイ®の２つの薬が承認されました。しかしその薬にしても、もともとは統合失調症などの精神疾患のために開発された薬であり、障害特性を根本的に変えるものではありません。また、知的能力障害や神経発達障害の人に関しては、重度になればなるほど、年齢や個人差による薬の効果や副作用の違いが大きいという印象があります。

　特に長期間入所・入院している強度行動障害の人たちは薬が多剤・大量になりやすく、長期的な副作用の心配（糖尿病や反復するイレウス（＝腸閉塞）、過鎮静による身体・認知機能の低下など）もあります。研究論文による報告でも、自閉スペクトラム症を含む知的能力障害に対しては、"start low, go slow"（少ない量から始めて、ゆっくり増やす）が強調されています。

　まずは「障害とは薬で治すものではなく、障害特性を知って支援するもの」「薬物療法は有効と思われる標的症状（ここに効いてほしいという行動障害のターゲット）を絞って試してみるもの」と考えましょう。

　表10-1に記載している抗精神病薬による特徴的な副作用（錐体外路症状）については、表10-2を参照してください。

表10-2　副作用としての錐体外路症状

症状名	状　態
アカシジア	落ち着きがなくなり、足がむずむずしてじっとしていられない。静座不能
急性ジストニア	抗精神病薬投与初期に、身体の筋肉がひきつれを起こし、首が横に向いたり、身体を反転させたり、舌を突出させたりする。眼球上転も含まれる。緩徐・持続性の奇妙でねじるような不随意運動
遅発性ジストニア	抗精神病薬長期服用による。持続性姿勢異常（痙性斜頸など）
遅発性ジスキネジア	抗精神病薬長期服用による。口周囲の場合、口をモグモグさせる特徴的な動きとなる。四肢や躯幹の場合は、舞踏病様やアテトーゼ様（くねくねした動き）の不随意運動となる
アキネジア	動作緩慢や仮面様顔貌が重症化し、不動となる
流涎	咽頭や喉の筋肉の動きが低下することにより、唾液分泌過多となる
振戦	口、手指、四肢などのふるえ
筋強剛	関節を動かしたときに歯車がカクカクなるような歯車現象、重症ではろう屈現象（腕が曲がらない）

3 入院でできること

入院治療については、一般的な精神科の病院で短期入院（おおむね3か月以内）が行われることが多いと思われるので、それを想定して説明します。

入院治療としてできることはいくつかありますが、主には❶検査による身体状態の評価、❷行動や情緒に関する状態評価、❸薬物調整（効果と副作用の密な観察）、❹環境変化によるこだわり行動や強度行動障害のリセットです。筆者が勤務しているような、知的能力障害・強度行動障害専門の医療機関では、これに❺行動療法や構造化による介入、が加わります。また、治療とは違う意味合いですが、以上に加え、❻緊急避難的な保護および家族や施設スタッフのレスパイト、という別の大きな役割もあります。

1 検査による身体状態の評価

知的能力障害（特に重度）および強度行動障害があれば、外来での診察もやっと、検査に至っては血液検査やレントゲン検査は身体を押さえさせてもらって何とか、心電図は体動が激しく無理、CTやMRIは注射や内服薬での鎮静がうまくいけば撮れる可能性あり、といったレベルではないでしょうか。

急性の外傷や重症の内科的疾患であれば、精神科のある総合病院・救急病院に入院して治療を行いますが、その場合は検査・治療に際して麻酔科や精神科による鎮静は不可欠でしょう。そこまでの身体検査や治療は特別としても、もし一般精神科に入院すれば、少しは客観的な検査ができます。ただし、血液検査や心電図、場合によってレントゲン検査くらいは行えても、一般精神科では結果はすぐに出ないことも多いものです。とにかく入院する機会があれば、普段は検査ができない人の血液検査での異常値の有無や、また看護師による観察・医師の診察を受けて、身体の状態を把握しておくことが重要です。検査の際は視覚的支援や予告の仕方を工夫するとうまくいきやすいです。最近は一般病院でも「合理的配慮」により、このような視覚的支援や予告の工夫がなされているところも増えています。日頃の支援のなかで使用している手順カードなどがあれば病院でも応用して使ってもらうとよいでしょう。

2 行動や情緒に関する状態評価

　施設や在宅での普段の様子を聞いていても、主治医がその人の本来の状態を十分把握していることは少ないと考えます。強度行動障害があっても、診察室にいる短時間は落ち着いている人も多いですし、何しろ慣れた家族や職員が付きっきりの状態での受診は特別です。ゆえに、その人が1日24時間のなかでどれだけ激しく行動するのか、そしてその行動の前後の状況はどういったものか、情緒や気分の変動はどのように出るのかなど、実際のその人の姿は入院治療を経て主治医も実感することが多いです。また、病院によっては、入院中に知能・発達検査によって発達レベルの評価ができるところもあります。多くの人は療育手帳（知的障害の手帳）を持っているでしょうが、詳しいIQ（知能指数）やDQ（発達指数）などの数値や所見は、児童相談所・更生相談所などの手帳を発行する機関から必ず報告されるわけではありません。個人情報に関する書類は、あくまでも家族の希望があった場合に発行されますので、数値が不明なまま、何となく接している場合も多いでしょう。行動・情緒、そして場合によっては発達レベルに関する数値などの状態評価を入院治療で行うことは、次に記す薬物調整や行動療法・構造化などの専門的な支援においても重要な基礎となります。

3 薬物調整

　強度行動障害のある人の薬物調整については、前項でも述べたように、できることとできないことがあり、かつ有効性や副作用は個人差が大きいので、一概にはいえません。また、入院前後での環境の大きな変化（フリーな環境で家族や支援者が付き添って過ごす環境から、おおむね閉鎖病棟での隔離や場合によっては拘束などの行動制限を併用して治療される環境へ）もあります。入院環境では何もしなくても落ち着いていたのが、退院して居住先に帰ると元に戻るといった可能性も高いです。しかもなかには、入院したことがその人の不快な経験となり、かえって行動障害が悪化する場合もあります。

　私自身は入院治療を行える病院があれば、試してみる価値はあると考えています。ただし、薬物を増量するのみではなく、副作用の状態をみて減量したほうがよいケースもありますし、多剤・大量の薬剤の併用で何が効いているのか全くわからなくなっている場合、整理がうまくいって状態が落ち着くケースもあります。家庭や施設から入院環境へという大きな変化はあっても、自分で不快を訴えることのできない知的能力障害・強度行動障害の人たちの薬物調整については、入院治療のほうが行いやすい

という主治医も多いのではないでしょうか。

4　環境変化によるこだわり行動や強度行動障害のリセット

　強度行動障害のある人たちのなかには、こだわりや行動障害が定着してしまってどうにもならなくなっている人たちがいます。その人たちのそういった行動を、かかわりながら減少・消失させていくことは至難の業です。もちろん本書のなかで出てくるような行動療法や構造化の技法を使ってうまくいくケースもありますが、たいていは家族や支援者がその人のこだわりや激しい行動障害に耐えて付き合って過ごしているのではないでしょうか。

　強度行動障害に対し、専門知識をもってしても行動を変化させることができない場合、なかには入院治療が有効なケースもあります。ただしこれは、全く有効でないケース・悪化するケースもあるうえでのことですから、入院時には家族や主治医とどのような目的をもって、どのくらいの期間入院するかを決めておかなければなりません。一般精神科病院の同様の人の入院治療の報告では、入院環境がリセットになる人（外部や家庭の刺激をいったん減らすことで特別な治療がなくとも改善する人もいます）の例をあげています（武井・入江 2009）。ただし入院治療が終われば、在宅や施設へ帰らなければならず、移行の際のケースワークの重要性も指摘されています。入院前からかかわっている支援機関や相談センター、施設の支援者と入院中に話し合いをもつことが大切です。

5　行動療法や構造化による介入

　現在、強度行動障害支援者養成研修が、国・都道府県・専門機関によって行われており、これまで行動療法や構造化になじみのなかった施設でも、それらが意識して行われる、むしろ行うべき時代になりました。入院治療を行う病院のなかには、そういった専門的な支援の導入ができる病院も一部あると考えます。入院中はやむを得ず隔離などの行動制限を併用することはあるにしても、結果的に環境による刺激量のコントロールは入院環境でのほうが行いやすく、そのうえで退院後の生活を想定して（ここが難しいのですが……）、行動障害の出にくい活動を導入し強化したり、TEACCH®プログラムやPECS®（絵カード交換式コミュニケーションシステム）[1]などの一部を導入したりすることは、有効な場合が多いのです。

---

[1] PECS®は、米国およびその他の国で登録されたPyramid Educational Consultants, Inc. 商標です。

6 緊急避難的な保護および家族や施設スタッフのレスパイト

　お互いの生命や身の安全にかかわるような事態であれば、保護室利用ややむを得ず隔離や拘束などの行動制限を精神保健指定医の指示で行うことも含めて、最もハードな環境を提供できる精神科病院の役割が一時的に必要でしょう。ただし、一般的な精神科の治療対象となる統合失調症や気分障害などの疾患と、知的能力障害や強度行動障害とは、状態像や医師の専門性が大きく異なるため、治療対象としての受け入れがない精神科病院も多く、また受け入れができたとしても保護室隔離対応・抗精神病薬増量のみで、入院のたびにどんどん薬が増えていく、といった現状も一部あると考えます。緊急避難的な保護や家族・スタッフのレスパイトの意味合いでの短期入院の場合は、退院の時期や退院後の在宅支援・施設生活の調整を入院時から見据えて、あらかじめ決めておくことが重要です。

> **CHECK POINTS**
>
> ①薬物療法はあくまで「対症療法」であり、薬物療法のみで行動障害が改善することは期待できません。
>
> ②行動障害の起こりにくい環境調整、自閉スペクトラム症等の障害特性への配慮、周囲の対応を統一することが必要です。

1 福祉と医療・教育・家庭のそれぞれの役割

みなさんは福祉と医療・教育・家庭（そして行政も）のそれぞれの役割は何だと思いますか。その考えは支援者によりいくらか差があるように思います。ここでは法律的なことではなく、実際に役立つようになるべく現実的なことを話したいと思います。それぞれの役割とは、大雑把に言ってしまえば、地域でそれぞれができる部分を持ち寄り、ネットワークをつくって利用者をサポートする、というものです。

以前のテキストで筆者は、「福祉の役割は全体的にその人の生活全般を24時間支援すること」「医療の役割は検査、薬物療法、時には入院治療など医療でしかできない対応をすること」とし、以下のような図を示していました（図10-1）。しかし、強度行動障害の支援では、お互いの専門性を持ち寄っても、一福祉事業所と一医療機関だけでのやりとりでは、どうしても不足の部分が出てきてしまいます。そしてそれをどちらかが（福祉か医療で）何とかしようとすると、無理が出てきてしまいます。

そこで望ましい支援とは、図10-2のようになります。福祉・医療・教育・家庭・その他の専門機関がネットワークをつくり、できることを少しずつでもいいので持ち寄って、うまく組み合わせるというイメージです。福祉についても一事業所だけでなく、できれば異なるサービスが提供できる複数の事業所、医療についても入院や外来対応などが別の医療機関でも可、というイメージです（図10-2）。

この場合、特に福祉と医療では、医療機関に入院中でも利用できる行動援護や重度訪問介護を導入すると、入院初期から退院後の移行までを含め、密な連携がしやすい

図10-1　福祉と医療のそれぞれの役割（以前のイメージ）

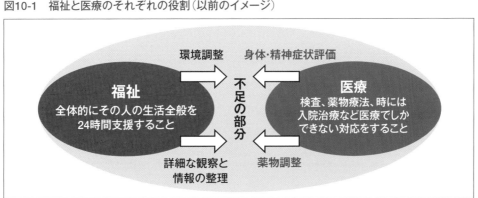

図10-2　強度行動障害の望ましい支援──ネットワークによる多様な支援──

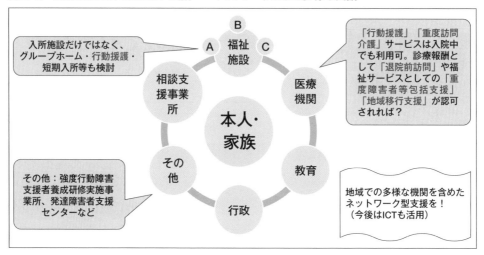

入所施設だけではなく、グループホーム・行動援護・短期入所等も検討

「行動援護」「重度訪問介護」サービスは入院中でも利用可。診療報酬として「退院前訪問」や福祉サービスとしての「重度障害者等包括支援」「地域移行支援」が認可されれば？

その他：強度行動障害支援者養成研修実施事業所、発達障害者支援センターなど

地域での多様な機関を含めたネットワーク型支援を！（今後はICTも活用）

B 福祉施設　A　C
相談支援事業所
医療機関
本人・家族
その他
教育
行政

と考えます。またこの際は、サービス利用について行政の理解と支給決定が不可欠です。

　また教育は、密に生徒とかかわる時間が多いため、個別の教育支援計画に書かれているような日々の個別スケジュール、コミュニケーションカード、余暇活動など、福祉や医療の場でも利用できる手立てをもっている場合が多いです。

　また保護者とも、利用者本人に関する情報交換だけでなく、保護者に対するペアレントメンターのサポートや、医療機関での心理士の介入などを行うことにより、連携体制がより安定しやすいと思われます。そしてそれがさらにネットワークによる支援全体によりよい作用をもたらすのではないでしょうか。

　在宅であれ、入所であれ、そこには暮らしに伴う衣食住すべてが含まれます。強度行動障害のなかでも衣・食・住の不快さに原因があるものは、生活環境や過ごし方自体を見直す必要があります。筆者がよく知る、自閉スペクトラム症支援がさかんな法人のグループホームや入所施設では、行動障害の悪化や状態変化がある場合、「再構造化」がしばしば行われています。抗精神病薬の有効性や副作用の個人差、また長期連用することにより懸念される副作用については前述のとおりですし、薬物調整が効いていたと考えていた人が些細な環境変化で一気に逆戻りする様子や、逆に薬物を増量しても全く変化のなかった行動障害がちょっとした過ごし方や支援の変更でスパッと消えた様子を見ることがあります。もちろん限界はあるでしょうが、薬物調整の前に、まず生活環境や過ごし方の工夫を試してみることが必要だと考えます。その際も、福祉・医療・教育・家庭の連携でピンチを乗り越えましょう。そのために、不調が続く前の落ち着いている時期から、ネットワークづくりを始めることが大切です。

2 よりよい連携のために ——医療機関がほしい情報——

では、よりよい連携のために医療機関がほしい情報は何でしょうか。ここで重要なのは、強度行動障害の原因は、知的能力障害や自閉スペクトラム症などの神経発達障害、時に合併する精神疾患や、ひいてはさまざまな身体状況や環境など多岐にわたることです。すなわち医療の役割が「検査、薬物療法、時には入院治療など医療でしかできない対応をすること」であったとしても、外来レベルでの対応しかできない場合であったとしても、必要なのは「その人の情報全般」ということになります。

まずベースラインのデータとしては、❶基本情報シート（これまでの診断名、IQ：知能指数、療育手帳や身体障害者手帳等の種類、発達歴・最近の病歴、家族歴、既往歴・身体合併症の情報、通院内服歴など）、❷健康管理シート（食事・排泄・入浴・睡眠などの様子、身長や体重、体温・血圧・脈拍の測定数値もあれば）、❸生活状況シート（居室の環境や１日のスケジュール、余暇活動・作業活動の内容、できれば写真入り）が必要で、以上はなるべく各々１枚にまとまっているものが望ましいです。❹その他の資料として、最近のお薬手帳や検診時の検査データのコピーなども有用です。❶の基本情報シートについては、**表10-4**（258頁参照）を参考にしてください。

ベースラインのデータに加え、特に薬物調整中の人では、筆者が外来でもらって一番助かるのは、❺１日１行形式で記載された下線月単位の状態記録です（**表10-3**）。なお、第６章の表6-2「スキャッター・プロット」（146頁参照）は１つの行動に関する散布図ですが、この下線月単位の状態記録はさまざまな情報をコンパクトにまとめた総合的な記

表10-3　月単位の状態記録（例）

日付/時間	1	2	3	4	5	6	7	8	9	10	11	12	13	14	15	16	17	18	19	20	21	22	23	24	備考
1月1日										★	☆リ		吐												帰省
1月2日												☆													帰省
1月3日										★	☆リ		吐												帰省
1月4日																									
1月5日										★	☆リ		吐									眠			夜間他者の奇声あり
1月6日												☆										眠			寝具にこだわる
1月7日											☆														
⋮																									
⋮																									

吐：反すう嘔吐　　★：パニック　　　　眠：不眠時頓服
☆：自傷　　　　　リ：リスペリドン頓服　　睡眠時間

表10-4　基本情報シート（例）

基本情報シート（医療機関連携用）									
氏名			性別	（男・女）	生年月日	年　月　日	年齢	（　　　）歳	

診断名	①	《　行動障害記載欄　》							
	②	自傷	あり・なし	器物破損	あり・なし	排泄関係	あり・なし	パニック	あり・なし
	③	他害	あり・なし	睡眠障害	あり・なし	騒がしさ	あり・なし	粗暴	あり・なし
	④	こだわり	あり・なし	食事関係	あり・なし	多動	あり・なし	その他	あり・なし

	自閉スペクトラム症	あり・なし						
	てんかん	あり・なし						
		ありの場合	発作時の様子					
			発作の頻度	日・週・月・年に	（　　　）回	最終発作	年　月　日	
			抗てんかん薬	あり（　　　　　　　　　　　　　　　　）・なし				
	知的能力障害	あり・なし						
		ありの場合	IQまたはDQ		検査年月日			
			検査方法	WAIS-Ⅲ・WISC-Ⅳ・田中ビネーⅤ・遠城寺式発達検査・新版K式発達検査・その他（　　　　　）				

家族歴	（誰に　　　　　　　　　何の疾患が　　　　　　　　　　）		
	（誰に　　　　　　　　　何の疾患が　　　　　　　　　　）		

既往歴（身体疾患）	①	④	感染症	B型肝炎	あり・なし
	②	⑤		C型肝炎	あり・なし
	③	⑥		その他	あり（　　　　　　　　）・なし

発達歴	

最近の病歴	

入院歴	①期間（　　／　　／　　〜　　／　　／　　）・病院名（　　　　　　　　　）
	②期間（　　／　　／　　〜　　／　　／　　）・病院名（　　　　　　　　　）
	③期間（　　／　　／　　〜　　／　　／　　）・病院名（　　　　　　　　　）

福祉サービス	療育手帳	（A1・A2・B1・B2）（A・B）	
	身体障害者手帳	（1級・2級・　級）	
	障害年金	（1級・2級・　級）	
	障害支援区分	（非該当・1・2・3・4・5・6）	

	記載年月日	．年　月　日	記載者	

〈Hizen psychiatric center〉

258

第7章

第8章

第9章

第10章

第11章

第12章

基礎演習

実践演習

録といえます。この記録が視覚的に見やすい形（睡眠時間、パニックや自傷・他傷の発生時間、頓服使用時間、てんかん発作があれば時間と頻度、その人の気分の調子などが、色分けやマーク・数字により示されている）になっているとなおさらよいです。なぜなら、例えば薬物療法の標的症状が自傷や他傷であっても、その原因は多様な可能性があり、また突発的な環境因（周囲の環境や人の刺激）が発生している場合もあり、その月単位の表を見ることで生活全般の状態をふまえた、治療効果の判定ができるからです。

　日本全国どこでも、精神科医は1日にたくさん（数十人）の外来患者を診察する状況におかれています。長い文章で詳しく書かれた生活記録を分析する暇はないことが多いのです。そのため、文章で書かれた記載は激しいパニックなどの特別な場合の前後の分析などに限り、パッと目で見てわかる表を持参してもらえると助かります。また、受診付き添いの都合はあるでしょうが、できれば日常的に多くその人にかかわり支援しているスタッフや家族に付き添ってもらうほうが望ましいです。診察室で得られる情報はごくわずかですし、初診時や余裕のある日にプレイルームなどで直接の行動観察を行える場合もありますが、それ以外は自覚症状を訴えることのできない人の状態を観察し、代弁する支援者が頼りです。

3 福祉と医療・教育・家庭との連携 ──事例を通して──

　最後に、精神科病院保護室入院事例の当院（強度行動障害治療病棟）へ転院後、福祉施設移行までの事例の経過を紹介します。最近では、強度行動障害治療病棟の長期入院受け入れは、このようなケースを中心に行っています。専門対応が難しい一般の精神科病院保護室入院、あるいは身体的拘束長期化事例では、刺激の少ない環境で鎮静して行動障害を抑える治療がメインとなり、行動拡大には苦戦しています。行動拡大ができていないということは、すなわち、ある程度の集団行動が求められる福祉施設への移行は難しいということを指します。よって、このようなケースでは、徐々に隔離や拘束などの行動制限を解除するために、個別のワークスペースや小集団での作業・余暇活動を導入しています。行動障害をなくすことだけに注目するのではなく、行動障害が出にくい時間や活動を試し、徐々に行動制限しなくても過ごせるよう治療・支援していきます。

長期入院症例

22歳男性、身長171cm・体重65kg、最重度知的能力障害（遠城寺式乳幼児）・自閉スペクトラム症・てんかん

遠城寺式乳幼児分析的発達検査：発達指数（DQ）：11

強度行動障害判定基準表（旧法）：26点

有意語はないが、簡単な日常動作は声かけでできる。食事はスプーンで自力摂取、トイレは適宜誘導すればオムツ不要。こだわりのため動作が進みづらく、反復行動や儀式的な行動が目立っていた。

現病歴

一人っ子で両親との3人家族であった。2歳から療育施設に通所し、3歳から多動への内服が開始された。不眠や徘徊、多量の水飲み、自傷（壁に頭をぶつけるなど）、他害があり（叩く・噛みつくなど）、13歳時に当院の外来を初診し、以後内服を続けていた。しかし、こだわり行動に家族を巻き込み、他害によりヘルパーが骨折することもあった。1回の入院を経て、2回目は17歳時に精神科病院に入院となった。入院中に特別支援学校高等部は卒業となり、それ以降も退院が困難で保護室での入院が長期化していた。当院の強度行動障害治療病棟に空きが出て、22歳時に転院となった。

転院受け入れ前に精神科病院保護室での面会を行った際は、トイレも自室にある保護室でほぼ24時間過ごし、外の観察廊下で昼食時のみ短時間共有ホールへオープンとなっていた。声かけへの反応は乏しく、自発的な活動の要求もみられない印象であった。自室では簡単な塗り絵を渡してやってもらっていたが、一色で薄くなぞるような塗り方で他には活動の意欲を示さないということであった。保護室ゾーンの外のホールは、慢性期の精神科一般病棟で、高齢の患者も多く、特に活動スケジュールが明確でない、ゆったりとした生活環境であった。他害のリスクもあり、なかなか共有ホールへオープンはできず、短時間の散歩や、まれに行事参加を短時間行うくらいであった。

家族や特別支援学校からの情報

以前は自動車やひも、光る物、テレビ（画面を見るのが大好き）、パズルなどに興味があり、絵の殴り書きやパソコンをいじる（操作はできないが）こともあった。コミュニケーションカードを学校で利用していた時期もあったよう。転院の少し前に母親は

急死した。

入院時の目標

・個室隔離を解除し、集団内で少しずつ過ごせること
・福祉入所施設への移行

入院後経過

　当院（強度行動障害治療病棟）への転院後は個室隔離から生活をスタートするも、他害や不穏なく、病棟の日課に沿って活動できた。父親が面会に来ると個室のなかでうろうろと動いてうれしそうであった。時にこだわりから行動が止まったり、その場所から動けなくなったりすることはあったが、遠目で観察し待っていると不穏には至らず、再び動き出せることがほとんどであった。貼り絵や型はめ、玉のれんなどのビーズ通しなども可能であったため、徐々に個室外の活動時間を増やした。塗り絵は自分では色を選ばなかったが、保育士が勧めるとさまざまな色で塗ることができた。大部屋で過ごせるようになり、大部屋でも日中安静時間が必要であったのが必要なくなり、最終的にはホールの大集団のなかで活動できるようになった。家族でのレクリエーションや夏祭りなどにも参加でき、父親と楽しそうに過ごせていた。指差しはできないものの、欲しい物の前に行き「あっ」と声を出すので、尋ねるとうなずくことができた。おそらく、前医の保護室での隔離中も、ほぼ不穏や他害リスクは減っていたものの、オープンできる環境や活動が少なく、また自発的な活動の要求が乏しかったため、状態評価が難しかったと思われた。

対応の工夫

・こだわりから行動が止まったり、動けなくなったりしたときは無理に動かそうとせずに待つ
・本人ができそうな活動を試し、活動後に強化子としてお菓子を食べてもらい、活動のレパートリーを広げる
・ホールでうろうろしていても、危険がない限り制止はしない（好きな行動の1つとして保障する）
・これまでかかわりの少なかった父親の気持ちを傾聴し、面会時もはじめは付き添うなどサポート

移行支援

　大部屋で過ごし、集団で活動できるようになった時点で、父親に施設移行を打診し、時間をかけてかかわった。父親ははじめ「うまくいかなかったら行き先がなくなる」と心配していたが、もし不適応になり不調になれば再入院を受け入れることを保障した。医療ソーシャルワーカーがサポートし、父親も同伴して施設見学や、短期間のお試し利用などを経て地域の入所施設に移行できた。最終的には父親も安心し、移行できたことを喜んでいた。退院後、約5か月目の現在、車での外出や、施設外での映画鑑賞へ参加できたとのこと。目立った行動障害としては、今のところ壁紙をはがす行為がみられた程度である。

ポイント

　家族は、これまでの本人の支援での困難さから、何かしら傷ついていることがあり、移行に対する不安が強く抵抗がある場合も多いです。段階的に不安が減っていくようなかかわりや手順をふんで、本人も家族も安心して地域に移行できるように支援しましょう。その際に移行先の施設の要望を優先した手順で進めることが不可欠です。

　また、今回のケースでの病院から施設への移行支援は、実際にネットワーク会議を行いましたが、会議が複数回にわたるような場合にはテレビ会議などのICT（Information and Communication Technology）を活用してできると、お互いの業務負担を増やさず、便利です（ただし、個人情報には十分な配慮が必要です）。

CHECK POINTS

①強度行動障害のある人の支援は困難を伴うことが多いため、福祉・医療・教育・家族および行政などが、地域でおのおのできることを持ち寄りましょう。

②状態悪化時に急に困らないように、日頃から①であげたネットワークづくりを意識して少しずつ行いましょう。

③ネットワークによる支援を行う際に、入院中でも導入できる「行動援護」や「重度訪問介護」などの福祉サービスを利用したり、個人情報に配慮したうえでICTなども活用したりしていきましょう。

[**参考文献**]

中島洋子（1996）「強度行動障害の医療に関わる研究」厚生省心身障害研究『強度行動障害の処遇に関する研究』.

神尾陽子・石坂好樹（2002）「知的障害のある自閉症児童青年におけるcomorbidity」『児童青年精神医学とその近接領域』第43巻3号、260〜279頁.

吉野邦夫（2013）「強度行動障害と医療」独立行政法人国立重度知的障害者総合施設のぞみの園『平成25年度強度行動障害支援者養成研修（指導者研修）テキスト』.

吉川徹（2013）「知的障害を伴う思春期・成人期の自閉症スペクトラム障害における薬物療法とその留意点」『臨床精神薬理』第16巻3号.

National Institute for Health and Clinical Excellence Guideline 170（2013），Autism spectrum disorder in under 19s: support and management.

National Institute for Health and Clinical Excellence Guideline 142（2012），Autism spectrum disorder in adults: diagnosis and management.

稲田俊也（2012）「DIEPSSを使いこなす」『改訂版 薬原性錐体外路症状の評価と診断』星和書店.

武井康郎・入江真之（2009）「中・重度の精神遅滞を有する自閉症の入院治療の有用性について」『第50回日本児童青年精神医学会総会抄録集』313頁.

金樹英（2014）「強度行動障害と医療——医療的立場から」独立行政法人国立重度知的障害者総合施設のぞみの園『平成26年度強度行動障害支援者養成研修（指導者研修）テキスト』125〜135頁.

服巻智子（2015）「第3章4 TEACCH®って何ですか?」黒木俊秀編『発達障害の疑問に答える（子どものこころと体シリーズ）』慶應義塾大学出版会.

第7章

第8章

第9章

第10章

第11章

第12章

基礎演習

実践演習

事例18 ゲストスピーカーとして語るようになったノリオさん

| 名前 | ノリオさん | 年齢 | 24歳 | 性別 | 男性 |

利用している主なサービス 就労継続支援B型
共同生活援助（グループホーム）

❋ ノリオさんのこと

　ノリオさんは知的障害のない自閉スペクトラム症（アスペルガー症候群）で身長172cm、体重105kgの体格のよい青年です。

　ノリオさんは、グループホームに住みながら（4人ワンユニットの共同住居）、月曜日から金曜日までは和食を提供するレストランを行っている就労支援事業所に通い、一人暮らしができる「格好いい成人男性」を目指して日々暮らしています。趣味はテレビゲームで、グループホームの居室には100本以上のソフトがあり、仕事から帰ってくると、寝るまでの間は、飽きずに1人で画面に向かって楽しんでいます。

　その一方で、週に1回は、健康を気づかって体育館に通い、筋肉トレーニングをしたり、学生時代に部活動で入っていた卓球で汗を流す運動をしたり、年に1回は地元の自転車競技の大会に参加するなど、積極的に体を動かすことや、仲間と過ごすことも好きです。

　医師より、広汎性発達障害の関連症状としてコミュニケーションのパターンにおける質的障害、相互的な社会関係の障害、精神障害として被害妄想「あり」と診断されており、周囲に理解者がいない間は、周囲との衝突が絶えず、社会や人間関係の間でとても苦しんでいました。

❋ ノリオさんのこれまで

　幼少の頃から、友人と呼べるような友人はおらず、周囲の子どもたちが楽しそうに遊んでいるなかにいても、自分は馴染めていないという感覚をもっていました。

　小学校に入学すると、3年生の頃からいじめを受けるようになり、下級生からもからかわれるようになりました。

　それにより、パニックになって物を投げる等の衝動的な行動をしてしまうこともあり、コミュニケーションの困難さだけでなく、周囲から距離を置かれるようにもなり、小学校も周囲に馴染めなかったという感覚をもったまま中学校に入学しました。

　中学校では親友と呼べる友人が同級生にできましたが、その友人が引っ越してしまい「助けてくれる人が1人もいない」と感じるようになってしまったことにより、中学3年生の約1年間は自宅にひきこもりがちになってしまいました。

　また、同時期に好きなパソコンを一から組み立てるために購入したパーツに不足があり、完成すると思っていたパソコンが完成せずにパニックになってしまい、家族に「家に火つけてやる！」と発言したことが原因で、初めて医療保護入院を経験することになりました。

　つらい経験をした一方で、精神科を受診

して「アスペルガー症候群」の診断がつくことにより、人とうまくかかわれない原因がそこにあったことに「気持ちが楽になった」とも話をしていました。

　退院してからも、似たようなパニックを起こしてしまうことがあり、中学3年生から高校2年生までの間で合計3回にもわたる医療保護入院がありました。

　その後地元の相談支援事業所から現在の福祉サービスを利用している法人を紹介されて、移動支援の利用と就労サービスを実施している事業所でのアルバイトを始め、自閉スペクトラム症の障害を理解している地元の福祉サービスの支援者と出会い、卒業後もそのままその福祉事業所のサービスを利用することになりました。

　利用当初の就労支援事業所においても、好きなテレビゲームや悩みごとをすべて伝えきるまで納得できずに、業務中であっても話し続け、支援者が注意をすると「聞いてもらえない」と感情的になったり、短期記憶が得意でないために本人が重要だと思うことを周囲に何度も伝えたりと、一緒に働く仲間や支援者との間でコミュニケーションの困難さが目立ちました。

　そこで、本人が重要だと思っていることに対して、「いつ」「どこで」「誰と」「どのくらい」なら話してよいかを整理してルールを設定し提示すると、周囲との衝突が減っていきました。それに合わせて本人が目に見えて評価される仕組みをつくっていくことにより、自分に自信がもてるようになっていき、学生時代にからかわれたことで自尊心が著しく傷つけられていたために、マイナスな表現が聞こえると過敏に反応した

り感情的になったりしていたこともなくなっていきました。

　さらには、就労支援事業所を手伝ってくれている地域のボランティアの人たちに対して、自らの障害について伝えて理解を求めるようになり、自分で周囲の環境を変えようとする努力もするようになったことで、本人も本人を取り巻く環境もよい方向に変化していきました。

✱ ノリオさんの今

　ノリオさんは今、地元住民に向けて、また、地元の小学校での授業や大学での講義でゲストスピーカーとして、「自閉スペクトラム症」について誰よりも伝えることのできる先生として呼ばれることが、年に何度もあります。その際には、赤裸々に幼少期の頃からのことを語ってくれます。

　「やりたくて人を傷つけるような言動をするのではない」ということや、自分の障害について理解してほしいということなど、何も隠さずに発信するメッセージが地元住民の人々の心をつかみ、地元ではちょっとした有名人になっています。

　今は、ほしいものを買うための目標をもち、仕事やグループホームでの日常生活の日課を頑張っていますが、ほしいものがあると、その誘惑に負けてしまい継続して頑張り切れないことや、一人暮らしを想定した際に「知らない人」が訪問してきたときの対応に自信がもてないこと等が課題です。それでも、ノリオさんを支えるチームと一緒に、一人暮らしに向けて必要なことを考えながら、小さなステップアップを重ねて日々過ごしています。

学校教育との有意義な連携に向けて

福祉の現場のみなさんが日々悩んでいるのと同様に、行動障害のある子どもたちへのアプローチの難しさは、学校教育の現場においても同様に、その取組みが難しい問題の1つです。

全日本手をつなぐ育成会が2013（平成25）年に行った重篤な行動障害があった成人期の当事者の保護者への聞き取り調査の結果をみると、最も行動障害がひどかったと回答した各時期の人数は、就学前から小学校に入学した時期に少し増え、中学校の時期に急激に増加します。そして、高等学校の時期にさらに増加し、その人数はピークとなります。卒業後は、中学校、高等学校の時期よりは減るものの、それらに次ぐ数字となっています。

この結果は、学齢期初期（小学校入学以降）において、行動障害が周囲に目に見える形で把握されるようになり、思春期に向かってその重症度が増す傾向があることを示しています。いかに学校教育の現場が、行動障害への取組みにおいて重要な役割を担っているかを示すものだと思います。

児童期から思春期にかけては、障害のある子どもたちだけでなく、すべての子どもが、心身の発達において大きな変化からくる混乱を経験します。このような混乱に、どのように取り組んでいくかは、決まった方法があるわけではありませんが、学校教育においては、障害のある子どもたちのこれらの問題に中心となって取り組んでいく教育を「特別支援教育」と呼んでいます。

そしてこれらは、主に特別支援学校や特別支援学級、通級指導教室において中心的に取り組まれています。この特別支援教育においては、それぞれの子どもは、それぞれの障害状況や問題に応じて「個別の指導計画」や「個別の教育支援計画」が作成され、個の状況に応じた指導がなされることになっています。そしてこれらの「個別」の支援に関する計画において、重要な指導領域として、「自立活動」があります。この自立活動は、「健康の保持」「心理的な安定」「人間関係の形成」「環境の把握」「身体の動き」「コミュニケーション」の6つの区分とその下位に設定された27項目の指導内容から構成されており、子どもたちの障害からくる学習または生活上の困難を克服するために設定されています。行動障害に関しては、先の6区分のなかの「心理的な安定」「人間関係の形成」「コミュニケーション」「環境の把握」の4つの区分が深く関係してきます。関心のある人は、その指導内容を一度確認してみると、利用者とのかかわり方や支援の方向性の手がかりになるでしょう。

しかしながら、特別支援学校といった先にあげた教育の場において、行動障害がある児童生徒に最適な取組みがなされているかといえば、そこへ至る道はまだ途上であるというべきでしょう。学校関係者も、行動障害に対するアプローチにおいては、これから多くのことを学びながら個々の児童生徒（利用者）にとって最適な方法を模索

しなければならない状況だと思います。その点では、学校関係者も、本書のような内容を研修すべきであると考えています。

　福祉の側であれ、学校教育の側であれ、行動障害への取組みにおいて最も重要な条件の1つは、関係者間（保護者、学校、福祉関係機関、医療機関など）における子どもの直面する問題状況の理解や評価結果の共有です。関係者それぞれが異なる理解と評価を行うことになれば、子どもへの対応が一貫性を欠くこととなり、このことは、子どもの混乱の助長と行動障害の重篤化に直結します。このような行動障害の重篤化を防ぐうえで重要となるのが、福祉と学校と他の関係機関との実質的な連携であると考えます。先に述べた行動障害のある子どもの直面する問題状況の理解や評価結果の共有を手がかりに、一貫した支援の方向性

を見出し、協働して取り組む必要があります。そのために、必要となるのが、確認できる（見てわかる）客観的事実に基づく評価を行うことです。意味のある有機的な連携のためには、このことをスタートに据えなければ、何回顔をつき合わせても、意味のある一貫した取組みどころか、時間の無駄になってしまうかもしれません。

　行動障害は一般的に年齢を重ねるごとにその対応の困難性が増してきます。学校教育での場で個別に作成される「指導計画」などの作成の場を足がかりに、支援に関係する者の共通理解と一貫性をもった取組みの実施が可能となれば、多くの子どもたちに、比較的穏やかな思春期をプレゼントすることに、一歩近づくのではないかと考えます。

肥後　祥治（鹿児島大学教育学系教授）

第11章

行動援護の大切さ

本章では、強度行動障害のある人の外出支援のサービスである行動援護について考えます。今では、外出支援のサービスはあたりまえのようになっていますが、強度行動障害のある人の外出支援のサービスが生まれた背景を振り返ると、支援の大切なポイントが見えてきます。

1 地域生活支援と行動援護

行動援護サービスは、2005（平成17）年に支援費制度のもとでつくられたサービスです。行動援護はこれまでのサービスにはなかった非常に画期的なサービスとして生まれました。1つめの特徴は、地域で生活する人たちを支える居宅系のサービスとしてはじめて、家事援助でも身体介護でもない、行動を支援するサービスの誕生であったということです。居宅系のサービスは、高齢者の介護を想定して生まれたホームヘルプサービスの流れを汲んでおり、身体が不自由な人に代わって家事をしたり、身体のケアをしたりする仕事でした。しかし、サービスが知的障害児者に広がっていくなかで、必ずしも身体的なケアだけが必要とされているケアでないことが明らかになっていきます。自己判断能力が制限されている人たちの行動を予測し、危険を回避できるような支援は、入所施設などでは行われていましたが、地域で暮らす人たちのサービスとして位置づけられたことは非常に画期的なことでした。

2つめの特徴は、強度行動障害のある人たちの外出を支えるサービスであるという点です。つまり、社会参加を支えるツールとして行動援護サービスが誕生したということです。契約によるサービスが生まれるまで、長いあいだ重い障害のある人のためのサービスは施設入所が中心で、地域住民として生きることを支えるサービスがあったとは言い難い状況が続いていました。その状況を打開すべく、外出支援など地域で暮らす人たちを支える私的サービスが全国各地で生まれ、やがて支援費制度に基づく「ホームヘルプサービス」に位置づけられ、行動援護の誕生につながりました。つまり行動援護サービスは、2006（平成18）年に地域でともに生きる社会をつくることを目的として施行された障害者自立支援法に先駆けるように、重い障害のある人が地域でともに生きることを支えるためのサービスとして誕生したのです。行動援護サービスが存在するということは、国が本気で強度行動障害のある人も含めて、地域でとも

に生きる社会を目指している証のようにも思えます。

2 行動援護サービスの形

行動援護サービスの内容は「障害者の日常生活及び社会生活を総合的に支援するための法律に基づく指定障害福祉サービス等及び基準該当障害福祉サービスに要する費用の額の算定に関する基準等の制定に伴う実施上の留意事項について」（平成18年10月31日障発第1031001号　厚生労働省社会・援護局障害保健福祉部長通知）によって、次のように定められています。

❶　予防的対応

❷　制御的対応

❸　身体介護的対応

このうち、最も重要なものは、❶予防的対応だと考えられています。行動援護サービスでは、「事前に利用者の行動特徴、日常的な生活パターン、感覚の過敏性等について情報収集し、援護に必要なコミュニケーションツールを用意するなど準備」する必要があるとされています。行動援護は、「事前に準備をする」サービスであるという特徴ももっています。事前にしっかり、アセスメントを行い、準備をし、混乱なく外出できるよう行動を支援するというのが、仕事の中核になります。制御的対応を取らなくてもすむのであれば、そのほうがよいのです。行動援護は「段取り八分（はちぶ）」。準備が仕事の八割だということです。

さらに、2014（平成26）年に重度訪問介護の対象拡大に伴って、行動援護サービスの役割が増えました。それまで、「主として外出時および外出の前後」のサービスとされてきた行動援護ですが、あらたに「アセスメント等のために必要であることがサービス等利用計画などから確認できる場合には、必要な期間内において、居宅内での行動援護を可能とする取扱いにする」ことになりました（図11-1）。行動援護におけるアセスメントの重要性が高まったということができます。

第7章
第8章
第9章
第10章
第11章
第12章
基礎研修
実践研修

図11-1　重度訪問介護の対象拡大に伴う行動援護

重度訪問介護の対象拡大後における行動障害を有する者への支援について

行動障害を有する者に対する支援のイメージは、具体的には以下のとおりとなる。
・相談支援事業者を中心とした連携体制の下で、
・行動援護事業者等が一定期間、問題行動のアセスメント（※）や居宅内環境調整等を行いつつ、
・居宅介護や他のサービスによる支援を行いながら、
・サービス担当者会議等における連携により支援方法等の共有を進め、
・支援方法等が共有された段階で、サービス等利用計画の変更を行い、重度訪問介護等の利用を開始する。

支援の流れ

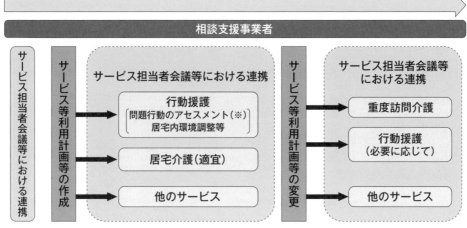

注　地域において行動援護事業者の確保が困難な場合等であって市町村が認める場合については、発達障害者支援センター・障害
　　福祉サービス事業・施設等の職員、あるいは臨床心理士などの専門家であって、行動障害に関する専門知識や経験を有する者によ
　　るアセスメント等を行うことも想定。
出典：重度訪問介護の対象拡大に伴う支給決定事務等に係る留意事項について（平成26年3月31日障障発0331第8号）

3 行動援護ヘルパーに期待されること

　次に行動援護ヘルパーの役割について考えてみます。行動援護ヘルパーには、外出しているときの支援だけではなく、事前にさまざまなアセスメントをし、アセスメントに基づいて準備をすることが期待されています。また、居宅内アセスメントも行動援護ヘルパーの役割に加わりました。ここでいうアセスメントとは、家族関係や生活環境といったさまざまな状況についての調査と分析を含みますが、最も大切なのは障害特性のアセスメントです。行動援護ヘルパーには、障害特性に関する深い知識と、特性理解を根拠にした支援技術が必要になります。これは、何も行動援護ヘルパーだけに必要なことではありませんが、これまで述べてきたように、行動援護が地域で暮らす重い障害のある人、なかでも行動障害のある人たちの社会生活を支えるために生まれたサービスであることを考えると、特別に必要とされている役割であるということもできます。

さらに、行動援護ヘルパーは居宅系サービスのなかでも「外出」という、常に地域のさまざまな人たちの目にふれるなかで仕事をするという特徴をもっています。そのため、必然的に利用者に向けた仕事だけでなく、社会に向けた発信も担うことになります。重い障害のある人たちが地域で隣人として受け入れられるためには、常にいわゆる啓蒙活動が必要となります。それは言葉だけでは足りず、やはり具体的なかかわり方を目にする必要があるのです。買い物に行ったときに、公共交通機関を利用したときに、そこに障害のある人とヘルパーがいて、ヘルパーのさりげない支援で障害のある人も社会のルールのなかで活動している姿を見ることが、地域に対してともに生きる具体的なイメージをつくる助けになります。これはある意味で本来業務にプラスされるオプションのような仕事ではありますが、社会の側にとってはとても大きな副産物となります。また、たとえいわゆる業務ではないとしても、支援者は福祉専門職として常にこのような社会の理解を促進するための啓蒙活動を行う使命を担っていると考えることができます。

4 ライフステージに応じた支援の必要性

行動援護サービスは、主に家事援助と身体介護中心だった居宅系サービスに、自己判断能力が制限されている人たちの行動を予測し、危険を回避できるような行動支援という類型を新たに加え、社会参加のためのツールとして誕生した流れについて述べました。ここでは、この「自己判断能力が制限されている人たち」、とりわけ「危険を回避できるような支援を必要としている人たち」の特性に応じた支援について考えてみたいと思います。

行動援護は「行動支援」という類型と書いてきましたが、行動援護従業者養成研修のテキストなどでは、身体介護に対してメンタルの介護という表現がなされてきました。これは、こころのケアという意味ではなく、身体に直接触れてケアをするという身体（フィジカル）の介護と対比して、判断や決定を支える機能を介助するという意味になります。ですから、メンタルというよりも認知的介護といったほうが実態に近いかもしれません。

行動援護サービスの対象者は多くが重い知的障害と強い自閉スペクトラム症の特性をもつ人です。この2つの障害が重複すると、まず物事を理解することに大きな制限をもつことになり、加えて訴えたり、行動したりする表出面にも困難を抱えることに

図11-2　ライフサイクルと行動援護の関係

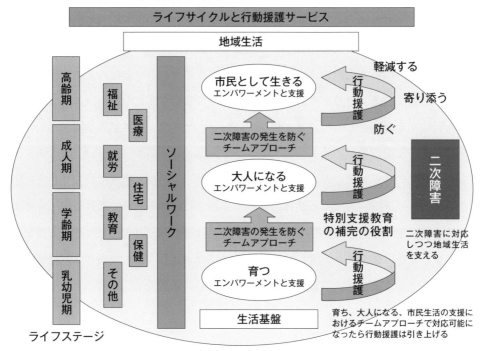

出典：独立行政法人国立重度知的障害者総合施設のぞみの園（2009）『行動援護従業者養成研修テキスト　基礎編・援助技術編
　　　改訂版』特定非営利活動法人全国地域生活支援ネットワーク、29頁.

なります。また、多くの自閉スペクトラム症の人に感覚の特異性があり、必要な刺激を感じ取れないことや、過度に感じすぎて苦しいといったことが起こります。利用者ごと個別に異なる、わかりやすさと表出しやすさをその人に合った方法で補う支援が不足すると、わからないストレスとできないストレスで、二次的な問題が形成されていきます。これがいわゆる「強度行動障害」となります。訴える手段として身につけた方法が、大声、もの壊し、自傷、他害などである場合もあります。ストレス発散のために、時には身体の不調や痛みを軽減させるために、場合によってはそうすべきだと誤って学習し、行動障害をくり返すこともあります。つまり、二次的な問題が起こる前に、適切な支援を提供することが、行動障害を支援することより、ずっと大切なことなのです。行動援護で大切なのは予防的対応であると述べましたが、次回の外出中に行動障害が起きないように予防するということは、長い目で見たときには激しい二次障害を予防するための支援となります。本当に必要なのは、この長い目で見た二次障害の予防といえます。

　行動援護サービスは、児童期から高齢期まで地域で暮らす限り利用できるサービスです。ライフステージに応じて利用できる行動支援のサービスなのです。人生の段階ごとに、必要に応じて二次障害の発生を「防ぐ」こと、二次障害に正しく「寄り添う」

こと、地域生活を継続しながら、二次障害の「軽減」に努めることが、地域でともに生きる支援には欠かせません。できれば、すべての人が最初から必要な支援を受け、誰一人二次障害の状態にならずに生きていけるようになることが理想ですが、現実にはなかなかそううまくはいきません。ですから行動障害が激しくなる前に適切な支援をする体制を整えることが安心につながります。「防ぐ」「寄り添う」「軽減する」ことが大切です。

　ここまで、行動援護ヘルパーに、障害特性（ここでは具体的に自閉スペクトラム症の障害特性ということになります）のアセスメントと、アセスメントに基づく特性に合った支援が求められる理由を述べてきました。重い障害があっても地域でともに暮らすためには、特性を理解し適切にかかわることが必要です。特性を理解し適切にかかわることで、二次障害を防ぐことができれば、生活の質は高まり、自分の力を発揮しやすくなり、幸せな暮らしを送りやすくなるのです。

第7章
第8章
第9章
第10章
第11章
第12章

CHECK POINTS

①行動援護サービスは、重い障害のある人が地域住民として生きることを支えるという役割を担っています。

②行動援護ヘルパーには、障害特性を適切にアセスメントすることが求められています。

③ライフステージに応じて、行動障害を「防ぐ」「寄り添う」「軽減する」支援が大切です。

　行動援護サービスは、❶予防的対応、❷制御的対応、❸身体介護的対応があり、なかでも予防的対応が重要であると、第1節で説明しました。予防的対応だけですべてがうまくいくことは理想ですが、実際にはそうはいかず、制御的対応の知識や技術も必要になってきます。ここでは、時系列での介入ポイントに分けて、支援の方法を整理していきたいと思います。

1　予防的介入

　予防的介入とは、事前の準備、つまり段取りの部分です。実際のサービス提供の前に行っておくことということもできます。行動援護ヘルパーは事前にアセスメントをし、その結果に基づいた支援を組み立てると述べてきましたが、居宅内アセスメントの場合を含め、その方法は第6章までに書かれた方法と変わりありません。ここでは、外出支援の場面で特に必要となる事前準備についてまとめていきます。

　外出支援の特徴は、何といっても支援をする場の調整が難しいということです。室内での支援、特に事業所内での支援では、利用者、支援者ともに決まっていて、事業所内という狭くて限られた環境の調整ということになります。一方、外出支援の場合、支援の場は店内、バスや電車の中、公園や体育館といった場所になり、行ってみなければ誰が来ているのか、どのようなルールでどのような配置になっているのかわからないこともしばしばです。どんなに事前に利用者のことを理解していても、実際の支援場面でうまくいかないことも出てきます。外出支援では事前準備の一環として、環境のアセスメントが欠かせません。

　環境のアセスメントとは、外出先の状況について確認する作業です。事前に、どのような目的で、どのような場所に外出するのかを決めたら、その目的を達成するために適切な場所を選びます。そして、その場所についてしっかり把握することが必要です。どこにトイレがあるか、どこにエレベーターがあるかなどの建物構造は、活動がスムーズに進むための動線の支援のために必要です。BGMやにおい、照明など利用者の苦手な刺激や強すぎる興味を把握していくと、利用者に応じて確かめなければならない項目が少しずつわかっていきます。情報（人の声、BGM、キラキラ光る装飾類、ポスターや文字などさまざまなものが情報となります）が多すぎる場合、その活

動場所のなかで一番落ち着ける場所はどこにあるのか、そのスペースは自由に使用することができるのかなど、事前の調査は利用者の特性によって必要性が変わります。

　本来、このような環境のアセスメントも事前準備に含まれ、行動援護ヘルパーの役割となります。しかし、勤務体制など現実的な問題が生じる場合もあるでしょうから、サービス提供責任者を中心に、事業所全体として必ず行える体制を整えるべきでしょう。

　利用者本人の障害特性を理解し、外出先の環境も把握したところで、ようやく支援の手順が具体化されていきます。外出全体の流れを想定し、場面ごとに具体的にイメージし、必要な場合には待ち時間をつくらないために席を予約しておく、品物を注文しておくなどの手間も、事前準備に入ります。外出支援中のヘルパーは一人でさまざまな判断をし、介助や支援をしなければなりませんが、事前準備はできるだけチームをつくり事業所全体で助け合って行うことも重要です。外出先の情報は共有されることで効率よくアセスメントできますし、常に更新された情報をもとに支援を組み立てることで、より支援が成功する確率が高まるでしょう。

　このような事前準備をもとにしてつくられる支援手順書が、まさに予防的介入の支援ということになります。

2 軌道修正的介入

　予防的対応だけでうまくいくことが理想ですが、どんなに事前に調べていても、当日になってみると環境が変わっていることはよくあります。いつもは必ずすいている時間帯なのに、その日だけとても混んでいたとか、機械が故障してその時間帯だけ使用中止になっていたなどと、予想外の出来事は起こるものです。そして、支援者は予想外の出来事が起こらないようにコントロールすることはできません。

　外出中に支援手順書どおりに進まず、トラブルが起きそうになった場合に行うのが軌道修正的介入です。予防的介入の場合は事前に環境を調整すべく動くわけですが、もう支援がスタートしてしまっている場合には、「その場面で可能な環境調整のための対応」が必要になってきます。

　例えば自分の身体を有効に使った支援。支援者が立ち位置を考えて、壁になり不必要な刺激を遮断したり、誘導表示代わりになって本来向かうべき方向の動線を確保したりすることで、手順書にある動きに戻していくための支援です（図11-3）。このと

図11-3　身体を有効に使った支援

訓練室や教室、家庭などのある程度こちらの都合で環境調整ができる場所とは違い、スーパーや公園など街中には刺激がいっぱいです。そのような場所では、壁代わりになったり、誘導表示代わりになったり、気づきをうながすためにヘルパーは自身の体を有効に使うこともできます。

出典：独立行政法人国立重度知的障害者総合施設のぞみの園（2009）『行動援護従業者養成研修テキスト　基礎編・援助技術編　改訂版』特定非営利活動法人全国地域生活支援ネットワーク、166頁を改変.

きに大切なのは、わかりやすさと対応スピードです。

　言葉の理解に制限がある場合、できる限り一瞬でわかる伝え方が必要です。このとき、事前に視覚的な手がかりを準備していれば、有効に活用することができます。また、明らかに修正が必要な行動は、瞬時に対応しなければ混乱の原因にもなります。軌道修正的介入は予防的対応と制御的対応の中間に位置する支援技術ということもできます。

3　危機回避的介入

　軌道修正に失敗すると、状況はどんどん厳しくなっていきます。知的障害が重く、自閉スペクトラム症の特性が強い人々は、障害の特性上強い興味のあるものを見てしまうと、そこから離れることが難しくなってしまうことも珍しくはありません。軌道修正のタイミングがほんの数秒遅れただけで、修正が困難になることもあります。軌道修正が難しいと感じたら、危機回避的介入に切り替えて対応する必要があります。

　危機回避的対応は、誤学習に配慮した視点と環境に応じたパニックの収束に分けられます。パニックが起きると混乱状態にある利用者本人のダメージはもちろんのこと、周囲にも大きなストレスを与えることになります。また、それが原因で誤解や偏見を深めることにもなりかねません。ですから、パニックを避けるためにルール違反をして、今日買う予定のないものを買うしかないという選択をせざるを得ないこともあるでしょう。しかし、今の安全のために、誤った買い物のルールを定着させることで、今よりさらに買い物をすることが難しい人をつくってしまうことは、支援者の本意ではありません。このように、パニックを取るか、誤学習を取るかという、できれ

ばどちらも選びたくない選択肢からどちらかを選ばなければならない状況に立たされ
ます。

　さらに、誤学習を避けるための対応で、利用者をパニック状態にさせてしまえば、
本人と周囲の安全を確保しながら、できるだけ早く落ち着くように支援しなければな
りません。ここまで読んでいただければお気づきだと思いますが、これらの状況はで
きれば避けたい事態です。パニックになったときに落ち着くためのグッズを用意する
ことは、支援者にとっても本人にとっても安心かもしれませんが、できればそれを使
わずに帰ってくることを目指すことが前提であることをくり返しお伝えしておきま
す。

4 啓発的介入

　外出先でパニックになった利用者の姿は周囲にどのように映るでしょうか。ともに
生きる社会とは、そのような人たちも受け入れて当然と考える人もいるでしょう。し
かし、その一場面だけで排除の気持ちが強くなる人もいるかもしれません。それは、
利用者の不利益につながりかねません。パニックは本人の問題ではなく、支援の失敗
でもあります。支援の失敗が、周囲の誤解や偏見を強め、ひいては社会から排除され
る結果を導いてしまうのはとても悲しいことです。

　行動援護に限らず、外出支援では支援者が社会に対して支援のモデルを見せること
や、社会参加の必要性を伝えることや、自分たちが支援することで知識や技術のない
一般市民の人々も障害のある人と安心してかかわることができるのだという環境をつ
くり出す役割を担います。パニックにさせてしまったことを謝罪するだけでなく、わ
かりやすい言葉で状況を説明したり、どうなったら落ち着くかを伝え、できれば協力
してほしいと伝えるところまでできれば、誤解や偏見を修正したり、地域のなかに理
解者を増やすことになるかもしれません。

　行動援護で失敗をしてしまったときにも、謝罪、説明、協力依頼という仕事に取り
組むことで、取り返せるものはたくさん残っているのです。

　ここまで、外出支援を時系列で介入ポイントと支援内容について考えてきました。
図11-4はAポイントが予防的介入、Bポイントが軌道修正的介入、Cポイントが危機
回避的介入、Dポイントが啓発的介入となります。見ていただくとわかるように、事
前準備に力を注げば実際の支援中にはそれほど多くのエネルギーは必要ありません

図11-4　介入ポイントと支援に要するエネルギーの関係

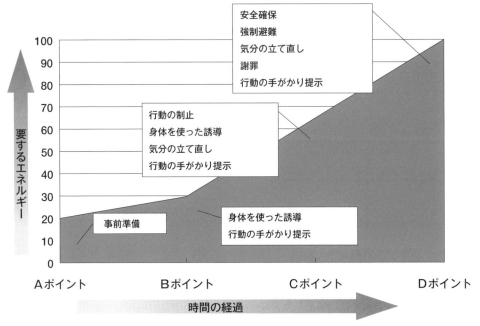

安全確保
強制避難
気分の立て直し
謝罪
行動の手がかり提示

行動の制止
身体を使った誘導
気分の立て直し
行動の手がかり提示

事前準備

身体を使った誘導
行動の手がかり提示

出典：独立行政法人国立重度知的障害者総合施設のぞみの園（2009）『行動援護従業者養成研修テキスト　基礎編・援助技術編　改訂版』特定非営利活動法人全国地域生活支援ネットワーク、171頁.

が、対応が遅くなればなるほど、しなくてもよかったかもしれない対応でエネルギーをたくさん使うようになるのです。せっかくエネルギーを使うのであれば、利用者も支援者もともに安全に安心に外出でき、自分の自信につながるように、事前準備に力を入れたいものです。

CHECK POINTS

①行動援護サービスでは、事前準備（予防的対応）が最も重要な仕事です。

②外出支援では、ヘルパーは自分の身体を壁や誘導表示のように使うことも必要です。

［ **参考文献** ］
独立行政法人国立重度知的障害者総合施設のぞみの園（2009）『行動援護従業者養成研修テキスト　基礎編・援助技術編　改訂版』特定非営利活動法人全国地域生活支援ネットワーク.
加瀬進編著（2005）『行動援護ガイドブック──知的障害児・者ホームヘルプサービスの新たな形』財団法人日本知的障害者福祉協会.
加瀬進監修（2007）『行動援護 OJT ハンドブック』社会福祉法人むそう.

事例19 行動援護で成功体験を積んだミドリさん

名前 ミドリさん　　**年齢** 17歳　　**性別** 女性

利用している主なサービス 行動援護

✳ ミドリさんのこと

ミドリさんは自閉スペクトラム症と知的障害のある女性です。

コミュニケーションスキルとしては、言葉も出ていますが、視覚的な文字のやりとりがスムーズです。小学1年生の頃から、行動上の問題（自傷、他傷）が顕著になり、母親も子育てに自信をなくしている様子がうかがえました。

ミドリさんの状況を受けて、教育と福祉が連携し、ケア会議を実施しました。そのなかでミドリさんの特性を共通理解したチームでの実践が始まり、生活そのものが改善していくようになりました。そして、今も同じようにチームの支援を受けながら、同じ地域で暮らしています。

✳ ミドリさんのこれまで

ミドリさんは小さい頃から、絵を描いたり、文字を書いたりという学びの旺盛なところがありました。反面、動きが速く、一時も目が離せませんでした。

小学1年生の夏休みあたりから、頭を打ちつけるといった自傷行為が顕著となり、療育も兼ねた医療機関を受診後、やや小康状態になるものの、物投げなど物を壊す行動が現れてきました。

その当時の教員の紹介もあって、福祉サービスとして行動援護を利用することになりました。

ミドリさんの行動上の問題は、他の子どもを突き倒してしまうことや自転車や自動車を蹴ってしまうこと等がみられました。これらの行動の要因の多くは、注意喚起行動（自分を見てほしい、自分にかまってほしい）や要求行動（○○してほしい）であり、外出で成功体験を積み重ねていくには、本人の特性と要因を理解し、それらの行動への対応に配慮していく必要がありました。

行動援護の利用が始まると、通常はミドリさんの特性に配慮して、ルーティンを意識した活動で見通しをもってもらうこととし、なるべく人の刺激を避けて、人気のない公園に行くことや山登りを計画して実践していました。

✳ ある日の支援

ミドリさんの行動援護の支援がスタートして、約半年経った、ある日の支援をエッセイ風にまとめてみました。

ある夏の日、天候が不順な時期でどうしようかと迷っていたのですが、地域の大きなお祭りに行動援護の支援として行ってきたときのことです。

ミドリさんは、最近、環境の変化に対

応しきれずに、不安な様子でした。そういうときは、動くべきか？ 動かざるべきか？の判断に迷います。それで、結局、本人の意思確認をして、お祭りに行くか行かないかを決めることにしました。

日頃のつながりで、ミドリさんのお母さんに連絡をして「天気がいいし、お祭り、いいですよねぇ。本人次第で行ってもいいですか？」と投げかけて確認を取り、次に学校の担任教師に連絡し「お祭りに行こうかなと思っていますが、本人に意思確認をお願いしまーす」と頼みました。そうしたら「○○さん（ヘルパーの名前）、かきごおり、きんぎょすくい、わたがし、おまつりにいきます」とミドリさんの返事。本人がその気なら、大丈夫！！

自宅に戻ってから文字を使ってスケジュールを確認しました。お出かけへの切り替えもスムーズで、道中も穏やか。でも、お祭りの出店に目が泳ぐほどですし、刺激が多すぎます。見立てとしては、支援者が立つ位置を常に意識して、見通しをもって対応すればいける！とふんでいました。

参道を歩きながら、ミドリさんがまず選んだのは、「かきごおり」──おいしそうに食べます（ヘルパー、まずはホッとします）。次に「りんごあめ」──（ヘルパー、あれー、予定とは違うものだけど）これもおいしそうに食べます。そして「きんぎょすくい」──ここからは、やはり筋書きのないドラマが待っていました。

目に入った金魚すくい屋さんで、あ

りゃりゃ、お金を払ってポイをわたした瞬間、すぐ水につけて破れてしまい、ものの2秒くらいで終了です。不本意そうだけど、致し方ない展開に、ヘルパー「おしまいです」と切り替えに入り、また参道を進みます。切り替えがうまくいったなぁと思っていると、ヘルパーの目に飛び込んできた文字「すくえなくても、金魚あげます！」 これはいい！とすぐ飛びついてしまう性分もどうかと思いますが、ミドリさんに「もう1回、きんぎょすくいする？」と聞くと「きんぎょすくい、するの！」との返事。でも、1回目のことがあるので、こっちも準備を万端に、ポイをわたす前に「ちょっと待ってて」とすくった金魚を入れるお椀を私が持って、よしやるぞ！という態勢をつくりました。

本人がポイを持つ横で、ヘルパーがお椀を準備する図、この姿はまさに同じ目的・目標をもって一緒に歩もうとしている、この日の支援のクライマックスだったかもしれません。

でも、本当のクライマックスはその後にやってきたのです！ なんと、2人の

協同作業で2匹もすくえました。ミドリさんと金魚をながめながら自宅へ帰るのはちょっと得した気分でした。

この日の活動は行動援護の支援としては条件的にリスクが大きいようにみえますが、本人の意思や目的がはっきりすることで、視覚支援ツールを利用して見通しをもってもらい活動することができ、成功体験につながったのではないかと思います。

その当時、いろいろな人たちがミドリさんにかかわり始めて活動が広がってきていました。それぞれの場面のなかで、視覚支援を基本にグッズをそろえ、支援の統一を図りながら、かかわる人たちが温かい眼差しで積み重ねてきての本人像だと感じていました。また、相談支援事業所が主体となって定期的にケア会議を実施し、ミドリさんの状態像は月日を重ねるごとに柔らかい印象になっていったのです。

＊ミドリさんの今

ミドリさんは現在も同じ地域で暮らし、特別支援学校高等部の2年生となりました。そろそろ進路についても気になる時期です。いまだに何もない時間には注意喚起行動等が出ることもありますが、行動援護を通じての成功体験の積み重ねは大きな財産だと感じています。

ミドリさんに福祉サービスが入り始めた頃と今では、支援者の顔ぶれも随分と様変わりしましたが、定期的にモニタリングをしながら情報をまとめているので、過去のことも含め、共通理解ができているチーム支援が継続されています。

母親は、これからもミドリさんと一緒に暮らすことを望んでいます。かかわっている人たちがミドリさんの気持ちを大切にしながら、ミドリさんらしい生活を送ってもらえたらと思っています。

第7章
第8章
第9章
第10章
第11章
第12章

重度訪問介護を利用して穏やかに過ごすようになったヒロノブさん

| 名前 | ヒロノブさん | 年齢 | 36歳 | 性別 | 男性 |

利用している主なサービス 共同生活援助（グループホーム）・行動援護・重度訪問介護

✳ ヒロノブさんのこと

ヒロノブさんは2歳のときに保健所で知的障害と指摘されました。現在は、常同的な行動があり、コミュニケーションがうまくとれない、また社会性においても生きづらさを感じている様子もあり、自閉傾向の強い男性です。身長が182センチで体重も100キロを超えるので、一見、ラグビー選手かと見まごうような立派な体格ですが、童顔でクルリとした目でよく人を見ているので、少年のような印象もあります。しかし納得できないことや、うるさくあれこれ言われると「女の子になるのー」とか「雪が降るのー」と場面にそぐわない言葉を大声で叫び、最終的には寝転んで脱衣をしてしまうので、通所先やグループホームでは腫れ物に触るように、なるべく本人を刺激しないよう周りが気をつかって、「大変な人」との印象があるようです。

✳ ヒロノブさんのこれまで

ヒロノブさんには2歳年下の弟がいますが、弟も知的障害を伴う自閉スペクトラム症と診断されています。2人とも絵画や工作に特異な才能（弟は絵画で個展を開くほど）を示したこともあり、言語的理解もみられたため情緒豊かに育つように両親から大切に育てられました。一方でしつけも

きちんと行いたいとの両親の思いもあり、とかく母親は口うるさくなりがちだったようです。弟のほうは比較的言葉の理解ができるようでしたが、ヒロノブさんはあまり理解できないようで、いつも弟と比較され、「甘え上手な弟」と「怒りっぽい兄」としてとらえられたためか、いつしか弟に対して強く不快感を示すようになり、日中の通所先2か所も弟と一緒にならないように使い分けて通っています。

ヒロノブさんが34歳の頃に母親が亡くなったことで、2人は別々のグループホームで生活し、週末のみ父の待つ家で過ごすようになりましたが、どうしても弟と一緒にいられず、早朝に家を飛び出してしまったり、飛び出した先の駅で全裸でパニックになったりしたため、行動援護を利用して外出するようになりました。

当初、父親からは「ヒロノブは何でもわかっているから、ヘルパーさんはついていくだけでよい」と言われたので、アセスメントも兼ねて本人の希望でもあったディズニーリゾートラインに行くことにしました。本人が主導したルートで東京駅に着いたとき、掲示板に「富士急ハイランド行き」バスを見つけると「富士急ハイランドに行きます」と訴えるので、父親に確認して場所の変更をしましたが、いざバス停についてみると違う行き先のバス停に並びまし

た。そこで、「どこに行きますか？」と尋ねると、「吉祥寺に行きます」とバスの行き先を告げるので、今度は、「ディズニーランドに行きますか？」と聞いてみたところ、「ディズニーランドに行きます」となりました。本人は文字による情報のほうが理解しやすいようですが、自分で計画を立てるというよりは過去の経験則に沿って行動しているだけでは……との思いを評価者は抱きました。

その後も、電車内で中年の女性が話しているのを見てパニックになってしまったり、静かなところを散策しようと八王子の緑道を歩いていると遠くの女子大の文化祭のアナウンスが聞こえるや否や「女子高生になるのー」といってパニックになってしまったりしました。このようなことから、アセスメントの結果、言葉かけによる指示は控え（そもそも声が苦手）、文字による指示（スケジュール）を使おうとのことで、文字スケジュールを用いて言葉かけを控えたところ、行動援護利用中は落ち着いて外出できるようになりました。

✳ ヒロノブさんの今

行動援護での週末の外出は落ち着いて過ごせるようになったものの、日中の生活介護場面やグループホームでの生活では、やはり混乱する場面がみられていました。行動援護での評価をもとに言葉かけではなく、文字による手がかりの提示が有効だとアセスメントがあっても、なかなか他の事業所との連携が取れず、本人の状態像の共有ができないといった課題がありました。また、毎週末の外出は経済的にも本人的にもきつそうな様子もあり、言葉かけを控えてスケジュールで活動を示せば、グループホームでヘルパーと一緒に過ごせるのではないかと考え、重度訪問介護の利用を検討することとしました。計画相談を行い、サービス等利用計画のなかに週末の重度訪問介護を組み込み、行動援護でのアセスメントを共有する目的で、ケース会議を父親も含めて数回行いました。そのなかで徐々に本人の状態像が共有でき、「言葉は苦手」との共通認識に至りました。グループホームでは重度訪問介護の支援計画シートをもとに、手順書に沿ってヘルパーが見守り支援を行うようになりました。

生活介護場面でも個別の部屋で、声による刺激を少なく環境設定をしてもらい、父親にも協力を得て自宅でも文字スケジュールを使うようにしました。このようにヒロノブさんにかかわる人が連携することで、徐々に本人の状態も変化していき、「久しぶりに弟と休日を一緒に過ごしました」との父からのメールには恥ずかしそうにではありますが、弟と手をつなぎ散歩をするヒロノブさんの写真が添付されていました。生活介護場面では弟に負けじとビーズを使った作品づくりを集中して行っています。今では、週末はヘルパーと一緒にグループホームでの静かな生活をエンジョイし、（時にはいろいろありますが）長期休みは自宅で親子兄弟での穏やかな生活を過ごすことができるようになりました。

第12章

豊かな世界

―― 強度行動障害のある人のもつ可能性 ――

1 強度行動障害のある人とアート

　強度行動障害と呼ばれる状態の1つに、何度もくり返される行動、あるものへ固執するということ（こだわり）があります。これらの行動のなかに、本人の豊かな世界を知る手がかりが詰まっていることに気づくことが、私たちの仕事をもっと楽しく、もっと好きになることにつながるということを、この節ではお伝えしたいと思います。1人の強度行動障害のある方の「アート」にまつわるエピソードから考えていきましょう。

　ヤマオカさん（仮名）は、知的障害を伴う自閉スペクトラム症の男性です。簡単な言葉は理解できますが、自身はほとんど言葉を話しません。普段は、音楽を聴きながら体を揺らしたり、電車を眺めたりすることを好みますが、自分のパターンが崩れたり、見通しが立たなかったり、自分の要求が叶わないことに納得できなかったりするときには様子が一変します。ガラスを割る、近くにいる人に頭突きをする、噛みつく、蹴るなどの行動で気持ちを表現します。30代のヤマオカさんは体格がよく力も強いので、頭突きをされたり、蹴られたりすると、大きなけがにつながることもあります。このような行動が小学校高学年から目立って現れ始め、成長するにつれて「他害行為や破損行為をする、支援が難しい人」というように受け止められ、なるべく刺激のない1人の環境を提供するようになっていました。

　一方でヤマオカさんは、中学生の頃からずっと続けていることがありました。ノートを使った制作です。字のような記号のようなものを書いているようなのですが、最後に一部を除いてそれを全部塗り込めてしまうので、絵画とも、文章とも言い切れず、何とも分類しがたいものです。1日1頁のペースでくり返された制作は、ノート100冊近くに及びます。ヤマナカさんはそれを暮らしている施設の自分のタンスにしまっています。

　ヤマオカさんの「ノート制作」は、家族はもちろんのこと、過去にかかわった支援者も知っていました。そしてそのノートを、塗り残された一部と塗り込められた部分が、繊細さと力強さの両面をもっていておもしろいと思っている人もいました。しかし、長年あたりまえのように行われている行為だということ、作品として制作しているようには見えなかったこと、そして何よりヤマオカさんが大切にしているものに触

れるなどして、ヤマオカさんの不穏な行動を引き起こすのを心配するあまり、誰も触れずにいました。ある年、ヤマオカさんが暮らしている施設に、新たにカワカミさん（仮名）が支援員として加わりました。カワカミさんは、前職でも知的障害のある人を支援していました。カワカミさんは、施設に暮らすヤマオカさんたちを支援するなかで、ヤマオカさんの「ノート制作」に気づきます。カワカミさんはそのノートが放つ強烈なエネルギーに魅力を感じ、この魅力をもっといろいろな人にも届けたいと思いました。カワカミさんは、周りの支援員にそのことを伝えると、ほとんどの人はあまり関心を示してくれませんでしたが、何人かの人が共感してくれました。カワカミさんは共感する支援員とともに上司にも相談し、どうしたらいろいろな人に見てもらえるか、そしてどうやってヤマオカさんにそのことを伝えるかについて話し合いました。伝えるためのいくつかのアイデアを出し、見てもらう方法として公募展に応募するのはどうかということで話はまとまりました。ヤマオカさんの両親にもそのことを伝えると「あれがそんなにおもしろいですか？」と不思議そうにしながらも、本人が了解を示すなら応募してよいと言ってくれました。

　まずはヤマオカさんの部屋を訪ねて制作の様子を見せてもらうことにしました。最初は怪訝（けげん）そうにしていましたが、カワカミさんたちがノートに好意や関心をもっていることが徐々に伝わり、制作を見せてくれるようになりました。それから時間を見つけては、制作の様子を見せてもらうようにし、それをくり返すうちに塗り込められた下にはヤマオカさんが大好きな電車の名前と運行経路、車両番号などが書き込まれていることがわかり、さらにはノートを貸してくれるようにもなりました。「公募展に応募する」という意味はどうしても伝えられず、そのようななかで出展してもよいのか迷いましたが、展示されている様子をヤマオカさんに見てもらい、本人がいやそうな様子を見せたらよそに出すのは止めようと決め、両親にも了解を得ました。応募したところ、ヤマオカさんのノートは受賞しました。展示会場で自分のノートを見たヤマオカさんは、特に反応もなく会場を一周しました。ただ、会場内で行われた授賞式では機嫌のよいときに歌う歌を口ずさみ、いつもなら苦手とする賑やかな場に最後までいることができ、自分が紹介されたときには笑顔で来場者に手を振り、両親やカワカミさんたちを驚かせました。その後、ヤマオカさんのノートはアール・ブリュット展を主催する

団体から出展のオファーを受け、アール・ブリュット作品として国内外で展示されるようになりました。ヤマオカさんは以前と変わらない生活をしています。混乱したときに攻撃的な行動が出るのも変わりません。でも、カワカミさんたち支援者は、ノートを通じてヤマオカさんの新たな一面をたくさん発見しましたし、ヤマオカさんは何かを要求する以外にもカワカミさんたちにコミュニケーションを求めるようになりました。

ヤマオカさんがあたりまえのようにくり返していたことを、カワカミさんが「作品」という目線をもってとらえ直したことにより、ヤマオカさんのノートの見方が変わり、ヤマオカさん本人の見方も変わったであろうことは想像に難くありません。

アートというと、障害福祉サービス事業所において活動時間が設けられ、その時間活動し作品を生み出すというイメージがあるかもしれません。または余暇支援としてアトリエ教室に通うことをイメージするかもしれません。もちろんそういう活動から生まれるアートもありますが、日々くり返される行為から生み出されるアートもあることがわかると、その行為自体もアート活動とみることができます。

2 アール・ブリュットとは

ヤマオカさんのノートがアール・ブリュット展に出展されたとありましたが、「アール・ブリュット」とは何でしょう。

この言葉はフランス人の画家ジャン・デュビュッフェ（1901〜1985）により生み出されました。「アール（Art）」は「アート」、つまり芸術を表し、「ブリュット（Brut）」は「生の」「加工されていない」「原始的な」ということを意味し、日本語では「生の芸術」と訳されます。既存の美術教育や文化の潮流に影響を受けず、制作リズムも表現方法も自分のルールに基づいてつくられる独創的な作品を指します。デュビュッフェは、従来の西洋美術の価値観を否定する意味でこの言葉をつくり、精神科病院の患者や庶民階級の独学者、受刑者、霊媒師などの作品のなかに価値を見出します。一方、「胃弱の人や膝の病気の人の芸術がないように、狂人の芸術などない」と表すなど、芸術を創造することに病気、障害の有無は関係ないことを説いています。彼が蒐集した作品はスイス・ローザンヌ市にある「アール・ブリュット・コレクション」に収蔵されており、現在でも観ることができます。

日本におけるアール・ブリュットの特徴の1つに、障害福祉との緊密性がありま

す。アール・ブリュットは障害のある人のアートを指す言葉ではありませんし、障害
のある人がつくった作品がすべてアール・ブリュットといわれるわけでもありませ
ん。しかし、日本のアール・ブリュットは、障害福祉分野からの発信が先行したこと
で、障害のある作者によるものが数多く紹介されています。2008（平成20）年に12
人の日本人のアール・ブリュット展「JAPON」（アール・ブリュット・コレクション
／スイス）が開催されてから、フランス、イギリス、韓国、タイ等、ヨーロッパとア
ジアのさまざまな国で日本のアール・ブリュット展が催されてきました。この波は日
本国内にも及び、国内各地でもアール・ブリュット展がみられるようになっています。

　日本のアール・ブリュット展が各国で開催されてきたことは、それぞれの国との継
続した関係性をもたらし、そこから、日本の障害者にまつわる豊かで魅力的な文化芸
術の幅広さが知られるようにもなりました。このつながりのなかから2017（平成29）
年には、文化庁主催による「2017 ジャパン×ナントプロジェクト」という日本の障
害者の文化芸術による総合的な国際交流事業が行われました。また、国同士のつなが
りのみならず、異なる分野同士のつながりも生み出しています。「2017 ジャパン×ナ
ントプロジェクト」においてもアール・ブリュットにまつわるフォーラムが開催され
ましたが、以後も、スウェーデンやインドネシア、日本等において、美術、福祉、教
育、医療、心理、行政等、さまざまな分野の各国の専門家等によるフォーラムが開催
され、お互いの状況や考えを交換しています。

　アール・ブリュットを観た人の多くは、その作品のもつ力に大きく心を動かされま
す。それと同時に、「この作品はどんな人がつくったのだろう」「どうやってつくったの
だろう」「どれくらいの時間をかけているのだろう」という作品の背景、つまりは作者
への関心が湧きます。また、「作品内にたくさん散りばめられているモチーフはこうい

写真12-1 「2017 ジャパン×ナントプロジェクト」オープニング
（2017年 ナント）（photo：大西暢夫）

第7章
第8章
第9章
第10章
第11章
第12章
基礎演習
実践演習

うことを意味するのでは」とか「この絵は作者にとって生きることそのものなのではないか」など、自分なりの解釈がたくさん浮かび、それを誰かと共有したくなります。美術の専門家でなくても、普段はアートが好きと言っていない人でもです。このように、アール・ブリュットは、垣根が高いと感じてしまうアートを、本来誰のそばにもあるものだということを認識させてくれる力ももっています。

3 強度行動障害のある人をとらえ直すアートという視点

　強度行動障害のある人を支援していると、問題となっている行動に目を向け、原因を考え、どう予防的に回避したり対処したりするかを考えるのが先で、アート活動なんてあり得ないと思うかもしれません。しかし、ヤマオカさんの例を通してお伝えしたとおり、時間と場面を設定するだけがアート活動ではありません。アートという言葉に距離を感じるということであれば、その人が表すもの「表現」と考えてみてもよいかもしれません。

　「強度行動障害のある人」という匿名化され、カテゴライズされた人ではなく、一人ひとりの人間であるということに目を向ける必要があることを、このテキストでは一貫して伝えてきています。頭ではわかっていても、目の前でくり返される行動上の問題がその人をとらえるうえでの大前提となってしまい、その人の別の面をとらえる方向に気持ちが向きにくいということもあるかもしれません。ここでアート、表現ということが、本人をとらえ直すのに有効な1つの視点といえます。いつもは困った行動につながりがちな常同行動やこだわりが、強みとして立ち現れることがあるからです。その人の表現として生み出されるのは、絵や造形物、何にも分類しがたいものなど何らかの形になるものもあれば、歌やダンス、何とも分類しがたい動きも含めたライブパフォーマンスのようなものまで幅広くあります。それを本人の表現として気づくことができる一番身近な存在なのが、家族や支援者であることは間違いありません。「表現」としてとらえたとき、本人の一側面、一世界を新たに知ることができる大きなきっかけになるでしょう。たとえるなら、本人とつながるパイプが加わる、経路が見つかるというイメージです。このように困った行動のなかには、アートとしての視点をもって見ると、別の見方ができるものもあるかもしれません。

　また、アートという視点が大事なことの理由に、強度行動障害のある人が、福祉や医療、心理領域の対象者として何らかの支援や治療を受けるという受動的な存在だけ

ではないということに気づかせてくれるということもあります。表現を「アート」としてみると、作品を生み出す主体であり、芸術文化の価値を発信する人です。こうなると、支援する人・支援される人という関係が変わり、作品を観る人・その作品を生み出す人という、与える・与えられるという関係が逆転します。このことは人間と人間との関係として極めて当然であり大切なことです。もちろん、支援する立場であることを忘れてはならないのですが、その大前提としては同じ人間であるという尊重が必要なのです。1つだけ気をつけなければならないのは、強度行動障害のある人の常同行動、こだわりのすべてが表現活動につながり、誰もが芸術の才能をもっているという一方的な見方をしてしまうことです。支援者の都合でその人に表現活動を押しつけることは誤りであり、気をつけなければなりません。

　強度行動障害のある人にとってのアート、表現は、家族・支援者にとって、本人の多面性、重層性を知るうえで大きな手がかりになることは間違いありませんが、本人にとってはどういうことなのでしょう。これは千差万別です。自分が存在する世界とつながる方法として表現している人もいれば、クセのような行為のくり返しである人もいますし、他の人がしているのを見て影響されたという人もいるでしょう。私たちが思いもよらない動機に基づいている人もいるかもしれません。なぜこの人はこのような表現をしているのか、そしてこの表現にはどんな要素が込められているのか──そう考えていくと興味は尽きず、その人をわかろうという気持ちを保ち続けることにも「アート」という視点が役立ちそうです。いずれにしても、アートという視点で支援している人に出会い直してみると、私たちの仕事の新たなおもしろさを発見できる──このことに気づかない手はありません。

CHECK POINTS

①強度行動障害と呼ばれる状態のなかには、本人の豊かな世界を知る手がかりが詰まっていることがあります。

②アール・ブリュットとは、既存の美術教育や文化の潮流に影響を受けず、制作リズムも表現方法も自分のルールに基づいてつくられる独創的な作品のことです。

③本人の行動を表現としてとらえたとき、本人の一側面、一世界を新たに知ることができ、私たちの仕事の新たなおもしろさが発見できるかもしれません。

[参考文献]

保坂健二朗監修（2013）『アール・ブリュット アート 日本』平凡社, 56〜66頁.

事例 21　絵画制作が生活の安定につながっているタクヤさん

| 名前 | タクヤさん | 年齢 | 27歳 | 性別 | 男性 |

利用している主なサービス　生活介護・行動援護・共同生活援助（グループホーム）

✳ タクヤさんのこと

　タクヤさんは自閉スペクトラム症と重い知的障害のある男性です。

　言葉は出ませんが、本人が経験してきたことや見たものから、独自のジェスチャーをつくったり、絵を描いたりして周りに自分の思いを伝えていきます。しかし、本人の思いが周りにうまく伝わらなかったり、要求が通らなかったりすると、大声をあげたり、着ている衣服を破いたり、家族や支援者に手が出たりすることがあります。

　また、タクヤさんは貼り絵が大好きで、図鑑や旅行雑誌を参考に、本人の世界観で作品をつくっていきます。時には一晩中、作品づくりに没頭することもありました。

　一軒家で両親と暮らしていましたが、現在は行動障害のある人たちを受け入れているグループホームで暮らしています。

✳ タクヤさんのこれまで

　タクヤさんは笑顔がかわいらしく、周りを元気づけてくれるような男の子でした。

　しかし、1人で家の外に出てしまうなどの多動であり、一時も目が離せない状況でした。

　タクヤさんは、物事の終わりが本人にわかりやすい形で伝わらないと、次の行動に移せないという特徴がありました。

　母親と公園に遊びに行き、砂場をスコップで掘り始めると、砂場の底が見えるまで穴を掘り、その場を離れることができませんでした。途中で止めようとすると大声を出すなどの行動があるため、母親は本人の納得がいくまで側で見守るしかありませんでした。また、タクヤさんは放課後や休みの日など、カレンダーを自分の予定ですべてうめたい気持ちが強く、母親も本人の思いに寄り添い、月曜日はウォーキング、水曜日はプールなど曜日ごとに決まった予定を決めていきました。

　特に金曜日は本人が大好きな絵画制作をする日で、本人も作品づくりを楽しみながら週末を過ごしていました。絵画を制作するときには、好きな図鑑や思い出の写真を見ながら作品づくりを行っていました。図鑑や写真を材料に、楽しかった思い出や好きなことをキャンバスに目一杯に表現することで、タクヤさん自身の日々の安定につながっていました。

　高等部卒業後は、生活介護を利用し、日中は仕事をして過ごすようになりました。

　生活介護では、支援員と家族が相談し、タクヤさんにわかりやすいよう絵カードのスケジュールを使い、1日の活動の見通しを立てて仕事を行ってもらいました。物事の終わりや今行ってほしい活動を、本人に合った形で示すことで、徐々に本人の安定

を図れるようになっていきました。もともとの手先の器用さもあり、本人に任せられる作業が増えていき、できることの幅も増えていきました。

そのようななか、今までは休みの日の予定が気になっていましたが、それが次第に、来週の予定、来月の予定、来年の予定とどんどんと際限がなくなっていきました。本人の希望や要望に家族もうまく返答することができず、混乱することが増えていきました。本人が混乱するたびに、衣服が破れ、家の中の食器や家具が壊されていきました。また、混乱することが増えたと同時に、大好きだった絵画制作も全く行わなくなっていきました。画材道具を手渡しても、興味を示すことはありませんでした。

ある日、家族と外出しているときに、本人が勢い余って母親を突き飛ばしてしまいました。母親は転んだ拍子に足を骨折してしまい、そのまま病院へ行き処置を受けることになりました。

母親のけがをきっかけに、本人の将来の生活について、家族と施設職員で相談の機会をもちました。これまでの自宅での経緯をふまえ本人と家族の安全を第一に考え、生活の場を自宅からグループホームに移すことになりました。

✳ タクヤさんの今

グループホームでの生活が始まり、生活介護と同様に絵カードのスケジュールを使い、本人にわかりやすい形で1日の見通しを立てて伝えていきました。

生活の場がグループホームに移った当初

は、新しい生活に慣れずに眠れないこともありましたが、絵カードで次に行うことを示すことで、徐々に安定していきました。タクヤさんは、もともと生活動作の能力が高いこともあり、洗濯物をたたむことや片づけなど自分でできることも増えていきました。また、今までは曜日ごとに決めていたプールやウォーキングも、絵カードで伝えながらランダムに示していくことで、その日の予定について以前と比べると訴える回数が減っていきました。

生活の場面が安定してくると、本人から絵画制作をしたいという訴えも自然と出てくるようになりました。久しぶりに絵画制作を行ったタクヤさんはいきいきとした表情で作品づくりを楽しむことができました。絵画制作は、タクヤさんにとって自己表現方法の1つとなっており、今までの楽しかったこと、これからやりたいことなどを、作品にすることでタクヤさん自身の安定につながっていきました。今では、グループホームで絵画制作を楽しんで行うことができています。

しかし、本人の予定として、休日の過ごし方が「外出する」ことに固定化してしまっている状況が続いています。絵カードで外出の代わりになる活動を示しても、納得ができておらず、本人に理解してもらえる方法を見つけることが支援の目標・課題となっています。

現在は、地域での生活や家族との時間の過ごし方、休日の過ごし方を検討しながら、グループホームでの生活を続けています。

生活介護に通うことが できなくなったヒロムさん

| 名前 | ヒロムさん | 年齢 | 38歳 | 性別 | 男性 |

利用している主なサービス 生活介護・共同生活援助（グループホーム）

✳ ヒロムさんのこと

ヒロムさんは自閉スペクトラム症のある男性です。幼児期より戦隊もの（ヒーロー）が大好きで、友達の名前を覚えたり、職員の自家用車の車種名称も覚えたりすることも得意です。若い人、特に女性が大好きで、「おねえちゃん」と好意を表します。好意を伝えるのが苦手で、気になる人を追いかけてしまったり唾をかけたりして、嫌われてしまうこともよくありました。自閉スペクトラム症特有のオウム返し的な会話や同じ話をくり返したりといった確認言語も多いですが、自分の気持ちを伝えることはできます。また生活のいろいろな場面でのルールを自分でつくります。決まったところに決まった物が置かれていないと困ってしまい、時には興奮して物を投げてしまったりします。

ヒロムさんには大事な日課があります。小学校の頃から続いている「絵日記」を付けることです。その日記は段ボール箱数十箱にもなります。作業所に通い始めた頃は昼食後に約１時間かけて日記を書いていました。家庭や作業のことなど、他者にはわからないのですが、１ページで終わるときもあれば１冊分書き終えるまでやめられないこともありました。周囲からは強迫的に日記を書き続けているようにも見えます。

日記とも関係しますが、彼にはアートの才能があり、東京タワーや花などの静物を、独特な技法で表現していきます。画用紙に木炭で、輪郭を力強く形づくり、クレヨンで色を塗り込んでいきます。その力強い作品は芸術的にも高く評価をされています。

✳ ヒロムさんのこれまで

グループホームの事業が開始されることになったとき、ヒロムさんは体験利用などを通じて何とか利用の見通しが立ち、また作業所での日記へのこだわりも少なくなっていたことから、新しい生活にチャレンジすることになりました。週末は自宅で母親と過ごし、平日はグループホームから作業所に通うというリズムに、思ったより早く慣れることができました。

新しい生活のスタイルが始まって３年ほど経った頃から、徐々にリズムが崩れ始めました。はじめは「絵日記」がやめられずに延々と書き続けるようになりました。その頃は作業所の終了時に日記を書き、送迎車に乗り込むことを区切りにしていましたが、そのうち延々と書き続けるようになり、送迎車両の出発に遅れるどころか、夜の10時までやめられず、家族に迎えをお願いせざるを得ないときもありました。また、作業室に入れず朝から静養室で布団に入ることが多くみられるようになりまし

た。作業室を構造化したりヘッドホンで音刺激を抑えることで作業室に入れるようになりましたが、さらに1年ほどするとグループホームから出勤できない日がみられるようになっていきました。ホームでの決まりごとが他の利用者との関係で崩れたときなど、物を投げてガラスを割ったり、「作業所、行きません」と拒否することもみられましたが、それほど頻度は高くありませんでした。出勤できない日の行動を観察すると、前夜に入浴ができていない、出勤用の服を破るなどの行動がみられました。このことから本人の行動パターンを観察していますが、今のところ決定的な原因がわかりません。現在は主治医の見解・家族の意向、そして本人の意思を尊重し、支援側からの誘導的なかかわりは行わず、本人の意思を尊重しながら作業所への出勤を見極めています。最近は、てんかん発作がみられ始めています。

✳ ヒロムさんの今

グループホームの利用と週末帰省のパターンは同じです。前日の行動がスムーズな場合、翌日は必ず出勤できていたのですが、現在では出勤できる日のほうが少なくなっています。

家族と話し合い、医師の見解も含め、作業科目や生活環境に変化をつくってはたらきかけてみようかと検討をしましたが、「ホームから出勤できない」だけで激しい自傷行為や他害行為があるわけでもなく、

ホームでは自室にこもっていますが昼食の呼びかけには素直に応じ、着替えてリビングで食事がとれていることから、恣意的なはたらきかけは行わない方針で今のヒロムさんを受容するようにしています。あくまでも「自発的」な出勤に向かえるように取り組んでいますが、決定的な方策は見つかっていません。昨年、週末に自宅で階段を降りようとしているときにてんかん発作がみられ、捻挫をしてしまいました。また、ホームでも自室に1人でいるときに転んで鎖骨を骨折しました。その骨折も、てんかん発作が原因だったかもしれません。今は、医療的な配慮が必要になり始めています。

現在のところ、本人の自発性や意思を尊重しているため、取り立てて課題といえる行動はありません。支援者は、本人のこだわりや日課に沿ってできる限り、本人の規則どおりにペースを崩さず、「いつもの日常が送れるように」寄り添っていますが、ただ「見守るしかない」状態です。本人の日常を崩さないことが今の支援になってしまっています。

これからの強度行動障害のある人
への支援のあり方

ライフステージを見越した支援

　強度行動障害のある人と聞くと、どんな人のことをイメージしますか。私は学校を卒業して、最初の福祉現場が知的障害者の入所施設で、そこで多くの強度行動障害のある人たちに出会いました。当時は、経験も知識も不十分でしたので、その人たちの行動障害を生まれながらの障害であるかのようにとらえていました。しかし、冷静に考えると、どんなに知的障害が重くても、自閉スペクトラム症の特性が強くても、生まれつき行動障害のある人はいないのです。私がそのことに気づいたのは、その後、地域支援の事業所を立ち上げ、自閉スペクトラム症の子どもたちに出会ってからのことでした。残念なことに、行動障害は、つくられていくのです。

　自閉スペクトラム症の障害特性を知らなければ、彼らに正しい学びの機会を提供することはできません。こちらがどんなに愛情を込めて正しい情報を伝えたところで、伝え方が相手の学び方とかみ合っていなければ、正しい情報は届かないのです。かつて、障害特性をよく理解せずに、自閉スペクトラム症の人たちとかかわっていた頃、よくこんな失敗をしました。水遊びをしてはいけない室内を水浸しにして遊んでいた自閉スペクトラム症の人に、言葉で止めるように伝えても伝わらず、仕方がなく「ドライブに行くよ」と車のキーを見せて連れ

出したことがあります。以後、彼はドライブに行きたくなると、室内に水をまくようになりました。彼らの「見て学習する」という特性を理解していなかったことで、私が伝えたかった「水遊びは終わりです」は伝わらず、伝えたはずのない「部屋に水をまくと、ドライブに行くことができます」が伝わってしまったのです。

　彼らは、毎日、自閉スペクトラム症でない人とは違う方法でしっかり学んでいます。学びとった内容が正しいことか、誤っていることかは別にして、見てわかることを吸収しようと懸命になっています。その一方で、その独特な学び方のおかげで、学び残しが多いのも事実です。般化する（要するに同じだとわかる）機能に障害のある自閉スペクトラム症の人たちは、一つひとつを学ぶことはできても、1つ学んだことをヒントに似たようなことから全部が同じようなしくみでできていると、自動的に理解することは困難です。

　また、一度覚えたことを律儀に守ることは得意ですが、変更を強いられると強いストレスを感じます。つまり、「大人になったらわかるようになる」とか、「大人になってから覚えればよい」ではなく、子どものうちから、その子にあった学びの場を提供することがとても大切になります。必要なことをわかる方法で正しく学べるように、誤った学習をしないように、必要以上に変更しなくてもすむよう成功体験で学習でき

るように、しっかりと環境を整える必要があるのです。

予防的アプローチの大切さ

子どもの頃から学ぶ機会が十分に与えられないまま、誤った学習を積んで大人になると、やがては行動障害が強くなり、本人も周囲も生きづらさを抱えるようになります。私自身も、何度となく、叩かれたり、噛みつかれたりしましたし、泣き叫びながら自分の頭を床や壁に打ちつける人に、何もしてあげられない状況に、幾度となく遭遇してきました。確かに、重い知的障害と自閉スペクトラム症を合併している人が、適切に学習し、社会に適応できるよう支援するのは難しいことです。しかし、難しいからといって、彼らが強度行動障害と呼ばれるようになるのは仕方がないことだと、手をこまねいていてもよいのでしょうか。

どんなに環境を整えても、結果的に強度行動障害の状況になってしまうことはあるのかもしれません。しかし、多くの場合は、彼らが苦痛に感じている刺激を統制したり、わかりやすい環境を整えたり、成功体験ができるように工夫をしたりすることで、ひどい行動障害は防ぐことができるのです。あるいは、行動障害を軽減することも可能なのです。

強度行動障害になってしまった人に救いの手を差し伸べることは、もちろん大切なことです。しかし、それよりもっと大切なことは、今現在、まだ行動障害のない人たちを、このままずっと行動障害がないまま、自分らしく生きていけるよう支援することだと思うのです。つまり、行動障害をつくらないための予防的支援は、彼らの人権を守ることにもなるのです。

この研修で学ぶ支援方法は今までやってきたこととは違って、最初のうちは面倒だとか、特別扱いだとか思う人が多いかもしれませんが、数年後には誰もが自閉スペクトラム症の人たちへの合理的配慮であると、疑わない時代がくることを心から願っています。

大友　愛美（特定非営利活動法人ノーマライゼーションサポートセンターこころりん〈東川〉）

強度行動障害支援者養成研修
［基礎研修・実践研修］演習資料

強度行動障害の理解
──困っていることの体験──

2.0時間

演習の目的

強度行動障害の様相を示している人たちは、理解できないままに指示される状況や感覚的な苦痛のなかでもがいているのだと思います。その苦しさを少しでも理解するための演習です。設定している体験メニューのように感じているかどうかは一人ひとり異なりますし、その内面世界を正確に再現することは難しいでしょう。模擬体験だけで終わるのではなく、支援者として、そうした苦しい状況のなかにいる人たちへの理解を続けていく気持ちを忘れないことがこの演習の目的です。

配置

グループワーク形式
（1グループ4〜8名）

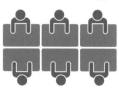

教材はグループごとに
1セット準備しておく

演習の進め方

進行例	演習の説明	体験Ⅰ	体験Ⅱ	体験Ⅲ	体験Ⅳ	振り返り	発表	まとめ
	15分	15分	15分	15分	15分	20分	20分	5分

このテキストでは11パターンの体験内容を紹介します。

研修会場の環境等に合わせて研修主催者で内容・時間配分を決めて実施してください。

イントロダクション　🕐 15分

● 演習の目的や内容の説明

演習「伝えられないもどかしさ」　🕐 15分

準備するもの　指示書（伝えてほしい文章）

- -

内　容　グループのパフォーマンス役の人が、指示された文章を言葉や文字を使わずにグループのメンバーに伝えます。グループのメンバーはパフォーマンス役の人が何を伝えているかを考えます。言葉や文字を使わないコミュニケーションの難しさを体験します。

❶グループでパフォーマンス役の人を決めます。

❷パフォーマンス役の人は講師のもとに集まり、伝える文章を確認します。

❸グループに戻って、言葉や文字を使わずに指示書の内容を伝えます。

❹グループの人は何を伝えられているかを考えます。

第7章
第8章
第9章
第10章
第11章
第12章

基礎演習

実践演習

留意事項　パフォーマンス役の人にどのような文章を伝えてもらうかは研修の主催者で決めて
　　　　　ください。複数回実施しても構いません。

演習 「意味のわからない苦痛」　　🕐 15分

準備するもの　指示書（伝えてほしい図形）

内　容　グループのパフォーマンス役の人が、指示された図形を言葉でグループのメンバー
　　　　に伝えます。グループのメンバーは伝えられた内容で図形を再現します。抽象的な
　　　　表現でのやり取りの難しさを体験します。
　　　　❶グループでパフォーマンス役の人を決めます。
　　　　❷パフォーマンス役の人は講師のもとに集まり、伝える図形を確認します。
　　　　❸グループに戻って、言葉で指示書に描かれた図形を伝えます。
　　　　❹グループの人は伝えられている内容をもとに図形を再現します。

留意事項　パフォーマンス役の人にどのような図形を伝えてもらうかは研修の主催者で決めて
　　　　　ください。複数回実施しても構いません。

演習 「見通しのもてない不安や恐怖」　　🕐 15分

準備するもの

内　容　見通しのもてない指示に従い行動してみることで、その不安や恐怖を体験します。
　　　　❶全体に向けてやってもらう行動の指示を出します。
　　　　❷参加者は指示された行動を終わりの合図があるまで続けます。

留意事項　どのような行動をやってもらうかは研修の主催者で決めてください。終わりの時間
　　　　　は、講師が参加者の状況を見ながら決めてください。

演習 「感覚の特異性」　　🕐 15分

準備するもの　コットン・冷却ジェルシート・サンドペーパーなど

内　容　何かわからないもので手のひらをこすられることで、感覚的な不快感を体験します。
　　　　❶2人組または3人組をつくってもらいます。
　　　　❷体験する人は目をつぶります。
　　　　❸準備したものを、一つずつランダムに手のひらにこすっていきます。
　　　　❹終わったら交替して同じように体験します。

留意事項　どのようなものを準備するかは研修の主催者で決めてください。

演習 「作業（視覚的な手がかりがない場合、ある場合）」 ⏱ 15分

準備するもの	折り紙、スライド、折り紙の完成品、手順書

内　容	折り紙を、指示や手順書がない状態で折る場合と指示や手順書がある状態で折る場合で折ってみて、指示や手順書がない状態での不自由さを体験します。 ❶スクリーンに映された完成品を見て折ってもらいます。 ❷完成実物を配り、実物を見たり触ったりしながら折ってもらいます。 ❸手順書（説明書）を配り、手順書を見ながら折ってもらいます。 ❹手順書でもわからない参加者には周囲の人に作り方を教えてもらいながら折ってもらいます。

留意事項	折り紙で何を折るかは研修の主催者で決めてください。誰でも折り方を知っているものはNGです。

演習 「作業（軍手をはめて）」 ⏱ 15分

準備するもの	折り紙、軍手

内　容	軍手をはめて折り紙を折り、手先がうまくきかない不自由さを体験します。 ❶軍手を両手につけてもらいます。 ❷スクリーンに完成品を映して折ってもらいます。

留意事項	折り紙で何を折るかは研修の主催者で決めてください。ここでは、誰でも折り方を知っているものがいいと思います。

演習 「騒がしい環境での聞き取り」 ⏱ 15分

準備するもの	スライド

内　容	周りが騒がしい環境で指示を聞き取ることで、聴覚刺激が多い環境での不自由さを体験します。 ❶グループで1人、司会の指示を聞いてそのとおりにしてもらう役を決めてもらいます。 ❷グループの他の参加者に聞き役に向かってそれぞれ話をしてもらうように伝えます。 ❸「はじめ」の合図で聞き役に向かって大きな声で話し始めてもらいます。 ❹壇上より普通の声で指示を出します。（例：「手をあげてください。」「好きな食べ物を教えてください。」） ❺聞き役の人に聞き取ることができたかをたずねて、感想を述べてもらいます。

留意事項	他の参加者が話す内容を主催者で準備しておくとスムーズに演習ができます。

演習 「狭い視野での活動」　　　⏱ 15分

準備するもの　A4コピー用紙

- -

内　容　円筒の中をのぞきながら物を取ったり動いたりすることで、視野が狭い状態での不自由さを体験します。

　❶A4コピー用紙を丸めてもらいます。

　❷目に当ててのぞきながら、机の上の物を取ったり、会場が広ければ机の周りを一周してもらいます。

　❸隣の人と握手をしたりじゃんけんをしてもらいます。

- -

留意事項　参加者同士でぶつかったり、壁や机やいすなどにぶつかってケガをしないように環境に配慮し、参加者にも注意を呼びかけます。

演習 「意味のわからない言葉での指示」　　　⏱ 15分

準備するもの　スライド

- -

内　容　意味のわからない言葉で指示をされたときの不自由さを体験します。

　❶全体に向けて、架空の言語で指示を出します。例：「トカデグ（立つ）」「テカゴング（座る）」

　❷ジェスチャーをつけながら、架空の言語で指示を出します。

　❸スライドで答えを映します。

　❹2人組（3人組）になり、提示された指示を使ってお互いに指示を伝え合います。

- -

留意事項　指示の内容は具体的な言葉（例：「立つ」）だけでなく、抽象的な言葉（例：「ずっと」）を入れると、指示の伝わりにくさがわかります。

演習 「視覚と聴覚で違う情報」　　　⏱ 15分

準備するもの　スライド

- -

内　容　スライドでの情報と、口頭での情報を一度に受けることで、複数の情報を一緒に伝えられたときの不自由さを体験します。

　❶スライドショーで関連のない文章をいくつも映します。

　❷口頭で関連のない話をいくつも話します。

　❸参加者にスライドの内容と口頭の内容に含まれている質問に答えてもらいます。

- -

留意事項　スライドの内容と口頭の内容のそれぞれにあらかじめ質問を入れておきます。一度でわかりにくいようなら、再度行います。

演習 「わかりにくい提示」　　⏱15分

準備するもの　スライド

内　容　わかりにくい提示の仕方をされている情報をみることで、整理されていない情報の提示の理解のしづらさを体験します。
❶全員に立ってもらいます。
❷スライドを映します。
❸読み取れた人から座ってもらいます。
❹スライドを見やすくしていきます。
❺最後に残った数人に感想を聞きます。
❻わかりにくいスケジュールの提示と整理したスケジュールの提示の例を映します。

留意事項　感想を聞くときには、わからないときにどのような気持ちだったかも聞きます。他の人がわかっているなかで自分だけわからないときの気持ちは、障害のある人たちが日頃感じていることかもしれません。

振り返り　　⏱20分

準備するもの　記録シート（グループワーク用）

内　容　司会・記録・発表の係を決め、演習を受けて感じたことや配慮したほうがよいことなどを話し合います。

発表　　⏱20分

まとめ　　⏱5分

「強度行動障害の理解 ── 困っていることの体験 ──」記録シート

演習「　　　　　　　　　　　　　　　　　　　　　　　　　　　　　　　」

（感想）

────────────────────────────────────

（必要な配慮）

演習「　　　　　　　　　　　　　　　　　　　　　　　　　　　　　　　」

（感想）

────────────────────────────────────

（必要な配慮）

演習「　　　　　　　　　　　　　　　　　　　　　　　　　　　　　　　」

（感想）

────────────────────────────────────

（必要な配慮）

演習「　　　　　　　　　　　　　　　　　　　　　　　　　　　　　　　」

（感想）

────────────────────────────────────

（必要な配慮）

基本的な情報収集
──行動を見る視点──

1.0時間

演習の目的

強度行動障害のある人たちは、自分の気持ちをうまく伝えられない特性
があります。自分の気持ちを自分でうまく伝えられない人たちのことを
理解するためには、行動が手がかりになります。行動をきちんと観察す
ることで、本人が伝えたいことだけでなく、その人の障害の特性を理解
することにもつながります。この演習では、田中さんの様子を見て、特
性が表れている行動を確認していく作業を体験します。

配置

グループワーク形式
（1グループ4～8名）
スクール形式でも可

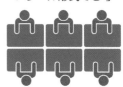

演習の進め方

進行例	演習説明	動画視聴	演習	まとめ
	5分	10分	40分	5分

イントロダクション　　　　　　　　　　　　　　　　　🕐15分

- 演習の目的や内容の説明（5分）
- 動画視聴（10分）

演習　「アセスメント」　　　　　　　　　　　　　　　🕐45分

準備するもの　田中さんの基本情報（基礎演習：資料②）、行動チェックシート［アセスメント演習
用］（基礎演習：資料③）、「DVD 強度行動障害のある人の『暮らし』を支える」（中
央法規出版）

- -

内　容　社会性の特性のアセスメント、コミュニケーションの特性のアセスメント、想像力
の特性のアセスメント、感覚の特性のアセスメントを行います。
❶田中さんの基本情報を確認して、動画を視聴します。
❷あらかじめ行動チェックシートの「例」に✓の入ったシートを配布し、✓項目と
「本人の具体的な行動」を確認します。
❸動画の該当箇所を視聴します。
❹行動チェックシートの「本人の具体的な行動」の空欄部分に具体的な行動を記入
します。
❺特性ごとに同じ作業をくり返します。

「基本的な情報収集 ── 行動を見る視点 ──」
田中さんの基本情報

名前：田中正則さん（仮名）
年齢：32歳
性別：男性
診断名：自閉スペクトラム症、重度知的障害、IQ：30
利用しているサービス：共同生活援助・生活介護・行動援護

【主な生活歴】

言葉の遅れと多動傾向から3歳児健診時に発達の遅れを指摘され発達外来を受診し、自閉スペクトラム症との診断を受ける。言葉をコミュニケーションの道具として使えず、常に多動で落ち着きがなかった。就学前まで地元の保育所に通っていたが、他の子どもに興味を示さず、集団活動にうまく参加できなかった。特定のおもちゃに固執することや状況の変化が苦手なこともあり、一人で過ごすことを好んでいた。小学校より特別支援学校に行くようになり、高等部まで同じ特別支援学校に通学した。高等部卒業後、自宅より生活介護事業所に通うようになり、30歳のときにグループホームに入居。現在はグループホームから生活介護事業所に通所し、休日はヘルパーとの外出を楽しんでいる。

【普段の生活】

田中さんは、グループホームでは毎日決まった日課に沿って過ごしています。他の入居者と一緒に食事をとりますが、他の時間は自分の部屋でキラキラする好きなおもちゃを見ながら静かに過ごしたり、時々好きなアニメの動画をくり返し観て楽しんでいます。

生活介護事業所では、一人でできる作業を中心とした活動に取り組んでいます。活動のなかでもとくに職員と車でドライブに出かけることを楽しみにしています。

休日には、グループホームの自分の部屋で過ごしていることも多いですが、月に1～2回は行動援護を利用してヘルパーと一緒に近所の公園や外食に行くことを楽しんでいます。

【主な行動上の特徴】

言葉をコミュニケーションとして使うことはほとんどなく、周りからの声かけにエコラリア（反響言語）で返すことがよくあります。

外出先でトイレマークを見て自分から入っていくことがあるので、マークを手がかりにして動いているときもあるようです。絵本に載っている車のイラストを見て、「おでかけ」と言いながら外に出ていこうとすることもありました。同じマークを見つけると重ねて遊んでいることもありました。

聴覚に過敏さがあり、外出時や騒がしいところでは手で耳をふさいでいます。

身体の使い方がぎこちなく、身体が傾いたような歩き方をしています。

キラキラするものが好きで、部屋でキラキラするものが入ったおもちゃをずっと見ていることもあります。また、柔らかいものを触ったり水を触ったりして、その感覚を楽しんでいることもあります。特に水が見えると必ず触りたがり、水を触り始めるとなかなかやめられないときもあります。

身体を揺らす感覚も好きなので、前後に揺らしていることもあります。

普段は穏やかに過ごしていて、慣れていることや本人がわかっている活動などは落ち着いて取り組むことができますが、本人にとって思いがけないことや、急な変更があると混乱してしまいます。混乱すると表情が硬くなり、動きが止まることがあります。混乱が大きいと頬を叩く自傷をすることもあります。また、支援者に何度も同じことを確認するときもあります。

「基本的な情報収集 ── 行動を見る視点 ──」
行動チェックシート［アセスメント演習用］

		例	✓	本人の具体的な行動
社会性	人や集団との関係に難しさがある	ア：視線が合わない	✓	ヘルパーが話しかけてもヘルパーのほうを向かない
		イ：人とのかかわりが一方的であることが多い		
		ウ：相手の気持ちに関係なく行動する		
	状況の理解が難しい	エ：周囲に合わせて行動できない	✓	ヘルパーを置き去りにして一人で走っていく
		オ：周囲の状況に対して興味を示さない	✓	周囲の安全を気にしている様子がない
		カ：危険や迷惑、社会のルールに関係なく行動する	✓	（　　　　　　　　　　　）
コミュニケーション	理解が難しい	キ：言葉で指示をしても行動できない	✓	ヘルパーの声かけだけでは次の行動に移れない
		ク：言葉で指示されたことと違うことをする	✓	ヘルパーが「終わり」と伝えてもやめられない
		ケ：相手の言葉をそのままくり返す（エコラリア）	✓	（　　　　　　　　　　　）
	発信が難しい	コ：行動や仕草などで自分の気持ちを表す	✓	（　　　　　　　　　　　）
		サ：言葉で自分の気持ちを伝えることができない		
		シ：言葉はあるが自分の気持ちを的確に伝えることができない		
	やりとりが難しい	ス：やりとりがかみ合わない		
		セ：やりとりが続かない	✓	ヘルパーの声かけにはエコラリアで答えるだけ
		ソ：唐突に話し始めたり、黙り込むことがある		
想像力	自分で予定を立てることが難しい	タ：やることがないときにウロウロしている、じっとしている		柵につかまり揺れる、水遊びなどを自分でやめて次の活動に移ることができない
		チ：自分から動くことができない	✓	
		ツ：予定の変更に混乱することが多い		
	変化への対応が難しい	テ：自分のルールを変えると混乱することが多い		
		ト：日課が変更されると混乱することが多い		
		ナ：活動を途中でやめたり、変更することができない	✓	（　　　　　　　　　　　）
	物の一部に対する強い興味	ニ：特定の物などへのこだわりや執着がある	✓	水へのこだわりがある
		ヌ：自分の興味があるもの以外に関心を示すことができない		
		ネ：細かいことが気になってやるべきことができないことがある		
感覚	感覚が敏感または鈍感	ノ：耳を塞ぐ、特定の音を嫌がる、特定の音を大音量にする、などの行動がある	✓	（　　　　　　　　　　　）
		ハ：眩しがる、目を閉じる、蛍光灯を嫌がる、キラキラに没頭する、などの行動がある	✓	キラキラした刺激が好き
		ヒ：特定の感触に没頭する、極端に嫌がる、または感じていないような行動がある	✓	（　　　　　　　　　　　）
		フ：著しい偏食、刺激の強い味を好む、同じものばかり食べる、などの行動がある		
		ヘ：特定のにおいを嗅ぎたがる、極端に嫌がる、においで入れない場所がある、などの行動がある		
		ホ：クルクル回る、ロッキングが多い、高い場所が好き、不器用等、身体の動かし方に特徴がある	✓	活動の途中、公園の柵につかまり揺れていた

第7章
第8章
第9章
第10章
第11章
第12章
基礎演習
実践演習

特性の分析
─特性の把握と適切な対応─

1.5時間

強度行動障害の様相は、特性に配慮された環境がないなかで必死にもがき続けた結果だともいえます。その様相は複雑にからまった糸のようであり、糸をほどくためにはからまっている背景や要因を整理しなくてはなりません。強引にほどこうとするとますますからまってしまいます。強度行動障害の様相の背景にある、配慮すべき特性や環境を整理する考え方として氷山モデルがあります。この演習では、演習2に続き田中さんの行動を例に、氷山モデルの考え方を用いて行動の背景について考え、行動が起きている理由を整理する作業を体験します。

配置

グループワーク形式
（1グループ4〜8名）

演習の進め方

進行例	演習説明	演習① 個人ワーク	演習② 個人・グループワーク	まとめ
	5分	35分	45分	5分

演習①：事例対象者の行動の背景を障害特性や環境から講師の解説とともに、個人ワークで学びます。

演習②：事例対象者の支援のアイデアを根拠に整理する方法を、個人・グループワークで学びます。

イントロダクション
🕐 5分

● 演習の目的や内容の説明
● グループで司会、記録、発表の係決め
● 氷山モデルについての説明

演習 「氷山モデル」
🕐 85分

準備するもの　氷山モデルシート（基礎演習：資料④）、行動チェックシート［氷山モデル演習用］（基礎演習：資料⑤）、特性確認シート［氷山モデル演習用］（基礎演習：資料⑥）、環境確認シート［氷山モデル演習用］（基礎演習：資料⑦）、強み（ストレングス）確認シート［氷山モデル演習用］（基礎演習：資料⑧）、「DVD 強度行動障害のある人の『暮らし』を支える」（中央法規出版）

内　容　　❶氷山モデルについて、氷山モデルシートと補足シートの関係について説明をします。

❷田中さんの動画を視聴します。

❸行動チェックシートを使って、田中さんの気になる行動のなかから検討する行動を決めます。

❹特性確認シートを使って、本人の特性を整理します。

❺環境確認シートを使って、要因となっている環境・状況を整理します。

❻特性確認シートの支援のアイデアを使って、必要なサポートを整理します。

❼強み（ストレングス）確認シートを使って、必要なサポートを具体化していきます。

❽氷山モデルシートを完成させます。

❾氷山モデルシートで整理した支援の動画を視聴します。

第7章 第8章 第9章 第10章 第11章 第12章 基礎演習 実践演習

強度行動障害支援者養成研修（基礎研修）演習資料④

「特性の分析 ── 特性の把握と適切な対応 ──」氷山モデルシート

行動障害とされるさまざまな行動を理解するために、「氷山モデル」という考え方があります。これは行動的な問題が現れていることを水面上に出ている氷山にたとえてみるということです。氷山は、水面上に見える部分だけでなく、水面下にある部分のほうが大きいことから、水面上に見える「行動上の課題」があれば、その背景には多くの要因が潜んでいる、とする視点です。氷山モデルでは、課題となる行動を水面上に見える氷山の一角の部分に書き表し、氷山を水面上に押し出している水面下の部分に「本人の特性（個人因子）」と「環境・状況（環境因子）」を書き表します。　（井上雅彦）

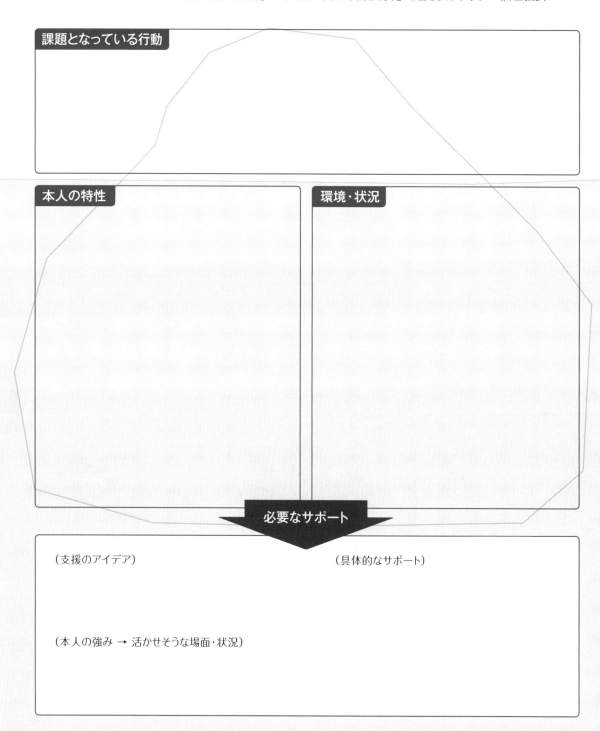

課題となっている行動

本人の特性

環境・状況

必要なサポート

（支援のアイデア）　　　　　　　　　　　（具体的なサポート）

（本人の強み → 活かせそうな場面・状況）

「特性の分析 ── 特性の把握と適切な対応 ──」
行動チェックシート［氷山モデル演習用］

		例	✓	本人の具体的な行動
社会性	人や集団との関係に難しさがある	ア：視線が合わない	✓	ヘルパーが話しかけてもヘルパーのほうを向かない
		イ：人とのかかわりが一方的であることが多い		
		ウ：相手の気持ちに関係なく行動する		
	状況の理解が難しい	エ：周囲に合わせて行動できない	✓	ヘルパーを置き去りにして一人で走っていく
		オ：周囲の状況に対して興味を示さない	✓	周囲の安全を気にしている様子がない
		カ：危険や迷惑、社会のルールに関係なく行動する	✓	横断歩道で安全確認をしないで走る 公園の水道で水遊びをする・水遊びを止められ自傷する
コミュニケーション	理解が難しい	キ：言葉で指示をしても行動できない	✓	ヘルパーの声かけだけでは次の行動に移れない
		ク：言葉で指示されたことと違うことをする	✓	ヘルパーが「終わり」と伝えてもやめられない
		ケ：相手の言葉をそのままくり返す（エコラリア）	✓	「行きましょうか」に「行きましょうか」と答える
	発信が難しい	コ：行動や仕草などで自分の気持ちを表す	✓	公園の柵や水道を見ると即行動に移す
		サ：言葉で自分の気持ちを伝えることができない		
		シ：言葉はあるが自分の気持ちを的確に伝えることができない		
	やりとりが難しい	ス：やりとりがかみ合わない		
		セ：やりとりが続かない	✓	ヘルパーの声かけにはエコラリアで答えるだけ
		ソ：唐突に話し始めたり、黙り込むことがある		
想像力	自分で予定を立てることが難しい	タ：やることがないときにウロウロしている、じっとしている		
		チ：自分から動くことができない	✓	柵につかまり揺れる、水遊びなどを自分でやめて次の活動に移ることができない
		ツ：予定の変更に混乱することが多い		
	変化への対応が難しい	テ：自分のルールを変えると混乱することが多い		
		ト：日課が変更されると混乱することが多い		
		ナ：活動を途中でやめたり、変更することができない	✓	水遊びをやめることができない 止められて自傷をする
	物の一部に対する強い興味	ニ：特定の物などへのこだわりや執着がある	✓	水へのこだわりがある
		ヌ：自分の興味があるもの以外に関心を示すことができない		
		ネ：細かいことが気になってやるべきことができないことがある		
感覚	感覚が敏感または鈍感	ノ：耳を塞ぐ、特定の音を嫌がる、特定の音を大音量にする、などの行動がある	✓	常に耳を塞いでいる
		ハ：眩しがる、目を閉じる、蛍光灯を嫌がる、キラキラに没頭する、などの行動がある	✓	キラキラした刺激が好き
		ヒ：特定の感触に没頭する、極端に嫌がる、または感じていないような行動がある	✓	水を触りたがる
		フ：著しい偏食、刺激の強い味を好む、同じものばかり食べる、などの行動がある		
		ヘ：特定のにおいを嗅ぎたがる、極端に嫌がる、においで入れない場所がある、などの行動がある		
		ホ：クルクル回る、ロッキングが多い、高い場所が好き、不器用等、身体の動かし方に特徴がある	✓	活動の途中、公園の柵につかまり揺れていた

第7章
第8章
第9章
第10章
第11章
第12章
基礎演習
実践演習

「特性の分析 ─ 特性の把握と適切な対応 ─」
特性確認シート［氷山モデル演習用］

課題となっている行動（本人が困っている行動）『　　　　　　　　　　　　　　　　　　』					
		背景となる特性			支援のアイデア
社会性	人や集団との関係に難しさがある	1）相手への関心が薄い	✓	A）汲み取ってもらう、察してもらうではなく、具体的に伝える（見え方の視点・やりとりの視点）	
		2）相手から期待されていることを理解するのが難しい				
		3）相手が見ているものを見て相手の考えを察することが難しい		B）誰にどう伝えたらよいかを具体的に伝える（見え方の視点・やりとりの視点）	
	状況の理解が難しい	4）周囲で起こっていることへの関心が薄い				
		5）周囲の様子から期待されていることを理解することが難しい	✓	C）「いつ」「どこで」「何を」の情報を見てわかるように伝える（方法の視点・やりとりの視点）	
		6）見えないものの理解が難しい	✓			
コミュニケーション	理解が難しい	7）話し言葉の理解が難しい	✓	D）本人が理解できる見える情報（文章、単語、絵、写真、シンボル、具体物など）で伝える（やりとりの視点・見え方の視点）	
		8）一度にたくさんのことを理解するのが難しい				
		9）抽象的であいまいな表現の理解が難しい				
	発信が難しい	10）話し言葉で伝えることが難しい		E）本人が発信しやすいツール（文章、単語、絵、写真、シンボル、具体物など）を提供する（やりとりの視点・見え方の視点）	
		11）どのようにして伝えたらいいかわからない	✓			
		12）誰に伝えていいかわからない				
	やりとりが難しい	13）場面や状況に合わせたコミュニケーションが難しい		F）視覚的なツールでやりとりができるようにする（やりとりの視点・見え方の視点）	
		14）表情や視線などの非言語コミュニケーションが難しい				
		15）やりとりの量が多いと処理が難しい				
想像力	自分で予定を立てることが難しい	16）段取りを適切に組むことが難しい		G）本人にわかりやすく予定や変更を伝える（時間の視点）	
		17）なんとなく、だいたいなどのイメージをもちにくい				
		18）今やることを自分で判断することが難しい		H）始まりや終わりをわかりやすいようにする（時間の視点・場所の視点）	
	変化への対応が難しい	19）先の予測をすることが難しい				
		20）臨機応変に判断することが難しい		I）活動に意味や目的をもつことができる工夫をする（方法の視点）	
		21）自分のやり方から抜け出すことが難しい				
	物の一部に対する強い興味	22）興味関心が狭くて強い		J）最初から正しい方法で行うことができるようにする（方法の視点）	
		23）細部が気になり違いに敏感				
		24）少しの違いで大きな不安を感じる				
感覚	感覚が敏感または鈍感	25）聴覚の過敏や鈍麻がある	✓	K）苦手な刺激を少なくするための配慮をする（場所の視点）	
		26）視覚の過敏や鈍麻がある				
		27）触覚の過敏や鈍麻がある	✓	L）好きな刺激、必要な刺激は保障する（場所の視点）	
		28）嗅覚の過敏や鈍麻がある				
		29）味覚の過敏や鈍麻がある				
		30）前庭覚の特有の感覚がある				

「特性の分析 ── 特性の把握と適切な対応 ──」
環境確認シート［氷山モデル演習用］

項目	環境確認の視点	具体的な環境
人	指示は何で出していますか （言葉・指差し・実物・紙に書くなど） 指示の量は適切ですか 指示のタイミングは適切ですか 支援をするときの立ち位置は適切ですか その他	
物	見ると勘違いするような物はありますか 見えると気になるような物が見えていますか 物の量で気づいたことはありますか その他	水道が見えやすい
場所	何をすべき場所なのか見ればわかるようになっていますか 同じ場所で複数の目的の活動をしていますか 整理整頓はできていますか 気が散りやすい環境になっていませんか その他	公園での目的は「柵で揺れる」か、 「水道で遊ぶ」に見えていた
状況	本人の体調はいつもと比べてどうですか その活動の前に気になるできごとはありませんでしたか その活動の内容に本人の苦手な動作や 感触などが含まれていませんか その活動の目的（どうするのか、どうなったら終わるのか など）は理解できていますか その他	どうなったら終わりかがわかりにくい 公園に何をしにいったのかわからない
音	その場所にはどのような音がしていましたか そのなかに本人が苦手そうなものはありますか	
気温	その場所の気温は何度くらいでしたか （あるいは暑かった・寒かったなど） その気温は本人にとって快適なものですか	
湿度	その場所の湿度は何%くらいでしたか （あるいは蒸していた・乾燥していたなど） その湿度は本人にとって快適なものですか	
におい	その場所にはどのようなにおいがしていましたか そのなかに本人が苦手そうなものはありますか	
その他	その他本人が不安定になる要因になるかもしれないもの	

「特性の分析 — 特性の把握と適切な対応 —」
強み（ストレングス）確認シート［氷山モデル演習用］

本人の強み（ストレングス）	活かせそうな場面や状況
わかること・できること 例）なくなったら終わり、ペットボトルのふたを開ける、 　　ハサミを使うのが上手　など ● 長い距離でも歩くことができる ● お茶を見せるとベンチに座って飲むことがわかる ● 絵本の「くるま」を見て「外出」するのだと 　理解したことがある	
好きなこと（遊び方、過ごし方、キャラクターなど） **やりたがること** 例）ハンモックで揺れる、〇〇のキャラクター、 　　ピッタリはまる、色を合わせる ● キラキラするものが好き ● 静かな部屋で一人で過ごす ● 同じマークを見つけると重ねている ● 揺れる感覚に没頭することがある	● マークを使って活動の理解ができないか ● 揺れる感覚で適切な遊びを提供できないか
得意なこと（これには助けられているなど） **見方を変えれば得意かもしれないこと** 例）目的がわかれば待つことができる、 　　変更は苦手だがいつもと同じことはできる ● こちらの意図がわかれば素直に応じてくれる ● 人には関心はないが物には注目できることが多い	● 物を使ってルールを伝えることはできないか ● タイマーで終わりを伝えられないか
その他	

第7章
第8章
第9章
第10章
第11章
第12章

基礎演習

実践演習

演習 4 チームプレイの基本
──支援手順書に基づく支援の体験──

1.0時間

> 演習の目的

支援現場では個別のアセスメントに基づいて作成された支援手順書に従ってかかわることで、適切で統一された支援をすることができます。また、自閉スペクトラム症の人の特性に配慮した構造化された環境で、それぞれに合わせた視覚的な伝え方をすることで、活動の意味を理解しやすくなり、自立して活動に取り組むことにつながります。この演習では、支援手順書に従って支援すること、構造化された環境でかかわること、言葉の指示ではなく視覚的な手がかりを使って支援することを体験します。

> 配置

グループワーク形式
（1グループ4～8名）

> 演習の進め方

進行例	演習説明	ロールプレイ	振り返り	発表
	10分	25分	15分	10分

イントロダクション　⏰10分

● 演習の目的、内容を説明

● グループで配役（モデル役、支援者役、観察者役）を決める

演習 「支援手順書に基づく支援を体験する」　⏰50分

準備するもの　田中さんの行動と背景の特性・支援のアイデア（基礎演習：資料⑨）、田中さんの動き（基礎演習：資料⑩）、支援手順書 兼 記録用紙（基礎演習：資料⑪）、スケジュールと活動カード（基礎演習：資料⑫）と台紙、タイマー、お茶、振り返りシート（基礎演習：資料⑬）、「DVD 強度行動障害のある人の『暮らし』を支える」（中央法規出版）

- -

内　容　❶演習の説明を行います。

❷田中さんの行動と背景の特性・支援のアイデアを確認します。

❸田中さんの動きを確認します。

❹支援手順書 兼 記録用紙の内容を確認します。

❺ロールプレイの見本を行います。

❻グループでモデル役、支援者役、観察者役の順番を決めます。
- モデル役：「田中さんの動き」を参考に行動する。
- 支援者役：支援手順書に従ってモデル役に活動を促す。終わったら支援手順書の本人の様子（記録）欄にモデル役の様子を記録する。
- 観察者役：支援の様子を観察する。
  ※できるだけ全員がすべての役ができるようにします。

❼ロールプレイを実施します。

❽グループで振り返りシートを使って振り返りを行い、グループで発表します。

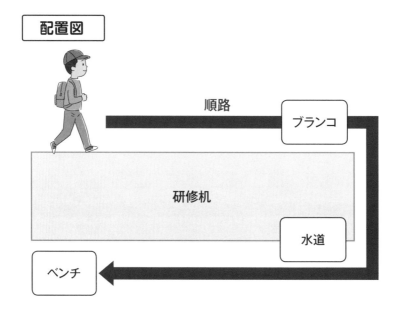

強度行動障害支援者養成研修（基礎研修）演習資料⑨ ✎

「**チームプレイの基本** ──**支援手順書に基づく支援の体験**──」

田中さんの行動と背景の特性・支援のアイデア

行動	背景の特性	支援のアイデア	田中さんを支援するためのアイデア
● 支援者の声かけにはエコラリア（反響言語）で答える	【コミュニケーション】 7）話し言葉の理解が難しい 10）話し言葉で伝えることが難しい 11）どのようにして伝えたらいいかわからない	D）本人が理解できる見える情報（文章、単語、絵、写真、シンボル、具体物など）で伝える（やりとりの視点・見え方の視点） E）本人が発信しやすいツール（文章、単語、絵、写真、シンボル、具体物など）を提供する（やりとりの視点・見え方の視点）	絵カード（写真、絵、文字）などを活用し、言葉でのやりとりはしない
● 公園を見ると走り出す	【想像力】 19）先の予測をすることが難しい 22）興味関心が狭くて強い	G）本人にわかりやすく予定や変更を伝える（時間の視点）	事前に次の活動を伝える

行動	背景の特性	支援のアイデア	田中さんを支援するためのアイデア
● ブランコに乗るのが好き ● 水を触るのが好き	【感覚】 26）視覚の過敏や鈍麻がある 27）触覚の過敏や鈍麻がある 30）前庭覚の特有の感覚がある	L）好きな刺激、必要な刺激は保障する（場所の視点）	好きな活動を取り入れ、楽しみを提供する
● 水を触り始めると、時間を忘れて触っていたくなる ● タイマーが鳴ると水を触ることをやめる	【想像力】 16）段取りを適切に組むことが難しい 18）今やることを自分で判断することが難しい	H）始まりや終わりをわかりやすいようにする（時間の視点・場所の視点）	タイマーで終わりを伝える
● 絵で示した活動スケジュールを見て行動する	【社会性】 6）見えないものの理解が難しい 　→見えるものは得意 【コミュニケーション】 7）話し言葉の理解が難しい 9）抽象的であいまいな表現の理解が難しい 【想像力】 17）なんとなく、だいたいなどのイメージをもちにくい→具体的な提示は理解できる	G）本人にわかりやすく予定や変更を伝える（時間の視点） D）本人が理解できる見える情報（文章、単語、絵、写真、シンボル、具体物など）で伝える（やりとりの視点・見え方の視点）	スケジュールを提示する
● 騒がしいところでは耳ふさぎをする	【感覚】 25）聴覚の過敏や鈍麻がある	K）苦手な刺激を少なくするための配慮をする（場所の視点）	声かけを最小限にする

強度行動障害支援者養成研修（基礎研修）演習資料⑩ ✏

「チームプレイの基本 ── 支援手順書に基づく支援の体験 ──」田中さんの動き

場面	行動
スケジュール確認	● 出発前のスケジュール確認では、目線に合わせスケジュールを見せ、指差しされた活動カードを見ることができる
すべての場面	● 支援者の声かけにはエコラリア（反響言語）で答える
すべての場面	● 声かけが続く、2語文以上の声かけがあると動かない
公園の場面	● 公園に近づくと走り出す ● 言葉での制止には反応しない ● ジェスチャーでの制止には理解し止まる
公園の場面	● ブランコは10秒ぐらい乗っている
水道で水を触る場面	● 水道には自分から近寄り水を触る ● 言葉での制止には反応しない ● タイマーが鳴ったら「終わり」は理解している
お茶を飲む場面	● カバンからお茶を取り出し、ペットボトルのキャップを開けて飲むことはできる

「チームプレイの基本 ── 支援手順書に基づく支援の体験 ──」支援手順書 兼 記録用紙

日付	20○○年○月×日	氏名	田中正則さん	記入者	支援員B
工程	本人の動き	支援者の動き・留意点			本人の様子（記録）
事前準備		スケジュールに活動カードをセット。 お茶をカバンに入れる。			
スケジュール確認	出発前に支援者と一緒にスケジュール確認	田中さんに見えるようにスケジュールを示し、活動カードを1つ1つ指差しして予定を最後まで確認する。 最後まで確認できたらカバンを渡して出発するように促す。			
散歩	公園に向かって歩く	田中さんの横を歩き、通行人や車にぶつからないように注意する。 ぶつかりそうなときは田中さんの前に出てジェスチャーで止まるように促す。 公園に近づくと走り出すことがあるので、横断歩道の前で本人の前に出て身体の前に手を出すジェスチャーで止まるように促し、支援者が安全確認する。			
公園	公園の入り口でスケジュール確認 ブランコで遊ぶ お茶を飲む	公園の入り口でスケジュール確認（活動カードを外す）。 ブランコに移動し、本人が満足するまで遊んでもらう。 満足して動き出したら、次のスケジュールを示しベンチに移動する。 ベンチでスケジュール確認（活動カードを外す）、お茶を飲む。 終わったら次の活動を伝える。 ＊田中さんが水遊びを始めたときは、田中さんに見えるようにタイマーを3分にセットし、「3分でおしまい」と声かけ。 タイマーが鳴ったら田中さんが水を止めるので、次の活動を促す。			
外食	飲食店に行き食事をする	店の前で走り出すことがあるので、本人の前に出てジェスチャーで止まってもらい支援者が安全確認。 店の前でスケジュール確認（活動カードを外す）。 メニュー表を見せると、食べたいものを指差すので、支援者が注文、購入する。 食事は見守りする。 食べ終わったら次の予定を伝える。			今回は記入しません。
帰宅	自宅に戻る	スケジュール確認（活動カードを外す）。 家族に田中さんの様子を伝える。			今回は記入しません。

スケジュール確認の手順
- スケジュールカードを指差し、次の活動を単語で伝える
- 活動場所に着いたらカードを外し、ポケットに入れる
- 次の活動を伝える際は、スケジュールカードを指差し、単語で伝える

本人とかかわる際の注意点
- 声かけが多くなると混乱しやすいので、声かけは最小限にする
- 公園や店の近くでは目的に向かって急に走り出すことあり
- 事前にジェスチャーで止まるように促し支援者が安全確認する

「**チームプレイの基本** ── 支援手順書に基づく支援の体験 ──」**スケジュールと活動カード**

こうえん

おちゃ

おひるごはん

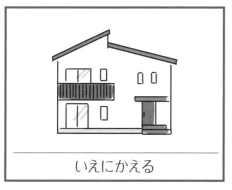

いえにかえる

「チームプレイの基本 ── 支援手順書に基づく支援の体験 ──」振り返りシート

モデル役

支援者役の指示の仕方や
支援ツールについて見やすかったか？

支援者役

支援手順書どおりに取り組めたか？
手順書の内容が理解できたか？

観察者役

外から見て、支援者役は適切なかかわり方ができていたか？
声かけや指示は多すぎなかったか？

支援手順書を確認しながら、記入されている内容や構造化のアイデアで気がついた点について話す

実践研修

第7章
第8章
第9章
第10章
第11章
第12章

演習1～3の目的

これまで強度行動障害が現れやすい人たちへの支援においては、「障害特性に合わせた支援が必要であること」「統一した支援をすること」が大切であることを学んできました。

この演習では、障害特性に合わせた支援を組み立てるための根拠となるアセスメントの方法、支援者が統一した支援を実施するために必要な支援手順書の作成方法を学びます。そのうえで、よりよい支援を実施するために、PDCAサイクルで支援を改善していくために必要な、記録に基づく支援手順書の修正方法を学びます。

配置

グループワーク形式
（1グループ4～8名）

演習1～3の進め方

進行例

演習1 アセスメントの方法

1 具体的なアセスメントの方法
60分

2 障害特性に基づくアセスメント
120分

演習2 支援手順書の作成

3 アセスメントに基づく支援手順書の作成（1）
60分

4 アセスメントに基づく支援手順書の作成（2）
120分

演習3 記録の分析と支援手順書の修正

5 記録の方法
記録の分析と支援手順書の修正
90分

アセスメントの方法

演習 **1** 3.0時間

演習 **❶** 「具体的なアセスメントの方法」 ⏱60分

準備するもの 田中さんの基本情報（基礎演習：資料②）、基本情報シート（実践演習：資料①）、行動チェックシート［生活介護場面］（実践演習：資料②）、生活介護事業所の中の配置図（実践演習：資料③）、「DVD 強度行動障害のある人の『暮らし』を支える」（中央法規出版）

- -

内 容 ❶アセスメントについて説明します。
❷田中さんの基本情報と生活介護事業所の配置図をふまえた活動場面を確認して、動画を視聴します。
❸あらかじめ行動チェックシートの「例」に✓の入ったシートを配布し、✓項目を確認します。
❹行動チェックシートの「本人の具体的な行動」の空欄部分に具体的な行動を記入します。
❺特性ごとに同じ作業をくり返します。

演習 **❷** 「障害特性に基づくアセスメント」 ⏱120分

準備するもの 氷山モデルシート（基礎演習：資料④）、行動チェックシート（基礎演習：資料⑤）、特性確認シート（基礎演習：資料⑥）、環境確認シート（基礎演習：資料⑦）、強み（ストレングス）確認シート（基礎演習：資料⑧）、「DVD 強度行動障害のある人の『暮らし』を支える」（中央法規出版）

- -

内 容 ❶氷山モデルについて、氷山モデルシートと補足シートの関係について説明をします。
❷田中さんの動画を視聴します。
❸行動チェックシートを使って、田中さんの気になる行動のなかから課題となる行動を確認します。
❹特性確認シートを使って、「作業中に自傷をする」に関係する本人の特性を確認します。
❺環境確認シートを使って、「作業中に自傷をする」要因となっている環境・状況を確認します。
❻特性確認シートを使って、「作業中に自傷をする」背景となる特性に対応する支援のアイデアを確認します。
❼強み（ストレングス）確認シートを使って、本人の強みと活かせそうな場面・状況を確認します。

「アセスメントの方法」基本情報シート

フリガナ	タナカマサノリ		性別	☑ 男　　□ 女			
名前	田中正則						
住所	〒○○○-○○○○ ○○県○○市○○町○-○ グループホーム○○○○○○○		生年月日	○○○○年○○月○○日（32歳）			

電話	自宅電話	○○○-○○○-○○○○（グループホーム）	携帯	なし
	自宅Fax	○○○-○○○-○○○○（グループホーム）	その他	

緊急連絡先	① ○○○-○○○-○○○○（続柄　　後見人　　　）	② （続柄　　　）

家族構成	氏名	続柄	職業	同居／別居	氏名	続柄	職業	同居／別居

生活歴 （学歴・職歴）	年	月	内容（所属・出来事など）	年	月	内容（所属・出来事など）
	○○	○○	○○特別支援学校高等部卒業			
	○○	○○	生活介護事業所○○（現在も利用中）			
	○○	○○	グループホーム○○○○○○○入居			

障害の程度	☑知的障害 □精神障害 □身体障害 ☑発達障害 □高次脳機能障害 □その他	診断名	□なし　☑あり（　重度知的障害　自閉スペクトラム症　　　　）		
		手帳	□なし　☑あり	□療育手帳　　　　　　　☑A　　□B	
				□精神障害者保健福祉手帳　□1級　□2級　□3級	
				□身体障害者手帳　　　　　　種　　　級	
		その他			

医療	主に関わる医療機関	病院・医院名	診療科	担当医師	病名	利用頻度
		○○○○医院	○○	○○Dr		
	服薬 （名称・量）	朝	○○○○	眠前		
		昼		頓服		
		夕	○○○○	その他		
	発作	有無	☑なし　□あり（頻度：　　週・月・年に　　回程度）		
		原因・きっかけ			
		対応			

サービスの利用	障害福祉サービス受給者証	受給者証番号		支給市町村	○○市
	障害支援区分	□非該当　□区分1　□区分2　□区分3　□区分4　□区分5　☑区分6			
	介護保険	☑なし　　□要支援（　1・2　）　　□要介護（　1・2・3・4・5　）			
	利用中のサービス	グループホーム○○○○○○○　生活介護事業所○○（週5日） ヘルパーステーション○○○（行動援護　週1回）			

収入	就労収入	□なし　☑あり　　月額　約　8,000　円
	年金	□なし　☑あり　☑障害基礎年金　1級　　□障害厚生年金　　　級
	手当	☑なし　□あり　□特別障害者手当　□障害児福祉手当　□特別児童扶養手当 □児童扶養手当　□児童手当　□その他（　　　　　　）
	その他	☑なし　□あり　□生活保護　□その他（　　　　　　　　　　　　）

「アセスメントの方法」行動チェックシート［生活介護場面］

			例	✓	本人の具体的な行動
社会性	人や集団との関係に難しさがある	ア：視線が合わない		✓	支援者が話しかけても支援者のほうを向かない
		イ：人とのかかわりが一方的であることが多い			
		ウ：相手の気持ちに関係なく行動する		✓	
	状況の理解が難しい	エ：周囲に合わせて行動できない			
		オ：周囲の状況に対して興味を示さない			
		カ：危険や迷惑、社会のルールに関係なく行動する			
コミュニケーション	理解が難しい	キ：言葉で指示をしても行動できない		✓	
		ク：言葉で指示されたことと違うことをする		✓	
		ケ：相手の言葉をそのままくり返す（エコラリア）		✓	
	発信が難しい	コ：行動や仕草などで自分の気持ちを表す		✓	
		サ：言葉で自分の気持ちを伝えることができない			
		シ：言葉はあるが自分の気持ちを的確に伝えることができない		✓	
	やりとりが難しい	ス：やりとりがかみ合わない			
		セ：やりとりが続かない			
		ソ：唐突に話し始めたり、黙り込むことがある			
想像力	自分で予定を立てることが難しい	タ：やることがないときにウロウロしている、じっとしている			
		チ：自分から動くことができない		✓	
		ツ：予定の変更に混乱することが多い			
	変化への対応が難しい	テ：自分のルールを変えると混乱することが多い			
		ト：日課が変更されると混乱することが多い			
		ナ：活動を途中でやめたり、変更することができない			
	物の一部に対する強い興味	ニ：特定の物などへのこだわりや執着がある			
		ヌ：自分の興味があるもの以外に関心を示すことができない		✓	
		ネ：細かいことが気になってやるべきことができないことがある			
感覚	感覚が敏感または鈍感	ノ：耳を塞ぐ、特定の音を嫌がる、特定の音を大音量にする、などの行動がある		✓	
		ハ：眩しがる、目を閉じる、蛍光灯を嫌がる、キラキラに没頭する、などの行動がある		✓	
		ヒ：特定の感触に没頭する、極端に嫌がる、または感じていないような行動がある		✓	
		フ：著しい偏食、刺激の強い味を好む、同じものばかり食べる、などの行動がある			
		ヘ：特定のにおいを嗅ぎたがる、極端に嫌がる、においで入れない場所がある、などの行動がある			
		ホ：クルクル回る、ロッキングが多い、高い場所が好き、不器用等、身体の動かし方に特徴がある			

強度行動障害支援者養成研修（実践研修）演習資料③ ✎
「アセスメントの方法」生活介護事業所の中の配置図

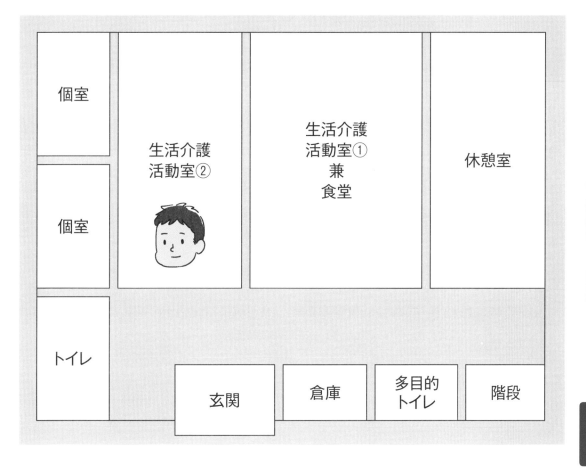

支援手順書の作成

3.0時間

演習❸「アセスメントに基づく支援手順書の作成（1）」 ⏱60分

準備するもの 氷山モデルシート（基礎演習：資料④）、支援手順書 兼 記録用紙【作業場面】（実践演習：資料④）、「DVD 強度行動障害のある人の『暮らし』を支える」（中央法規出版）

- -

内　容 ❶支援手順書の説明をします。

❷氷山モデルシートの「必要なサポート」に記載した「支援のアイデア」と「本人の強み→活かせそうな場面・状況」を根拠にして具体的な内容（具体的なサポート）・方法を考え、氷山モデルシートを完成させます。

❸田中さんの作業場面での工程を考え、支援手順書 兼 記録用紙に工程を記入します。

演習❹「アセスメントに基づく支援手順書の作成（2）」 ⏱120分

準備するもの 支援手順書 兼 記録用紙【作業場面】（実践演習：資料④）、「DVD 強度行動障害のある人の『暮らし』を支える」（中央法規出版）

- -

内　容 ❶工程ごとに本人の動きを想定し、支援手順書 兼 記録用紙に本人の動きを記入します。

❷氷山モデルシートの必要なサポートを根拠に、当日までに準備しておくこと、支援者の動きや必要な配慮、当日の事前準備を記入します。

「支援手順書の作成」支援手順書 兼 記録用紙【作業場面】

日付	20○○年○月×日	氏名	田中正則さん	記入者	支援員B

工程	本人の動き	支援者の動き・留意点	本人の様子（記録）
事前準備			

演習3 # 記録の分析と支援手順書の修正 1.5時間

演習**5** 「記録の方法」「記録の分析と支援手順書の修正」 ⏱90分

準備するもの　支援手順書 兼 記録用紙【作業場面】[記録・修正用] (実践演習：資料⑤)、「DVD 強度行動障害のある人の『暮らし』を支える」(中央法規出版)

- -

内　容　❶支援の振り返りと修正の重要性について説明します。
❷動画を見て、支援手順書 兼 記録用紙の本人の様子（記録）欄に記録します。
❸記録の内容を確認します。
❹支援手順書を修正します。

 演習4 # 関係機関との連携 1.0時間

演習4の目的

強度行動障害のある人を地域で支えていくためには、医療機関や教育機関などさまざまな機関との連携が必要です。また、家庭との連携も必要です。演習4では、福祉と医療の連携についての講義を聞いたうえで、関係機関との連携について考えます。

配置

グループワーク形式
（1グループ4～8名）

演習4の進め方

進行例	講義	意見交換
	40分	20分

演習 「関係機関（医療機関等）との連携方法」 ⏱60分

準備するもの　講義資料

- -

内　容　❶医療関係者等からの講義を聴きます。
❷グループで関係機関等との連携について意見交換をします。

「記録の分析と支援手順書の修正」
支援手順書 兼 記録用紙【作業場面】［記録・修正用］

日付	20○○年○月×日	氏名	田中正則さん	記入者	支援員B

工程	本人の動き	支援者の動き・留意点	本人の様子（記録）
事前準備		「さぎょうカード」の準備 「きゅうけいカード」の準備 「おでかけ×カード」の準備 作業机に作業①をセットする	
移動	「さぎょうカード」を受け取り、作業机に移動する	入口のところで待つ 田中さんが来たら「さぎょうカード」を手渡す ※入口近くのテーブル席に座らないように、田中さんとテーブルの間に立つ	
作業①	着席し作業①をする 終了したら作業②が出てくるのを待つ	作業中は横に立って見守り 作業が終わったら作業①を片付け 作業②を机に置く	
作業②	作業②をする 終了したら作業③が出てくるのを待つ	作業中は横に立って見守り 作業が終わったら作業②を片付け 作業③を机に置く	
作業③	作業③をする 終了したら「きゅうけいカード」を受け取る	作業中は横に立って見守り 作業が終わったら作業③を片付け 「きゅうけいカード」を渡す	
移動	休憩室に行く	休憩室への移動を見守る	
休憩	休憩する	休憩中に作業道具を片づける	

＊「さぎょうカード」「きゅうけいカード」「おでかけ×カード」を作っておく

＊「おでかけ」と言われたときの対応
● 「おでかけ×」カードを見せて、今やっていることを続けてもらうようにする

＊本人とかかわる際の注意点
● 声かけは最小限にする（声かけが多くなると混乱しやすいため）

強度行動障害基礎的用語 インデックス

あ アクティビティシステム

自立的に活動を行えることを伝える仕組み。ワークシステムともいう。「何を」「どれくらい」「どうなったら終わりか」「終わったら、次に何があるのか」を本人にわかりやすく伝えることで、自分で活動を始めて活動を行い、終了してから次の活動に移れることを支援するための仕組み。
➡ワークシステム

アセスメント（個別評価）

インタビューや観察を用いて本人に関するさまざまな情報を把握すること。検査で行うフォーマルな評価と日常生活のなかでの行動観察を行うインフォーマルな評価がある。アセスメントは一度だけで終わるのではなく、アセスメントをふまえて支援計画を立て、それに基づく再アセスメントを行い支援する、という継続的なプロセスである。

異食

食べものでないものを口に入れたり、飲み込んでしまったりする行為。排泄物、毛髪、紙、布などのほかビニールや電池、洗剤など、時には命にかかわるものを食べてしまうこともあるので、場合によっては緊急の対応が必要なこともある。

イヤーマフ

音が苦手な人や聴覚過敏のある人が装着する耳全体を覆うヘッドフォン型の防音装具。苦手な音や使用環境に応じて自分に合った遮音率（音をどれくらい遮音するか）のものを使用することが大切である。

エコラリア（反響言語）

他人の言葉をくり返して発声すること。その場ですぐくり返す「即時性エコラリア」と、時間をおいてくり返す「遅延性エコラリア」がある。遅延性エコラリアには同じ状況や場面になると発するものと、場面や状況に全く関係なく発するものとがある。

どこ行くの？　どこ行くの？

か カームダウン（Calm Down）

「落ち着く」という意味。不安定になったときに自分で興奮を収めたりする行為。支援の際に使用する「カームダウンエリア」については、パニックになったり混乱したりしてから支援者が連れていくのではなく、自らがつらい状態になる前に自分でそのエリアに行って落ち着けるように学習することが大切である。

学習スタイル

自閉スペクトラム症の人の理解の方法や特性を表す言葉。「視覚的に考える」「中枢性統合の弱さ」「独特の注意の向け方」「実行機能の弱さ」「感覚の特異性」「心の理論の弱さ」などがある。学習スタイルに合わせた支援を行うことで自閉スペクトラム症の人の強みが活かされ、生活の質が向上する。

過刺激

強い刺激や、複数の刺激があること。また、１つの刺激でも量が多いと過刺激になる場合もある。感覚に過敏な人だと、通常では気にならない刺激でも過刺激状態と感じることもある。

過集中

物事に過剰に集中し過ぎること。集中する対象が限局的な場合（特定のテレビゲーム等）や集中し過ぎて日常生活に支障が生じる（睡眠がとれない）など、困難さの一方で、集中力が高いことで高い能力を発揮する場合もある。

感覚遊び

眼前で手をひらひらする、くるくる回る、特定の匂いを嗅ぎたがる等、本人にとって心地よい刺激を自分で得る行為。唾で遊んでしまうなど社会的に不適切な行動の場合、他の代替手段を学習するなどの支援が必要な場合もある。

感覚過敏

視覚・聴覚・嗅覚・触覚・味覚のどれか、もしくはすべてにおいて過敏な状態。過敏性が強い場合、通常では気にならないこと（蛍光灯の光、ちょっとし

た音等）が耐えられず、強い不快感を感じたり、その環境を避けたり、社会生活に支障が出たりする場合もある。

感覚鈍麻
体調や痛覚、疲労などの体感覚に鈍かったり、そこに気が及ばないこと。けがや体調の管理が困難になる場合もある。特にコミュニケーションに困難さがある場合、けがや疾患に自身も周りも気づかないことがあるので注意が必要である。

強化
特定の行動をとることによって得る、成功（または失敗）体験をくり返すことにより、結果に関係なく、その特定の行動頻度が増すこと。その特定の行動が場面にふさわしくない場合に「問題行動」となり、行動頻度が増している場合、「問題行動が強化されている」という。

クレーン現象
比較的幼児期にみられる行動で、言葉や表現を使わずに、他人の手を引いて、とってほしいもののところに連れていくなどの行動。知的に重い成人でもみられる場合がある。

構造化
周囲の環境やかかわり方をより視覚的・具体的・明瞭にし、系統的に整理することで、世の中の状況を自閉スペクトラム症の人にわかりやすく伝える取組み。「いつ」「どこで」「何を」「どのようなやりかたで」「どうなったら終わりか」「終わったら次は何があるか」をわかりやすく伝えるTEACCH®プログラムの基本的な考え方に基づいている。

行動関連項目
「障害支援区分」の判定において用いられる行動面の支援度を測る項目。「コミュニケーション」「説明の理解」「大声・奇声を出す」「異食行動」「多動・行動停止」「不安定な行動」など12項目がある。この項目等

の合計点数10点以上が「行動援護」「重度訪問介護」「重度障害者等包括支援」等のサービス支給の決定基準となる。

行動停止
行動や行為の途中で、一時的に停止固定する緊張病様状態をいう。

コミュニケーションツール
コミュニ―ケーションに困難さを抱える人へのコミュニケーション能力を補填する道具。シンボルや絵カード、写真などがその代表。「構造化」で使用する見てわかりやすい支援ツールも受容コミュニケーションを補填するツールといえる。表出コミュニケーションを補填するものとしてPECS®等がある。近年、タブレット端末等を利用したアプリケーションソフトも開発され、ICT（information and communication technology）が注目されている。

さ 支援手順書
支援者が支援をするうえで、アセスメントに基づき支援の手順や方法、注意事項を示したもの。強度行動障害支援者養成研修の実践研修修了者が作成するものとされている。

視覚支援
言語的なコミュニケーションではなく、写真や絵カード、文字カードなど目で見える（視覚）アイテム、グッズを活用する支援のこと。

視覚優位
耳からの情報や言語などよりも、視覚からの情報の認識が強い特性。目から見たもののほうが記憶に残りやすく、また認知しやすい。視覚優位の人は見てわかるため、見たものに関しては細部まで再現できる等の強みがある一方で、場面や状況に関係ない視覚情報に固執してしまう（無視できない）等の困難さもある。後者の場合を「ビジュアルドライブ」ともいう。

自傷（行為）

壁に頭を打ちつける、髪の毛を抜く、自分の体の部位を叩く、噛むなど自分の身体を傷つける行為。行動障害として表出される自傷行為には、コミュニケーションや感覚刺激等の機能があることがわかっている。

指示書（手順書）

本人にわかりやすく活動内容を伝えるためのもの。本人の理解に応じて文字を使用したり、絵や写真を使用したり、アセスメントの内容に応じて工夫することが大切である。

自閉スペクトラム症（ASD）

アスペルガー症候群や広汎性発達障害などと分けて考えられていたが、アメリカ精神医学会発行の『精神疾患の診断・統計マニュアル（DSM-5）』により、これらの名称が廃止され、自閉症と連続しているものとして「自閉スペクトラム症」と範囲が大きくなった。ASD（Autism Spectrum Disorder）と表記されることもある。

情報過多

一度に複数の情報を同時に提示する、または同時進行で複数の活動動作を行う指示をすることをいう。このような状況下に置かれることによって、混乱、パニックの誘発・誘引になる場合がある。

自立課題

当事者本人が理解し自立して取り組める課題（作業）活動。自分から始めて、自分で行い、自分で終われる課題。作業的な要素だけではなく、対象者の好きなものや得意なことを活かして、余暇や安定を目的に取り入れる場合もある。自立課題で本人の理解やスキルを評価するだけでなく、くり返し行うことや難易度を少しずつ上げていくことで、理解やスキルの習熟や学習も行える。

常同行動（行為）

体を前後にゆする行動（ロッキング）、興奮したときにジャンプをすることをくり返す、手をひらひら目の前にかざすなどの行動をいう。

シングルフォーカス

1つの物事に強く狭い関心を向けること。あるいは興味関心のあるもののみに意識や認識が集中してしまうこと。場合によっては、強くて狭い注目を指すこともある。対象が本来注意を向けなければいけないものでない場合、逆に注目できない（注意散漫）と誤って評価されることもある。

消去

特定の行動をした後に、本人にとってよいこと（成功）が得られず、いやなこと（失敗）もしくはどちらでもない結果が得られると、その行動は少なくなる。これを「消去」という。行動障害の支援では、消去と同時に適切な行動を強化することも大切である。

スキャッター・プロット

一定の時間内に行動障害に伴う行動が起きやすい状況や時間帯、傾向の分布（プロット）を計測するもの。特定の行動を1つ取り上げ、その行動が生じたら表に印（プロット）を記入することで、その行動が起きやすい状況や頻度、逆に起きない状況を把握できる。

た 他害・他傷

他者に対して噛みつく、叩く、ける、つねる、なぐる、頭突き、粗暴、目を突くなど、心身に害を与える行為を指す。

多動

落ち着きなく走り回ったり、じっとしているときに手足を常に動かしたり、座っているときにもぞもぞとおしりを動かしたりするなど、意味なく動き続ける行動をいう。

転導性

注意が容易に移りやすかったり、興味があるものに走って向かっていくような行動。また興味や注目がころころと変わり、刺激に導かれてしまう行動をいう。

同一性保持

「こだわり」ともいわれる。場所、人、もの、時間、習慣など、あらゆるものに同一の環境を求める特性。

トランジションアイテム

次にやるべきことのきっかけとなるグッズ。トランジションアイテムを使って移動した先で、本人にスケジュールや次の行動を示すエリアを「トランジションスペース」という。

な　二次障害

もともとの障害とは別に、不適切な環境や支援などによって二次的に現れた状態のこと。

は　パーソナルスペース

誰もがもっている目に見えない心理的な縄張りのこと。「他人に近づかれると不快に感じる距離」として用いられることが多い。支援においては、感覚の過敏性や障害の特性により、親密な関係の人（家族や好意のある人、慣れ親しんだ人）であっても、近い距離や身体的な接触を苦手とする人もいる。また反対に、心理的な距離感の認識がなく、他者のパーソナルスペースに関係なく、接近・接触する人もいる。

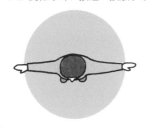

パニック

いつもと違ったり、見通しが立たなかったり、思いどおりにならず理解不能な状況や思考力のオーバーワークになったりしたときに起こる、興奮状態や激しい常同行動・自分の頭を叩いたりかきむしる自傷行動などの混乱状態をいう。

般化特性

1つの場面でできていることが他の場面でできなかったり、応用ができない障害特性。また、どの場面でも自宅と同じような行動様式をとってしまう「般化しすぎる」特性がある場合もある。

氷山モデル

氷山は海面下の大部分が隠れており、この隠れた部分が原因となる部分で、海上に出ている一部分が問題行動として表に現れる行動とする考え方やモデル。表出している問題行動のみに注目するのではなく、氷山の隠れている部分に理由があり、そこを知ることで適切な支援ができる、TEACCH®プログラムの考え方（概念図）。

フラッシュバック

過去のいやなことや失敗などが、鮮明に思い出されること。気分を害したりパニックに陥ったりする。

プロンプト

行動をうながす手がかりのこと。言語指示や指差し、モデリング、手添えなどがある。

ヘッドギア

頭部に装着する軟質のヘルメット状のもの。てんかん発作時の転倒や自傷行為でのけがの防止を目的に装着することが多い。

ま　見立て

見て、選び定めること。行動障害の支援においては、アセスメント情報をもとに、本人の気持ちや意向を推察して、状態や特性、将来像をふまえた必要な支援や環境を想定すること。

三つ組の障害（特性）

自閉スペクトラム症と診断されるうえでの中核となる障害特性「社会性の障害」「コミュニケーションの障害」「想像力の障害」の3つの特性から「三つ組の障害」といわれる。

ら　レスパイト

障害児・者をもつ親・家族を一時的に、一定の期間、その障害児・者の介護から解放することによって、日頃の心身の疲れを回復し、ほっと一息つけるようにするサービスの総称。「レスパイト」という特定のサービスがあるわけではなく、家族が障害のある本人とのかかわりに疲れたりした際に、少し距離をもつためのサービス利用のことを指す（例：短期入所のレスパイト利用）。

わ　ワークシステム

➡アクティビティシステム

あとがきに
かえて

　2015（平成27）年10月に強度行動障害支援者養成研修テキスト『行動障害のある人の「暮らし」を支える』が発行されて早5年が経過しました。この間、全国各地で本テキストを活用した研修が開催され、多くの現場支援者のみなさまに受講いただきましたことに感謝申し上げます。今回の改訂では、テキストのタイトルを『強度行動障害のある人の「暮らし」を支える』に変更しました。また、国の新しいカリキュラム内容を反映しました。

　テキスト制作にあたっては、「強度行動障害のある人は『困った人ではなく、困っている人』である」というスタートラインに立ち、その混乱の背景を掘り下げること、さらに、現れている行動障害に対処することより、背景要因を除去して強度行動障害の予防に重点をおくことを編集の基本方針としました。また、成功事例だけでなく、現場の悩みや行き詰まっている支援事例をあげさせていただくなど他のテキストとの違いを出させていただきました。

　一方で、研修における課題も明らかになってきました。

　強度行動障害のある人への支援は基礎研修・実践研修というわずかな期間に研修を受けることで解決できるような簡単なものではありません。誤った支援による当事者の混乱の原因の除去はもちろん、さまざまな人がかかわる生活場面では環境の構造化自体が困難な場面もあります。また、家族や関係者それぞれで当事者に対する想いも異なります。支援の行き詰まりに悩んでいる声も聞きます。

　強度行動障害のある人たちの暮らしを支えていくためには、研修を受講した人たちへのフォローアップや行動障害への対応に取り組んでいる事業所へのスーパーバイズなど、現場に寄り添った重層的な仕組みの構築が必要です。すでに自治体独自でフォローアップ研修を開催しているところや、事業所や団体によるスーパーバイズに取り組んでいるところもあります。今後ますます強度行動障害のある人たちへの支援が広く深く普及していくことを期待します。

　今回の改訂にあたり、これまで寄せられた研修受講者の声を反映させ、これからさらに充実した研修体系を構築していくことを目指して編集作業に当たりました。使用されているデータ

をアップデートすることはもちろんのこと、演習内容についてより現場に活かしやすい内容としました。自閉スペクトラム症をはじめとする強度行動障害を起こしやすい人たちへの支援が普及し、強度行動障害を予防する支援がスタンダードになることを目指して、これからも本テキストの内容を見直していきたいと思います。

　テキストを読んでいただいた方や研修を受講していただいた方から多くの意見をいただき、それを学びとして、「強度行動障害」のある人が1人でも多く「強度行動障害」のない安定した支援を受けられることを願っています。

　最後に、現在（2020（令和2）年10月）、新型コロナウイルスの影響で福祉の現場は大変厳しい状況にあります。日々の感染予防では、職場はもちろん、職員の家族も含めて協力をお願いするなど気の抜けない日々を送っておられることと思います。行動の抑制が難しい強度行動障害のある人への支援の工夫や配慮、そしてご家族への支援などのご苦労に、少しでもこのテキストの内容が活かされることを祈っています。

牛谷　正人
肥後　祥治
福島龍三郎

編著者（五十音順）　＊は編者

會田 千重（あいた・ちえ）
独立行政法人国立病院機構
肥前精神医療センター医師
➡第10章、実践研修・演習4

飯島 尚高（いいじま・なおたか）
特定非営利活動法人たんと。
➡基礎研修・演習4

伊名岡 宏（いなおか・ひろし）
社会福祉法人北摂杉の子会
➡コラム2

井上 雅彦（いのうえ・まさひこ）
鳥取大学医学系研究科臨床心理学講座教授
➡第5章第1節・第2節、第6章

牛谷 正人（うしたに・まさと）＊
社会福祉法人グロー（GLOW）
➡あとがきにかえて

遠藤 雅史（えんどう・まさふみ）
社会福祉法人いちょうの里
➡事例

大友 愛美（おおとも・よしみ）
特定非営利活動法人ノーマライゼーション
サポートセンターこころりんく東川
➡第11章、コラム9、実践研修・演習1・2・3

大平 眞太郎（おおひら・しんたろう）
滋賀県健康医療福祉部
障害福祉課副参事
➡事例

片桐 公彦（かたぎり・きみひこ）
厚生労働省社会・援護局
障害保健福祉部障害福祉課
地域生活支援推進室虐待防止専門官／
障害福祉専門官
➡第8章、事例

加藤 潔（かとう・きよし）
国立障害者リハビリテーションセンター
発達障害情報・支援センター
発達障害支援推進官
➡基礎研修・演習1

加藤 恵（かとう・めぐみ）
社会福祉法人半田市社会福祉協議会
半田市障がい者相談支援センターセンター長
➡事例

神田 宏（かんだ・ひろし）
社会福祉法人横浜やまびこの里
横浜市発達障害者支援センター
➡第2章第2節、事例、用語インデックス

久賀谷 洋（くがや・よう）
合同会社オフィスぼん
千里金蘭大学
➡第4章第2節

小島 幸子（こじま・こうこ）
一般社団法人全国手をつなぐ育成会連合会副会長
➡コラム6

小西 力（こにし・ちから）
社会福祉法人ゆうゆう
➡事例

駒田 健一（こまた・けんいち）
株式会社Straight
➡事例

坂井 聡（さかい・さとし）
香川大学教育学部教授
香川大学バリアフリー支援室室長
香川大学教育学部附属坂出小学校・附属幼稚園
校園長
➡第4章第1節、コラム3

佐倉 武（さくら・たける）
社会福祉法人グロー（GLOW）
➡事例

佐竹 真（さたけ・まこと）
社会福祉法人南高愛隣会
➡事例

佐藤 貴志（さとう・たかし）
社会福祉法人はるにれの里
➡事例

下山貴容子（しもやま・きょうこ）
社会福祉法人あーるど
➡事例

園山 繁樹（そのやま・しげき）
島根県立大学人間文化学部教授
➡第2章第1節・第3節

竹矢 恒（たけや・わたる）
社会福祉法人同愛会東京事業本部
日の出福祉園
➡基礎研修・演習2・3

田端 一恵（たばた・かずえ）
社会福祉法人グロー（GLOW）
➡第12章

中野 喜恵（なかの・きえ）
社会福祉法人はるれの里
➡事例

中村 修一（なかむら・しゅういち）
社会福祉法人はるれの里
➡事例

中村 隆（なかむら・たかし）
社会福祉法人共栄福祉会
➡事例

中山 清司（なかやま・きよし）
NPO法人自閉症eスタイルジャパン
➡第3章

野口 直樹（のぐち・なおき）
社会福祉法人高水福祉会
➡事例

野澤 和弘（のざわ・かずひろ）
植草学園大学副学長
➡コラム1

肥後 祥治（ひご・しょうじ）＊
鹿児島大学教育学系教授
➡序章、コラム8

福島 龍三郎（ふくしま・りゅうさぶろう）＊
社会福祉法人はる
➡第9章

福山 良則（ふくやま・よしのり）
社会福祉法人グロー（GLOW）
➡事例

藤井 亘（ふじい・わたる）
特定非営利活動法人クローバー
➡第1章

本多 公恵（ほんだ・きみえ）
社会福祉法人滝乃川学園
➡コラム7

松田 裕次郎（まつだ・ゆうじろう）
社会福祉法人グロー（GLOW）
➡事例

森口 哲也（もりぐち・てつや）
社会福祉法人福岡市社会福祉事業団
障がい者地域生活・行動支援センターか〜む
➡コラム4

森田 賢悟（もりた・けんご）
社会福祉法人若竹福祉会
➡事例

山根 和史（やまね・かずし）
社会福祉法人北摂杉の子会
➡第5章第3節、第7章、事例

吉岡 俊史（よしおか・しゅんじ）
社会福祉法人はるれの里
➡事例

吉永 菜穂子（よしなが・なおこ）
特定非営利活動法人それいゆ
➡コラム5

監修元紹介

特定非営利活動法人 全国地域生活支援ネットワーク（略称：全国ネット）

「ユニバーサルな支援による、ともに生きる地域社会づくり」を目指し、地域生活支援をより一層推進し、全国の当事者や事業者、行政、政治など、関係者の横のつながりを深め、国民的な理解と共感を広げられるよう活動を展開している全国組織です。この目的のために、地域福祉にかかわる情報の収集およびその公開と発信、調査研究および政策提言、人材育成、事業所運営支援、フォーラムや研修会、イベントの企画運営などを行っています。
設立：1999（平成11）年。2005（平成17）年3月に法人格を取得
ウェブサイト：https://blog.canpan.info/shien-net/
　　　　　　　https://www.facebook.com/shien.net.japan/
メールアドレス：shien.net.japan.s@gmail.com

強度行動障害のある人の「暮らし」を支える
強度行動障害支援者養成研修［基礎研修・実践研修］テキスト

2020年11月20日　初　版　発　行
2024年 8 月25日　初版第 6 刷発行

監　　修 ● 特定非営利活動法人 全国地域生活支援ネットワーク
編　　集 ● 牛谷正人・肥後祥治・福島龍三郎
発 行 者 ● 荘村明彦
発 行 所 ● 中央法規出版株式会社
　　　　　〒110-0016　東京都台東区台東3-29-1 中央法規ビル
　　　　　TEL 03-6387-3196
　　　　　https://www.chuohoki.co.jp/

装画　　　　　 ● 松本寛庸
本文イラスト ● 藤田侑巳（株式会社 ブルーフイールド）、たかはしみどり
ブックデザイン ● 永瀬優子（ごぼうデザイン事務所）
印刷・製本　　 ● 株式会社アルキャスト